Sabine Burger, Alexander Schwarz

AMSTERDAM

Für mich nur Amsterdam
Das ist schöner als Paris
Für mich nur Amsterdam
Mein Mokumer Paradies
Für mich nur Amsterdam
Mit seiner Amstel und dem IJ
Denn in Mokum bin ich reich
und glücklich zugleich
Für mich nur Amsterdam

(Volkslied)

■ IMPRESSUM

Sabine Burger, Alexander Schwarz

AMSTERDAM

Reise Know-How Verlag Peter Rump GmbH
Osnabrücker Str. 79, 33649 Bielefeld

© Peter Rump 1997, 2000, 2003, 2005
**5., neu bearbeitete, aktualisierte
Auflage Sept. 2008**

Alle Rechte vorbehalten.

Gestaltung
Umschlag: M. Schömann, P. Rump (Layout);
K. Werner (Realisierung)
Inhalt: A. Medvedev
Fotos: die Autoren (bs), Cover und S. 42:
Fotolia.com (fl)
Karten: Ingenieurbüro B. Spachmüller,
travel@media oHG
Lektorat: M. Horst

Druck und Bindung
Fuldaer Verlagsanstalt GmbH & Co. KG

ISBN 978-3-8317-1543-5
Printed in Germany

Dieses Buch ist erhältlich in jeder Buchhandlung Deutschlands, der Schweiz, Österreichs, Belgiens und der Niederlande. Bitte informieren Sie Ihren Buchhändler über folgende Bezugsadressen:

Deutschland: Prolit GmbH, Postfach 9,
D–35461 Fernwald (Annerod)
sowie alle Barsortimente
Schweiz: AVA-buch 2000, Postfach,
CH–8910 Affoltern
Österreich: Mohr Morawa Buchvertrieb GmbH,
Sulzengasse 2, A–1230 Wien
Niederlande, Belgien: Willems Adventure,
www.willemsadventure.nl

Wer im Buchhandel trotzdem kein Glück hat, bekommt unsere Bücher auch über unseren Büchershop im Internet:
www.reise-know-how.de

Wir freuen uns über Kritik, Kommentare und Verbesserungsvorschläge:
info@reise-know-how.de

INHALT

BEWERTUNG DER SEHENSWÜRDIGKEITEN

★ ★ ★ auf keinen Fall verpassen
★ ★ besonders sehenswert
★ wichtige Sehenswürdigkeit für speziell interessierte Besucher

100am Abb.: bs

EXKURSE ZWISCHENDURCH

HINWEISE ZU DEN SYMBOLEN UND VERWEISEN IM TEXT

Die Sehenswürdigkeiten werden im Abschnitt „Amsterdam entdecken" beschrieben und mit einer fortlaufenden Nummer, z. B. ❶, sowie dem Planquadrat im Cityatlas, z. B. [F7], gekennzeichnet. Diese Nummern sind im Cityatlas eingetragen und finden sich auch an anderen Textstellen in der Form ❶ als Verweis wieder.

Auch alle weiteren beschriebenen Örtlichkeiten wie Informationsstellen, Theater, Hotels, Restaurants usw. sind im Cityatlas eingetragen. Die Angabe in eckigen Klammern, z. B. [F7], verweist auf das Planquadrat im Cityatlas, hier F7.

Sowohl der Cityatlas als auch die Übersichtskarten für Hotels und Gastronomie weisen das gleiche Planquadratnetz auf.

Adressen ohne Angabe des Planquadrats befinden sich außerhalb des vom Cityatlas abgedeckten Gebietes.

KARTEN UND PLÄNE

Der Cityatlas wurde nach einer Kartenvorlage des Dienstes Geo en Vastgoedinformatie (Pieter Braaijweg 10, 1099 DG Amsterdam) der Stadt Amsterdam angefertigt. Die Autoren und der Verlag danken für die freundliche Unterstützung.

018am Abb.: bs

DAS BESTE AUF EINEN BLICK

AMSTERDAM AN EINEM TAG

Wer an Amsterdam denkt, der denkt an **Grachten**. Ein Spaziergang entlang der Grachten sollte auf jeden Fall an der Herengracht an dem Stück vorbeiführen, an dem die schönsten und teuersten Grachtenhäuser stehen (zwischen Leidsestraat und Vijzelgracht, gerade Hausnummern). Schon damals blätterten die zukünftigen Besitzer unglaubliche Summen für ihre prächtigen Villen gehobenen Standes an der sogenannten Gouden Bocht (**Goldenen Kurve**) **38** auf den Tisch. Überall an den Grachten findet man die typischen Treppen-, Glocken- und Halsgiebel mit ihren aufwendigen Verzierungen. Eine weitere Sehenswürdigkeit sind die **Negen Straatjes** (s. S. 103), neun kleine Straßen, die Heren-, Keizers- und Prinsengracht miteinander verbinden. Dort gibt es viele kleine Geschäfte und Restaurants, Bars und Cafés, wodurch dieses Stück der Grachten beliebt und voller Leben ist. Einen schönen Ausblick über die Innenstadt bietet die **Rietveldkuppel** des Warenhauses **Metz & Co.** **42**.

O32am Abb.: bs

Danach ist es Zeit, einigen alten Meistern einen Besuch abzustatten. Bis zur Fertigstellung des Umbaus des **Rijksmuseums** **41** 2009 werden 400 Meisterwerke des Goldenen Zeitalters (17. Jh.) im Philipsflügel ausgestellt. Zu sehen sind unter anderem Werke von Rembrandt (z. B. die „Nachtwache"), Jan Steen, Johannes Vermeer und Frans Hals, die berühmten Puppenhäuser und die Delfter Keramiksammlung.

Wer jetzt noch ein Mitbringsel für zu Hause sucht, findet einen der Exportschlager der Niederlande auf dem **Blumenmarkt** **32**: Blumenzwiebeln! 600.000 Zwiebeln werden alljährlich in den Parks der Stadt eingepflanzt. Es bleiben dabei aber immer noch genügend übrig für den Verkauf. Der schwimmende Blumenmarkt am Singel mit seiner enormen Auswahl an Blumenzwiebeln, Grünpflanzen und Schnittblumen zieht zu jeder Jahreszeit Blumenliebhaber, Souvenirjäger und Fotografen gleichermaßen an, die sich an der Formen- und Farbenvielfalt erfreuen.

Durch die Kolonien hat die niederländische Küche an Vielfalt und Geschmack hinzugewonnen. Man sollte sich wenigstens einmal das Vergnügen einer **indonesischen** *rijsttafel* gönnen. Serviert werden viele verschiedene kleinere Gerichte, sodass eigentlich immer etwas für jeden Geschmack dabei ist.

Um den Tag kulturell ausklingen zu lassen, kann man sich natürlich schon im Voraus Karten besorgen oder man sputet sich zwischen 12 und 19.30 Uhr zum Last-Minute-Ticketshop (s. S. 165), um Theater- oder Konzertkarten für den jeweiligen Tag zum halben Preis zu kaufen.

AMSTERDAM AN EINEM WOCHENENDE

Mit einem breit gefächerten Angebot von Kunst bis Mode, von klassisch bis cool bietet die Stadt alle Voraussetzungen für ein unvergessliches Wochenende.

1. TAG

Der Tag beginnt mit einem Rundgang durch das **älteste Viertel** der Stadt. Vom **Hauptbahnhof ❶**, der 1889 nach einem Entwurf des Architekten P. J. H. Cuypers fertiggestellt wurde, gelangt man über den **Zeedijk** zu den ältesten Grachten, die ursprünglich an den Hafen anschlossen. Die **Oude Kerk** (Alte Kirche) ❻ gehört zu den ältesten Gebäuden der Stadt. Ihre Ursprünge gehen zurück bis ins Jahr 1300. 1369 wurde sie Sint Nicolaas, dem Schutzheiligen der Seeleute und Bäcker, geweiht. Mehr über das katholische Leben, nachdem Amsterdam protestantisch geworden war, erfährt man im **Museum Amstelkring ❺**, wo man die versteckte Kirche *Onze Lieve Heer op Zolder* („Unser Lieber Herr auf dem Speicher") und das Kaufmannshaus besichtigen kann. Das Waaggebouw ❼, ursprünglich als Teil der Stadtmauer erstellt, dann als Stadtwaage für Schiffsanker und Kanonen in Gebrauch genommen (daher der Name) und später Unterkunft der Zünfte, bietet heute einer Brasserie Platz. Bei gutem Wetter kann man auch draußen sitzen und das

◀ *Hollandse Nieuwe (frischer Hering) und verschiedene frittierte Fischsorten sind bei Jung und Alt beliebt*

▼ *Die Baumaßnahmen vor dem Hauptbahnhof führen manchmal zu Umwegen*

038am Abb.: bs

Treiben auf dem Nieuwmarkt **8** verfolgen. Auch die Vereenigde Oostindische Compagnie, ein Zusammenschluss konkurrierender Handelskompanien für den südostasiatischen Raum, hat in diesem-Viertel ihre Spuren hinterlassen. Außerdem liegt hier das **Rotlichtviertel**: Wenn man sich alles in Ruhe ansehen möchte, hat man am Vormittag normalerweise keine Probleme.

Auf dem **Waterlooplein** wird auf dem bekanntesten Trödelmarkt noch immer um Trödel, Kleidung, Schnickschnack und alles, was die fliegenden Händler sonst noch irgendwo aufgetrieben haben, gefeilscht und gehandelt.

Auf dem **Rembrandtplein 34** gibt es auf den Terrassen direkt auf dem Platz zahlreiche Gelegenheiten für eine leichte Mahlzeit zwischendurch oder wer's lieber mag, in einem der Cafés im ersten Stock, die mit ihren großen Fenstern den Blick auf den Platz freigeben.

Um sich einen ersten Eindruck von den Grachten zu verschaffen, ist eine **Grachtenrundfahrt** sehr geeignet. Los geht's beim Hauptbahnhof **1**, Rokin oder beim Rijksmuseum **47**. Alle Unternehmen zeigen die wichtigsten Sehenswürdigkeiten und fahren durch die schönsten Grachtenabschnitte. Und in etwas mehr als einer Stunde weiß man, was man sich nochmal aus der Nähe ansehen möchte.

Möchte man den Abend mit einem kulturellen Programmpunkt beenden, dann geht's schnell zwischen 12 und 19.30 Uhr zum Last-Minute-Ticketshop (s. S. 165) am Leidseplein 26, wo die letzten Karten des jeweiligen Tages für Film, Tanz, Musik oder Kabarett (das Angebot ist immer eine Überraschung) zum halben Preis verkauft werden.

2. TAG

Das **Jordaanviertel** wird in Liedern besungen oder in Reimen beschrieben und ist zweifellos eines der am stärksten romantisierten und verkitschten Viertel der Stadt. Es ist ein beliebter Stadtteil für Studenten, Jungunternehmer und Künstler. Glücklicherweise sind die Häuser zu klein für die großen Unternehmensketten, daher blühen hier kleine interessante Geschäfte, Cafés, Bars und Restaurants und Antiquitätenläden und Galerien laden zum Stöbern ein.

Nach einer Pause ist eines der großen Museen an der Reihe: Das **Rijksmuseum 47** für die Meister des 17. Jhs., das **Van Gogh Museum 48** mit Werken des Künstlers und seiner Zeitgenossen, das **Stedelijk Museum** (s. S. 27) für moderne Kunst oder das **Amsterdams Historisch Museum 27** für einen Überblick über die Stadtgeschichte. Ist man mit Kindern unterwegs ist **Nemo** (s. S. 26), das Wissenschaftsmuseum, die Gelegenheit, einen interessanten, spannenden und unterhaltsamen Tag zu erleben, weil es dort vieles anzufassen und auszuprobieren gibt.

Ein Abendspaziergang im **Vondelpark 71** lässt den Tag auf angenehme Weise ausklingen. Wer mehr Bewegung braucht, stürzt sich ins Nachtleben in einem der zahlreichen Klubs.

▶ *Amsterdamer Verkehrsmittel*

MEHRERE TAGE

Die meisten Touristen verbringen nicht sehr viel länger als ein Wochenende in der Stadt, obwohl gerade ein längerer Aufenthalt die Möglichkeit bietet, etwas mehr als das typische Programm zu erleben und so zu etwas ganz Besonderem werden kann.

Außer dem genannten Wochenendprogramm lohnt sich der Besuch des **Anne Frank Huis** (Anne-Frank-Haus) ⑮. Zu besichtigen sind das Haus und der Dachboden, der der Familie als Versteck diente. Das Museum und das Informationszentrum bieten zudem Wechselausstellungen zu den Themen Faschismus, Krieg und Rassismus.

Wer sich für Architekturgeschichte interessiert, genießt sicher den Besuch eines der **Grachtenmuseen** (Museum Willet-Holthuysen (s. S. 26), Theatermuseum (s. S. 27), Bijbels Museum ㊴, Taschenmuseum (s. S. 27)) und schlendert dort durch elegante Salons, prächtige Interieurs und schöne Grachtengärten.

Mittags isst man eine kleine Mahlzeit in einem *Surinaams eethuis,* das sind kleine und sehr einfache surinamische Restaurants, in denen man zu einem günstigen Preis satt wird. *Soto*-Suppe (eine kräftige, klare Geflügel- bzw. Rinder- oder Fischbrühe, die mit Geflügel, Fleisch, Kräutern, Kohl, Reis und Ei zu einer nahrhaften Mahlzeit wird), *Moksi Meti* (verschiedene Fleischsorten, die mit Gemüse und Reis, Nasi oder Bami serviert werden), *Pom* (ein geschichtetes

Ofengericht aus Tanniaknollen und Geflügel, das alleine auf einem Stück Weißbrot oder als Beilage zu weiteren Gerichten gegessen wird) oder *Roti* (eine Art dicke Pfannkuchen, die manchmal auch eine Füllung von Kartoffeln oder gelben Erbsen haben können und zu Fleisch, Geflügel oder Gemüse gereicht werden) sollte man einfach mal probiert haben. Eine ganze Reihe dieser **eethuisjes** findet man in der Nähe des **Albert-Cuyp-Markts** ❼❸, weshalb sich ein Besuch daran leicht anschließen lässt. Auf diesem Multikulti-Markt gibt es fast alles, was man im täglichen Leben braucht und auch wenn man eigentlich gerade nichts braucht, macht es Spaß, das bunte Treiben zu erleben und die unterschiedlichen Marktkaufleute zu beobachten.

Das Viertel **De Pijp**, in dem der Markt liegt, wird immer beliebter und so schießen hier Cafés, Restaurants und trendige Ausgehgelegenheiten wie Pilze aus dem Boden.

Shoppingmöglichkeiten bieten sich in verschiedenen Gegenden: Haarlemerstraat, Utrechtsestraat, De Negen Straatjes, Jordaanviertel. Die kleinen Spezialgeschäfte bieten ein besonderes, ungewöhnliches und interessantes Angebot (Lifestyle, Delikatessen, Kleidung, Schuhe, Körperkultur usw.). Dazwischen gibt es gemütliche Cafés, angesagte Restaurants und authentische Bars. Die teuren Marken reihen sich in der Cornelis Schuytstraat, P.C. Hooftstraat und Beethovenstraat aneinander.

Moderne, eigenwillige Architektur, neu angelegte Grachten mit skurrilen Brücken und natürlich zahlreiche Orte zum Shoppen, Entspannen und Ausgehen bietet das östliche Hafengebiet. Es hat einige Jahre gedauert, aber jetzt ist das ganze Gebiet aufgemotzt und zieht vor allem Liebhaber des urbanen Lebensstils zwischen 30 und 50 Jahren her.

Spielfilme im Originalton mit holländischen Untertiteln bieten die rund 40 Kinos in Amsterdam. Die echten Stimmen der Hollywoodgrößen! Ein besonderes Erlebnis ist das Tuschinski-Theater ❸❽. Alle Stilrichtungen, die Abraham Tuschinski liebte, ließ er in seinem Filmpalast einbauen, um die Zuschauer für kurze Zeit in eine Traumwelt zu entführen. In den letzten Jahren aufwendig renoviert, bietet das Kino Führungen und Spezialangebote wie die „Love Seats" mit Champagner-Arrangement oder ein VIP-Arrangement.

Eine gute Möglichkeit in der Stadt herumzukommen, ist mit dem **Rad zu fahren.** Man kann sich an verschiedenen Orten Räder leihen und selbst drauflosfahren oder sich einer geführten Tour anschließen. Der Verkehr in der Innenstadt ist für Ungeübte vielleicht etwas gewöhnungsbedürftig, aber Radfahrern gegenüber ist man hier doch recht tolerant.

014am Abb.: bs

ZUR RICHTIGEN ZEIT AM RICHTIGEN ORT

In Amsterdam gibt es immer etwas zu erleben, die genauen Termine findet man in der Broschüre „Day by Day" (siehe „Publikationen und Medien") oder man erfährt sie bei der Touristeninformation (s. S. 164). Für große Veranstaltungen werden auch gesonderte Programmhefte gedruckt, die überall ausliegen.

JANUAR/FEBRUAR

❯ Ende Januar oder Anfang Februar wird mit einem rauschenden Fest auf dem Nieuwmarkt ❽ von der chinesischen Gemeinschaft das **chinesische Neujahr** begrüßt. Das traditionelle Feuerwerk wird begleitet von Löwentanz, akrobatischen Einlagen, chinesischer Oper und Kung-Fu- und Tai-Chi-Demonstrationen.

APRIL

❯ **Koninginnedag am 30. April:** Gefeiert wird der Geburtstag der Königin. Königin Beatrix hat zwar eigentlich am 31. Januar Geburtstag, läßt jedoch seit ihrem Amtsantritt den Nationalfeiertag weiter am Geburtstag ihrer Mutter und Vorgängerin feiern. An diesem Tag wird das calvinistische Gegenstück des katholischen Karnevals gefeiert. Ganz Holland ist auf den Beinen und verkauft Trödel auf dem *Vrijmarkt*,

◀ *Schicker Shoppingtempel in der Kalverstraat: das Maison de Bonneterie*

das heißt, man versucht mit möglichst witzigen Ideen anderen Leuten völlig nutzlosen Kram aufzuschwatzen. „**Freimarkt**" heißt das Ganze, weil im Prinzip jeder verkaufen darf und die üblichen Handelsbeschränkungen an diesem Tag nicht gelten. Die Stadt kontrolliert allerdings bei Händlern, die Essen und Lebensmittel verkaufen, ob die Sachen genießbar sind. Da die Probleme (Lärm, Vandalismus) nicht mehr in den Griff zu kriegen waren, darf man in Amsterdam jetzt erst ab 6 Uhr morgens (und nicht wie früher bereits in der vorhergehenden Nacht) einen Stand aufstellen. In Cafés, Bars, Tanzklubs und mit Vorstellungen auf verschiedenen Bühnen kann man aber dennoch stimmungsvoll in den Geburtstag hineinfeiern. Die Königin selbst besucht mit ihrer Familie in jedem Jahr eine andere Provinz.

MAI

❯ **Herdenkingsdag am 4. Mai:** Gedenk- und Trauertag anläßlich des Einfalls der deutschen Truppen in die Niederlande während des Zweiten Weltkriegs. Bei der zentralen Feier auf dem Damrak ㉒ legen die Königin sowie Vertreter des Kabinetts und verschiedener Veteranengruppen zum Gedenken an Bürger und Soldaten, die während und seit dem Zweiten Weltkrieg in Kriegen und bei Friedensoperationen gefallen sind, Kränze am Nationaldenkmal nieder. Dies ist zwar ein ganz normaler Arbeitstag, wird jedoch überall im Land um 20 Uhr durch zwei Gedenkminuten unterbrochen.

034am Abb.: bs

> **Bevrijdingsdag am 5. Mai:** Gefeiert wird die Befreiung der Niederlande von den Nazis durch die alliierten Truppen. Nur alle fünf Jahre ist dies auch ein freier Tag.

> Im ganzen Land gibt es zu diesen beiden Tagen ein Rahmenprogramm an **Bevrijdingsfestivals** (sogenannte „Befreiungsfestivals") mit Musikprogramm, Podiumsdiskussionen und einem Informationsmarkt, auf dem verschiedene Gruppierungen wie zum Beispiel Amnesty International oder die Flüchtlingshilfe Informationen zu ihrer Arbeit bieten. So soll auch Jahrzehnte nach dem Zweiten Weltkrieg bewusst gemacht werden, dass ein Leben in Freiheit ein Vorrecht ist. Informationen bekommt man im Internet unter www.amsterdamsbevrijdingsfestival.nl (niederländisch).

JUNI

> An drei Tagen im Juni (das genaue Datum variiert) kann man **Gärten von Grachtenhäusern** besichtigen, die normalerweise nicht für die Öffentlichkeit zugänglich sind.

> Seit Jahrzehnten bietet das **Holland Festival**, das sich über den ganzen Monat hinzieht, Musik-, Theater-, Tanz- und Opernaufführungen und zeigt dabei auch ein Programm, das gefestigte Bühnen nicht anzubieten wagen. Informationen unter www.hollandfestival.nl (niederländisch und englisch).

▲ *Chinesisches Neujahrsfest auf dem Zeedijk*

JULI

> **Kwakoe Festival:** Multikulti-Festival im Bijlmerpark, das inzwischen eine Million Besucher anzieht. An allen Wochenenden Entertainment, Aktivitäten, Informationen. Informationen unter www.kwakoe.nl (niederländisch und englisch).
> **Over het IJ Festival:** Theater, bildende Kunst, Musik und Tanz auf dem NSDM-Werftgelände in Amsterdam Noord. Informationen unter www.overhetij.nl (niederländisch).

JULI/AUGUST

> **Freilufttheater** im Amsterdamse Bos und Vondelpark (s. S. 40). Informationen unter www.openluchttheater.nl bzw. www.bostheater.nl (beide niederländisch).
> **De Parade:** reisendes Spektakel mit Theater, Tanz, Musik, Kunst, Magie. Informationen unter www.deparade.nl (niederländisch).

AUGUST

> **Gay Pride:** Ein Wochenende lang gibt es Straßenfeste, Gay-Dance-Parties und als Höhepunkt die **Canal Parade** – der Umzug mit Booten auf den Grachten. Informationen gibt es im Internet unter www.amsterdampride.nl (niederländisch und englisch).
> **Grachtenfestival:** Klassische Konzerte an besonderen Orten. Höhepunkt ist das Prinsengrachtconcert. Informationen unter www.grachtenfestival.nl (niederländisch).
> **Uitmarkt:** Am letzten Wochenende im August stellen die Kultureinrichtungen

ihr Programm für die nächste Saison vor. Infos unter www.uitmarkt.nl (niederländisch).

SEPTEMBER

> **Open Monumentendag:** An einem Wochenende im September werden eine ganze Reihe denkmalgeschützter Gebäude, die normalerweise nicht zugänglich sind, zur Besichtigung freigegeben. Informationen im Internet unter www.openmonumentendag.nl (niederländisch).
> Beim **Jordaanfestival** spielen die Herz-Schmerz-Lieder die absolute Hauptrolle. Infos unter www.jordaanfestival.nl (niederländisch).

NOVEMBER

> Während der **Museumnacht** bieten zahlreiche Museen ein besonderes Programm. Informationen unter www.n8.nl (niederländisch).
> **International Documentary Filmfestival Amsterdam (IDFA):** 200 neue Dokumentarfilme sowie das breite Rahmenprogramm ziehen Fachleute der Filmwelt und Zuschauer nach Amsterdam. Informationen unter www.idfa.nl (niederländisch und englisch).

DEZEMBER

> Das wichtigste Familienfest im Jahr ist **Sinterklaas**. Am **5. Dezember** bringt der heilige Nikolaus nämlich seine Geschenke zu den niederländischen Familien. Geschenk ist zusätzlich mit einem Gedicht ausgestattet, in dem man den Beschenkten in lustiger Form alles sagen kann, was man schon immer

❯ **25. und 26. Dezember:** An Weihnachten besucht man die Familie. Am ersten Weihnachtsfeiertag wird ausgiebig gespeist, am zweiten Weihnachtsfeiertag sind „Möbelboulevards" (alle großen Möbelhäuser sind meist an einer Stelle in einem Industriegebiet der Stadt zu finden, die dann *Meubelboulevard* genannt wird) und Gartencenter geöffnet, für den Fall, dass man sich sonst mit der Familie langweilt.

FEIERTAGE

An den traditionellen Feiertagen, die man auch im deutschen Sprachraum kennt, sind die Geschäfte normalerweise geschlossen. Restaurants, Cafés etc. sind jedoch geöffnet und an den jeweils zweiten Feiertagen (Ostern, Pfingsten, Weihnachten) haben auch die großen Möbelhäuser und Gartencenter geöffnet, ebenso wie einige Supermärkte in der Innenstadt Amsterdams.

❯ **1. Januar:** Neujahrstag
❯ **Ostern**
❯ **30. April:** *Koninginnedag* – Geburtstag der Königin
❯ **4. Mai:** *Herdenkingsdag* – Gedenk- und Trauertag für Kriegsopfer
❯ **5. Mai:** *Bevrijdingsdag*: Befreiung der Niederlande im Zweiten Weltkrieg
❯ **Hemelvaartsdag:** Christi Himmelfahrt
❯ **Pfingsten**
❯ **5. Dezember:** *Sinterklaas*
❯ **25. und 26. Dezember:** Weihnachten

mal loswerden wollte. Die Geschenke müssen als Überraschung *(surprise)* verpackt werden. Zum Verpackungsservice bieten große Geschäfte daher auch einen Sinterklaasgedichteservice für diejenigen an, die sich nicht so reimfest fühlen.

Zum Leidwesen vieler, die befürchten, eine nationale Tradition sterbe aus, macht der Weihnachtsmann Sinterklaas immer mehr Konkurrenz. Manche Familien geben inzwischen auch an Weihnachten Geschenke, was durch die Werbung unterstützt wird, ursprünglich aber nicht gebräuchlich war. Die meisten Geschäfte schließen an Sinterklaas um 17 Uhr, sodass sich auch noch der letzte Nachzügler Geschenke organisieren kann.

◀ *Jahrmarkt auf dem Dam*

011am Abb.: bs

AUF INS VERGNÜGEN

AMSTERDAM FÜR CITYBUMMLER

Ein guter Start ist eine **Grachtenrundfahrt,** die beim Hauptbahnhof ❶, Rokin oder dem Rijksmuseum ㊼ beginnen kann. Die einzelnen Unternehmen fahren mehr oder weniger die gleichen Routen und mit der ca. 75 Minuten dauernden Fahrt verschafft man sich einen guten Überblick darüber, was es zu sehen gibt und welche Orte man besuchen möchte. Die **Innenstadt** Amsterdams ist recht kompakt und daher gut **zu Fuß** zu bewältigen. Es gibt aber auch zahlreiche **Fahrradverleihstellen, Busse** und **Straßenbahnen,** wenn die Füße mal eine Weile ausruhen sollen.

Der Bahnhof mit dem besonderen Gebäude von 1889 wird durch den **Damrak** ㉒ – die roten Straßensteine wirken

HOTEL KRASNAPOLSKY

021am Abb.: bs

wie ein roter Teppich – mit dem **Dam** verbunden, wo das **Nationaldenkmal** ㉜ und der **Königspalast** ㉕ stehen. Hier befindet sich die kommerzielle Innenstadt mit den Geschäften und Ladenketten, die man mittlerweile in so vielen Städten wiederfindet. Von Damrak, Kalverstraat und Rokin bis zum Muntplein gibt es also Einkaufsrummel pur, aber abzweigend von der Kalverstraat auch den Zugang zum **Amsterdams Historisch Museum** ㉗ und zum **Begijnhof** ㉘, die wiederum eine Atempause bieten.

Am Muntplein beginnt der **Blumenmarkt** ㉜, der immer interessant ist und schöne Fotomotive bietet. Von hier geht es entweder zum Rembrandtplein ㉞, wo zu jeder Tageszeit etwas los ist, oder man geht zur Leidsestraat, die zum **Leidseplein** führt, der mit seinen Cafés, Restaurants, Bars, Klubs, Theatern und Kinos ein guter Ausgangspunkt ist, um sich in das Nachtleben zu stürzen.

Von hier ist es ein Katzensprung zum **Vondelpark** ㉛. Als englischer Landschaftsgarten angelegt, zieht er die Leute zum Spazierengehen, Joggen und Picknicken an. Im Sommer locken die Freilichtbühne oder die Terrasse des Filmmuseums.

Gar nicht weit davon entfernt liegt der **Museumplein** ㊻, der Platz, an dem sich das **Rijksmuseum** ㊼ und das **Van Gogh Museum** ㊽ befinden. Vor einigen Jahren neu gestaltet, ist er inzwischen vor allem im Sommer ein belebter Platz.

Natürlich sind die **Grachten** unerläßlicher Bestandteil eines Amsterdambesuchs. Wer keine Lust hat, viele Kilometer entlang der Grachten zu laufen, konzentriert sich auf das Gebiet der **Negen**

Straatjes (s. S. 103). Die kleinen Straßen verbinden die drei großen Grachten und dort haben sich eine Menge kleiner Geschäfte niedergelassen, die Besonderes, Schönes und Witziges bieten und zum ausgiebigen Einkaufsbummel einladen. Zahlreiche kleine Restaurants sorgen für das leibliche Wohl.

An der Prinsengracht, fast neben der Westerkerk **44**, liegt das **Anne Frank Huis 55**, in dessen Versteck Anne Frank ihr berühmtes Tagebuch schrieb, und hier beginnt mit dem **Jordaanviertel** auch eines der bekanntesten Viertel der Stadt, das zwar nicht ganz so romantisch ist, wie in vielen Liedern besungen, aber lebendig, vielseitig und abwechslungsreich.

Amsterdam pur mit all seinen Schönheiten und Gegensätzen zeigt das **Altstadtviertel:** viele historische Gebäude, Geschäfte, Restaurants, Bars, Cafés und natürlich das **Rotlichtviertel.** Hier liegen die ersten Wurzeln der Stadt, da um den Seehafen die erste Niederlassung zu wachsen begann.

AMSTERDAM FÜR ARCHITEKTUR- UND KUNSTFREUNDE

ARCHITEKTUR

Die meisten Menschen denken bei Amsterdam an die Grachten und Gebäude, die hier im 17. Jahrhundert entstanden sind. Zu dieser Zeit hatte man dem Meer *(Zuiderzee)* durch Eindeichungen und Wasserkanäle bereits ein gutes Stück **Land abgerungen.** Außerdem war damals das Geld vorhanden, um prächtige und großzügig angelegte Gebäude zu errichten, sodass sich die für die Innenstadt so typische Struktur entwickelte. Bevor der **Hauptbahnhof 1** auf einer eigens dazu enstandenen Insel gebaut wurde, war an dieser Stelle der **Seehafen.** Der Damrak mit seinen Seitenstraßen diente zum Anlegen der Schiffe. Rokin, Nieuwe- und Oudezijds Voorburgwal liegen senkrecht zum Hauptbahnhof. Um diese Straßen entstanden im Lauf der Jahrhunderte die **halbkreisförmigen Grachten,** die der Stadt ihr typisches Aussehen verleihen. Der gesamte Verkehr spielte sich im Wesentlichen auf dem Wasser ab. Schiffe und Boote konnten überall anlegen und Waren auf- oder abladen. Erst in jüngster Zeit wurden Kanäle zugeschüttet, um den Autoverkehr zu ermöglichen. Die Stadt bestand also damals aus vielen kleinen Inseln, die nur über Brücken miteinander verbunden waren.

Bis auf wenige Ausnahmen entstanden die **Stadtviertel,** die um diese Grachten herum gruppiert sind, erst wesentlich später. Teilweise dachte man bei deren Bau auch noch daran, weitere Grachtenhalbkreise zu ziehen. Diese wären jedoch zu lang geworden, was die Stadt weder schöner noch übersichtlicher gemacht hätte.

Das Charakteristische an Amsterdam ist, dass es **schubweise wächst,** d. h. ein ganzes Wohnviertel auf einmal dazu kommt. Zunächst hing dies mit der **mittelalterlichen Verteidigungsstrategie**

◀ *Entspannen und die Sonne genießen vor dem Nationaldenkmal auf dem Dam*

zusammen. Das Land außerhalb der Stadtmauern konnte nämlich bei einem eventuellen Angriff geflutet werden, wodurch es sich in kurzer Zeit in einen Sumpf verwandelt hätte, der die Angreifer zurückhalten sollte. Die Stadt zu erweitern, bedeutete daher auch immer, dass die Stadtmauern und die Umgrenzungsgräben weiter nach außen versetzt werden mussten, was mit erheblichen Kosten und viel Arbeit verbunden war. Daher ging man erst dann dazu über, wenn die Stadt sozusagen aus allen Nähten platzte.

Eine Rolle spielt aber auch, dass es in Amsterdam (wie auch im Rest der Niederlande) hauptsächlich **sozialen Wohnungsbau** gibt, also Baugenossenschaften und nicht private Bauherren die Aufträge vergeben. Die Gemeinde ließ daher immer gleich ganze Stadtteile planen, wenn man sich dazu entschlossen hatte, mehr Wohnraum zu schaffen. Anhand der einzelnen Stadtviertel lassen sich ausgezeichnet architekturhistorische Studien zu unterschiedlichen Zeitabschnitten durchführen.

Bis ins 19. Jahrhundert baute man dabei immer **Stadtviertel für eine bestimmte Gruppe**. So entstand beispielsweise das Jordaanviertel als Wohnraum für arme Arbeiterfamilien. Die Häuser waren klein, dicht aneinandergebaut und dunkel. Am Grachtengürtel hingegen, bauten die reichsten Kaufleute prächtige Villen, die bereits damals Hunderttausende von Gulden verschlangen.

Erst in jüngerer Zeit ging man (teilweise unfreiwillig) dazu über, **Wohnviertel für eine gemischte Bevölkerung** zu bauen. Dr. Samuel Sarphati (1813–1866) wollte z. B. im Viertel De Pijp luxuriöse Häuser bauen, die der Stadt die mondäne Ausstrahlung einer Großstadt geben sollte, denn Amsterdam glich zu dieser Zeit eher einem verschlafenen Dorf, das noch immer vom Ruhm und Reichtum des 17. Jahrhunderts zehrte. Da der Baugesellschaft Sarphatis jedoch das Geld ausging, erhielten private Bauherren die Gelegenheit, Wohnraum zu errichten, wodurch vor allem Arbeiterwohnungen entstanden, die man billig und schnell aus dem Boden stampfen konnte.

Sozialer Wohnungsbau

Geldmangel hat in Amsterdam oft eine wesentliche Rolle gespielt. Wohnungsbau ist in den Niederlanden hauptsächlich eine Sache der Städte und Gemeinden. **Sozialer Wohnungsbau** ist sehr viel weiter verbreitet als privater Wohnungsbau. Viele städtebauliche Projekte zeichnen sich in ihrem Entwurf durch ansprechende Ideen, soziales Engagement und Pflichtgefühl aus. Wenn den scharf kalkulierten Projekten jedoch das Geld knapp wird, wird in der Ausführung an allen Ecken und Enden gespart.

Ein gutes und auch missglücktes Beispiel hierfür ist das Stadtviertel **Bijlmermeer**: Das neue Konzept beinhaltete, Wohnen und Arbeiten möglichst weitgehend zu trennen und nicht nur winzige Stückchen Garten, sondern riesige Grünflächen für die Gemeinschaft zu schaffen. Also baute man die wabenförmigen Gebäude in die Höhe statt in die Breite. Da jedoch wieder einmal Geld fehlte, wurden die Hochhausketten einfach ein Stockwerk höher gebaut und man sparte an Aufzügen, Gemeinschaftsräumen und sonstigem Komfort. Dies hatte jedoch mit zur Folge, dass sich in den Hochhäusern kein Gemeinschaftsgefühl entwickelte und große soziale Probleme entstanden. Inzwischen ist man weitgehend vom ursprünglichen Konzept abgerückt und versucht, eine Mischung aus Hoch- und Niedrigbau sowie Wohnen und Arbeiten zu erreichen.

Architekturstile

Architektonisch sonnt man sich in Amsterdam vor allem im Glanz vergangener Zeiten. Die Touristikindustrie lebt von den stattlichen Herrenhäusern und Grachten des 17. Jahrhunderts: die barocke Amsterdamer Renaissance von **Hendrick de Keyser,** die klassizistischen Gebäude von **Jacob van Campen** und den **Gebrüdern Vingboons.** Man schmückt sich mit der Architektur von **Cuypers** (Hauptbahnhof ❶ und Rijksmuseum ㊼) und **Berlage** (Börse ㉓, Hauptsitz der Diamantarbeitergewerkschaft (s. S. 28), Plan Zuid), obwohl diese zu ihrer Zeit für ihre architektonischen Leistungen nicht immer in hohem Ansehen standen.

Auch die **Amsterdamse School** (Scheepvaarthuis ㉑) und das **Neue Bauen/die Neue Sachlichkeit** (Cineac, Reguliersbreestraat) sind nur deshalb in einigen Wohnvierteln zu sehen, weil sich einzelne Stadtplaner mit ihren Ansichten durchzusetzen wussten.

Einer der bekanntesten zeitgenössischen niederländischen Architekten ist Rem Koolhaas (Byzantium), der im Ausland (vor allem Amerika) zwar sehr geschätzt wird, in seiner Heimat allerdings kaum eine Chance erhält, seine Ideen zu verwirklichen.

Wer sich für moderne Architektur interessiert, wird das östliche Hafengebiet, die **KNSM-Insel ㉔ und die Borneo-Insel** besuchen wollen. Wo früher Schiffe anlegten und Waren umgeladen wurden, entstehen jetzt Wohnhäuser, Bürogebäude, Kulturzentren und Ausgehgelegenheiten. Alles in besonderer Formgebung, schräg, schrill und überraschend. Architekten bekamen hier die Möglichkeit, freie und ungewohnte Entwürfe zu realisieren.

MUSEEN

Berühmte Gemälde wie Rembrandts „Nachtwache" oder Van Goghs „Sonnenblumen" sind hier in Amsterdam zu bewundern, aber die Stadt hat nicht nur für Kunstfreunde viele Museen zu bieten. Neben bekannten Malern wie Van Gogh, Vermeer und Rembrandt kann man auch viele Informationen zur älteren und neueren Geschichte der Stadt erhalten, bei Madame Tussaud's den Stars in die Augen schauen, Ajax-Trophäen in Augenschein nehmen, ein ganzes Museum voller Taschen besichtigen oder im Nemo selbst Technik erleben und erfahren. Die über 50 Amsterdamer Museen bieten vielseitige Ausstellungen aus den unterschiedlichsten Interessensgebieten.

Wer vor hat, viele Museen zu besuchen, sollte sich am besten gleich eine **Jahreskarte**, die sogenannte „Museumjaarkaart", anschaffen, mit der man in 400 Museen in den Niederlanden den Eintritt frei hat. Auch die „**I amsterdam Card**" bietet kostenlosen Eintritt für die wichtigsten Museen (allerdings nur in Amsterdam), freie Fahrt mit den öffentlichen Verkehrsmitteln und noch weitere Vergünstigungen (s. S. 163).

An Weihnachten, Silvester und den übrigen **Festtagen** sollte man sich besser vorher erkundigen, ob das Museum, das man besuchen möchte, auch tatsächlich geöffnet hat. Im Sommer sind manche Museen an einigen Tagen länger geöffnet.

036am Abb.: bs

Ein besonderes Ereignis ist die **Museumnacht** Anfang November. Dann öffnen viele Museen bis nachts mit einem Sonderprogramm (www.n8.nl).

Eine weitere Attraktion in Amsterdam ist das **Museumsboot** der Rederij Lovers (s. S. 173), mit dem verschiedene Museen als Alternative zu Bussen oder Straßenbahnen per Boot angefahren werden können. Die Haltestellen sind: Hauptbahnhof ❶ (Noord-Zuidhollands Koffiehuis), Nemo (s. S. 26), Stopera ㉟ (Bootssteg vor dem Haupteingang), Blumenmarkt ㉜ (Herengracht bei Nr. 427), American Hotel (s. S. 185), Rijksmuseum ㊼ und Anne Frank Huis (55).

▲ *Die Kunst des Goldenen Zeitalters kann man in der Schuttersgalerij betrachten*

Die wichtigsten Museen A–Z

Unter www.amsterdammuseums.nl haben sich die Museen Amsterdams zusammengeschlossen. Hier findet man alle aktuellen Öffnungszeiten und Preise.

M1 [G7] **Allard Pierson Museum,** Oude Turfmarkt 127, www.allardpiersonmuseum.nl, Tel. 5252556, Di.–Fr. 10–17 Uhr, Sa., So. 13–17 Uhr, Eintritt 5 €, Kinder bis 16 Jahre 2,50 €. Straßenbahn (Spui) 4, 9, 14, 16, 24, 25. Die umfangreiche Kollektion des archäologischen Museums der Universität Amsterdam umfasst Grabschätze aus Ägypten und Mesopotamien (Mumien, Schmuck, Götterstatuen), Funde aus dem alten Griechenland und dem alten Rom sowie Sehenswürdigkeiten anderer alter Kulturen (Zypern, Westasien, Naher Osten).

M2 **Ajax-Museum,** Arena Boulevard 3, Tel. 3111336, www.ajax.nl, Eintritt 9 €, Kinder bis 12 Jahre 8 €. U-Bahn 54 (Strandvliet/ArenA). Das Museum bietet mit Video- und Audiobeiträgen, Pokalen, Kleidung, Fotos und Medaillen einen Überblick über die 100-jährige Geschichte dieses legendären Fußballklubs und kann im Zuge mit einer Führung (nur englisch und niederländisch) besichtigt werden. Pro Tag finden zwischen 11 und 17 Uhr 4–7 Führungen statt, die genauen Zeiten sind saisonbedingt. Finden Konzerte statt, gibt es keine Führungen. Weitere Infos unter www.amsterdamarena.nl/world_of_ajax/en/.

27 [G7] **Amsterdams Historisch Museum.** Das Museum im ehemaligen Waisenhaus der Stadt beherbergt eine reichhaltige Sammlung von Werken, die die Amsterdamer Stadtgeschichte vom 13. bis zum 20. Jahrhundert illustrieren. Die frei zugängliche **Schuttersgalerij** zeigt zudem 16 große Gemälde von Schützengilden aus dem 17. Jh.

M3 [F5] **Amsterdam Tulip Museum,** Prinsengracht 112, Tel. 4210095, www.amsterdamtulipdepot.eu, täglich 10–18 Uhr, Eintritt 2 €, Kinder frei. Straßenbahn (Westermarkt) 13, 14, 17, Bus 21, 170–172. Kleines Museum zur Geschichte der Tulpe auf ihrem Weg von Zentralasien in die Niederlande. Zum Museum gehört auch ein hübscher Laden mit Blumenzwiebeln und Tulpensouvenirs.

55 [F5] **Anne Frank Huis.** Von 1942 bis 1944 versteckten sich hier die Familien Frank und Van Pels sowie Fritz Pfeffer vor den Nationalsozialisten. Das Tagebuch, das Anne Frank in dieser Zeit führte, wurde weltberühmt. Außer dem Versteck beherbergt das Museum wechselnde Ausstellungen rund um die Themen Faschismus, Rassismus und Krieg.

M4 [L6] **ARCAM,** Prins Hendrikkade 600, Tel. 6204878, www.arcam.nl, Di.–Sa. 13–17 Uhr, Eintritt frei. Bus (Kadijksplein) 22. Geschätzt werden nicht nur die Ausstellungen im Architekturzentrum (Architectuur Centrum Amsterdam), sondern auch die angebotenen Vorträge und Führungen.

M5 [M8] **Artis,** Plantage Kerklaan 38–40, Tel. 5233400, www.artis.nl, täglich 9–17 Uhr, Sommer 9–18 Uhr, Eintritt 17,70 €, Kinder bis 10 Jahre 14,50 €. Straßenbahn (Plantage Kerklaan) 9, 14. Der Zoologische Garten, zu dem auch ein Planetarium, ein zoologisches und ein geologisches Museum gehören, liegt im ehemaligen jüdischen Teil der Stadt und bietet das ganze Jahr hindurch die Möglichkeit zu einem attraktiven Aufenthalt. Immer wieder kommen interessante und ungewöhnliche Themen ins Programm.

39 [F7] **Bijbels Museum.** Mit Modellen von Ausgrabungsfunden und Tempelanlagen aus Ägypten und dem mittleren Osten, wird in diesem Museum die Zeit des Alten Testaments lebendig. Ausführlich wird auf die Bibelübersetzung eingegangen, die beim Zustandekommen einer einheitlichen niederländischen Sprache eine wesentliche Rolle gespielt hat (nur die wichtigsten Dinge werden in englischer Sprache kommentiert). Lohnenswert ist das Museum zudem als Grachtenhaus mit einer Küche aus dem 17. Jh., Deckengemälden im Salon und einer reich verzierten Holztreppe.

M6 [G9] **FOAM,** Keizersgracht 609, Tel. 5516500, www.foam.nl, täglich 10–17 Uhr, Do., Fr. bis 21 Uhr, Eintritt 7 €, Kinder bis 12 Jahre frei. Straßenbahn (Keizersgracht)16, 24, 25. Museum für Fotografie, bekannte Namen, Raum für unbekannte Talente, große und kleine experimentierfreudige Ausstellungen.

M7 [K8] **Hermitage Amsterdam,** Nieuwe Herengracht 14, www.hermitage.nl, Tel. 5308755, täglich 10–17 Uhr, Eintritt 7 €, Kinder bis 17 Jahre frei. Straßenbahn 4 (Rembrandtplein), 9, 14, U-Bahn

(Waterlooplein). Hier werden kleinere Wechselausstellungen organisiert, die jeweils für ein paar Monate Stücke der reichen Sammlung der Eremitage aus St. Petersburg zeigen.

🏛 8 [K8] **Hortus Botanicus Plantage,** Plantage Middenlaan 2a, Tel. 6259021, www.dehortus.nl, Mo.–Fr. 9–17 Uhr, Sa., So., Feiertage 10–17 Uhr, Juli, Aug. bis 21 Uhr, Dez., Jan. bis 16 Uhr, Eintritt 7 €, Kinder bis 15 Jahre 3,50 € (bis 5 Jahre frei). Straßenbahn (Plantage Kerklaan) 9, 14. Der Botanische Garten ist eine grüne Insel mitten in der Stadt und lädt daher nicht nur zum Studieren von Pflanzen aus allen Winkeln der Erde, sondern auch zum Atemholen ein. Die teilweise besonderen und exotischen Pflanzen stammen allesamt von Seeleuten und Kaufleuten, die allerlei Sonderbares von ihren Reisen mitbrachten. Besonderes Augenmerk verdienen das Palmenhaus und die Orangerie.

🏛 9 [J9] **Informatiecentrum Ruimtelijke Ordening** (Informationszentrum für Stadtplanung), Zuiderkerkhof 72, Tel. 5527987, www.zuiderkerk.amsterdam.nl, Mo.–Fr. 9–16 Uhr, Sa. 12–16 Uhr, Eintritt frei. U-Bahn-Station Waterlooplein oder Nieuwmarkt ⑧. Von April bis September ist es auch möglich, den Turm zu besteigen (Tel. 6892565): Mo.–Sa. 12–15.30 Uhr. In der ehemaligen Zuiderkerk ⑰ kann man sich in einer ständigen Ausstellung über die Entwicklung der Stadt informieren. Zurzeit und in den kommenden Jahren wird Amsterdam fast komplett umgekrempelt. Das übersichtliche Modell macht anschaulich, wie die Stadt nach Vollendung der Großprojekte: IJburg, IJ-Ufer, Noord/Zuidlijn, Südachse, Zentrumsgebiet Südost aussehen wird.

㊿ [K8] **Joods Historisch Museum.** Das jüdische historische Museum ist in vier restaurierten Synagogen aus dem 17. und 18. Jahrhundert untergebracht, was dem Museum ein besonderes Ambiente verleiht. Dargestellt werden wichtige Bereiche der jüdischen Kultur und Identität wie Religion, Verfolgung und tägliches Leben.

🏛 10 [G8] **Kattenkabinet,** Herengracht 497, www.kattenkabinet.nl, Mo.–Fr. 10–14 Uhr, Sa., So. 13–17 Uhr, Einritt 5 €, Kinder bis 13 Jahre 2,50 €. Straßenbahn (Keizersgracht) 16, 24, 25. Alle Skulpturen, Gemälde und Drucke, die in diesem Patrizierhaus an der Herengracht zu besichtigen sind, drehen sich um die Katze. Die Palette reicht dabei von Kunst aus dem alten Ägypten bis hin zu abstrakten Darstellungen der Neuzeit.

㉕ [G6] **Koninklijk Paleis.** Seit König Ludwig Napoleon das ehemalige Rathaus auf dem Dam für sich selbst beanspruchte, befindet sich dort eine umfangreiche Möbelkollektion im Empirestil. Zurzeit wird renoviert, daher ist eine Besichtigung voraussichtlich erst wieder im Laufe des Jahres 2009 möglich.

🏛 11 [G6] **Madame Tussaud's Scenerama,** Dam 20, Tel. 5221010, www.madame-tussauds.nl, täglich 10–17.30 Uhr, Eintritt 19,95 €, Kinder bis 15 Jahre 14,95 € (bis 5 Jahre frei). Straßenbahn (Dam) 1, 2, 4, 5, 9, 14, 16, 17, 24, 25. Direkt auf dem Dam bietet dieses Wachsfigurenkabinett eine spektakuläre und abwechslungsreiche Ausstellung. Über die verschiedenen Stockwerke wird man durch unterschiedliche Zeitabschnitte vom Goldenen Jahrhundert in Amsterdam bis ins 20. Jahrhundert geführt. Besonders beliebt sind die Bildnisse berühmter Popstars, die in einer Multimediashow für Unterhaltung sorgen.

▶ *Modernes Design: das Technik- und Naturwissenschaftsmuseum Nemo*

❺ [J5] **Museum Amstelkring**. Hier sind eine versteckte Kirche und die Einrichtung eines Kaufmannshauses aus dem 17. Jh. zu besichtigen.

🚇12 [D10] **Nederlands Filmmuseum**, Vondelpark 3, Tel. 5891400, www.filmmuseum.nl, Kasse und Museumsladen Mo.–Fr. 9–22 Uhr, Sa., So. 1 Std. vor der ersten Vorstellung bis 22.15 Uhr. Eintritt Filmvorführung 7,80 € (beinhaltet auch den Eintritt zur Ausstellung), Austellung 2 €, der Eintrittspreis für Sonderausstellungen variiert. Straßenbahn 1 (1e Constantijn Huygensstraat), 3, 12 (Overtoom). Das Museum beherbergt eine Sammlung von ca. 46.000 Filmen (von den ersten Stummfilmen bis zu den neuesten Digitalausgaben), 35.000 Filmplakaten und 450.000 Fotos. Täglich werden mehrere Filme gezeigt (Programm siehe Internet oder das Magazin „Zine") und ab und zu gibt es kleinere Ausstellungen zu Themen rund um den Film. Das dazugehörige Café ist mit seiner Terrasse eine der Hauptattraktionen im Vondelpark. Die **Filmmuseum Bibliotheek** (Vondelstraat 69–71) bietet mit 19.000 Zeitschriften, 30.000 Büchern und archivierten Zeitungsausschnitten Material zu Künstlern, zur Filmtheorie, Filmgeschichte und zum Filmgeschäft. Geöffnet ist hier Mo.–Fr. 13–15 Uhr.

48 [E11] **Van Gogh Museum**. Außer der ständigen Van-Gogh-Ausstellung mit 200 Gemälden und ca. 500 Zeichnungen und Skizzen des Künstlers, findet sich hier eine Sammlung von Malereien aus dem 19. Jahrhundert (Toulouse-Lautrec, Gauguin, Monet, Bernard, Montecelli u. a.).

🚇13 [H9] **Museum Van Loon**, Keizersgracht 672, Tel. 6245255, www.museumvanloon.nl, Mi.–Mo. 11–17 Uhr, Eintritt 6 €, Kinder bis 18 Jahre 4 € (bis 6 Jahre frei). Straßenbahn (Keizersgracht) 16, 24, 25. Dieses Museum ist ein reich ausgestaltetes Patrizierhaus aus dem 17. Jahrhundert, das im Stil des 18. Jahrhunderts restauriert wurde. Die prachtvoll eingerichteten Zimmer vermitteln einen guten Eindruck vom Leben wohlhabender Kaufleute in der Blütezeit Amsterdams. Die unterschiedlichen Möbel und Einrichtungsgegenstände aus dem 17. und 18. Jahrhundert, die Sammlung von Porträts und der im französischen Stil angelegte Garten machen eine Besichtigung lohnenswert.

🏛 **14** [J8] **Museum Willet-Holthuysen,** Herengracht 605, www.willetholthuysen.nl, Tel. 5231822, Mo.–Fr. 10–17 Uhr, Sa., So. und Feiertage 11–17 Uhr, Eintritt 5 €, Kinder bis 18 Jahre 2,50 € (bis 6 Jahre frei). Straßenbahn (Rembrandtplein) 4, 9, 14, U-Bahn

030am Abb.: bs

(Waterlooplein). Dieses Museum ist ein eindrucksvolles Beispiel für ein großzügiges Amsterdamer Grachtenhaus. Abraham Willet hat mit dem Geld seiner Frau Sandrina Holthuysen eine ansehnliche Sammlung von Gegenständen aus Glas und Keramik, Waffen, Silber und Malereien angelegt. Die Inneneinrichtung und der französische Garten lassen das Leben in einem solchen Haus lebendig werden.

🟤 [G5] **Nieuwe Kerk.** Da die „Neue Kirche" auf dem Dam inzwischen nur noch äußerst selten als Kirche dient, werden die Räumlichkeiten auf andere Weise genutzt. Hier finden große und publikumswirksame Wechselausstellungen zu den unterschiedlichsten Themen statt.

🏛 **15** [L5] **Nemo,** Oosterdok 2, Tel. 5313233, www.e-nemo.nl, Di.–So. 10–17 Uhr, Juni–Aug. und in den Schulferien auch Mo., Eintritt 11,50 €, Kinder bis 4 Jahre frei. Bus (Kadijksplein) 22, 42, 43. Spielerisch Technik und Naturwissenschaft erfahren und ausprobieren. Hier kann man nach Herzenslust experimentieren. Anfassen ausdrücklich erwünscht! Das Museumsgebäude (ein Entwurf des Italieners Renzo Piano) ragt wie ein kupferverkleideter Schiffsbug über dem Südeingang des IJ-Tunnels aus dem Wasser.

🟤 [J7] **Rembrandthuis.** Wer etwas über Rembrandt erfahren möchte, findet dazu u. a. in dem Haus Gelegenheit, in dem der Künstler zwanzig Jahre lang wohnte und arbeitete. Neben wechselnden Ausstellungen über seinen Lehrmeister, seine Zeitgenossen und Schüler ist der Großteil seiner Radierungen zu besichtigen.

🟤 [F10] **Rijksmuseum.** Bis einschließlich 2009 wird das Hauptgebäude des Rijksmuseums gründlich umgebaut. Dabei bleibt der Philipsflügel geöffnet und dort sind in dieser Zeit ca. 400 Topstücke des 17. Jahrhunderts (u. a. Werke von Rembrandt,

Vermeer, Hals, Steen, Delfter Keramik, „Die Nachtwache", „Das Puppenhaus") zu sehen.

16 [M6] **Scheepvaartmuseum**, Kattenburgerplein 1, www.scheepvaartmuseum.nl, Tel. 5232222. U-Bahn (Centraal Station). Das Museum bleibt wegen eines gründlichen Umbaus bis 2010 geschlossen. In diesem Zeitraum geht das **VOC-Schiff** beim Wissenschaftsmuseum Nemo vor Anker, wodurch die exakte Nachbildung eines Handelsschiffs für die Fahrt nach Indonesien auch weiterhin zu besichtigen ist. Die Mannschaft dieses Schiffes ist den ganzen Tag damit beschäftigt, alle täglich anfallenden Aufgaben zu erfüllen, gibt aber zwischen dem Kochen, Salutieren und Exerzieren bereitwillig Auskunft über das Seefahrerleben im 17. Jahrhundert.

17 [L5] **Stedelijk Museum**, Oosterdokskade 5 (2.–3. Stock Post-CS-Gebäude), Tel. 5732911, www.stedelijk.nl, täglich 10–18 Uhr, der Eintrittspreis für die Ausstellungen variiert. U-Bahn (Centraal Station). Das städtische Museum Amsterdams ist eines der bekanntesten Museen auf dem Gebiet der Modernen Kunst. Zur Kollektion zählen Bildhauerwerke, Malereien, Zeichnungen, Photografien sowie Drucke, industrielle Formgebung und angewandte Kunst. Von Herbst 2008 bis Ende 2009 sind die Stücke des Museums wegen Umbau- und Erweiterungsarbeiten nur in Wechselausstellungen zu sehen. Es ist geplant, dass das Museum Ende 2009 wieder an seinen eigentlichen Platz am Museumplein **46** umzieht.

18 [H8] **Tassenmuseum Hendrikje**, Herengracht 573, www.tassenmuseum.nl, Tel. 5246452, täglich 10–17 Uhr, Eintritt 6,50 €, Kinder bis 19 Jahre 2,50 € (bis 13 Jahre frei). Straßenbahn (Rembrandtplein) 4, 9, U-Bahn (Waterlooplein). Das **Taschenmuseum** bietet in einem prachtvollen, neu renovierten Herrenhaus aus dem Jahr 1664 einen Überblick über die Geschichte der Tasche vom Mittelalter bis in die Gegenwart. Zahlreiche besondere Ausstellungsstücke und natürlich ein Museumsladen mit Entwürfen niederländischer und internationaler Designer.

19 [F5] **Theater Instituut Nederland**, Herengracht 168, Tel. 5513300, www.tin.nl, Mo.– Fr. 11–17 Uhr, Sa., So. 13–17 Uhr, Eintritt 4,50 €. Straßenbahn (Westermarkt) 13, 14, 17. Nach zweijährigen Renovierungsarbeiten öffnete das **Theatermuseum** erneut und präsentiert sich nun als monumentales Gebäude bestehend aus mehreren prachtvollen Grachtenhäusern mit angelegtem Garten. Außer den eigentlichen Ausstellungsräumen, in denen neben wechselnden Ausstellungen unter anderem ständig Theaterkostüme zur Schau gestellt werden, stehen dem Besucher hier auch eine Bibliothek und eine Mediathek zur Verfügung; zusätzlich werden Treffen, Seminare und Workshops für Theaterleute angeboten.

20 [N9] **Tropenmuseum**, Linnaeusstraat 2, Tel. 5688200, www.tropenmuseum.nl, täglich 10–17 Uhr, Eintritt 7,50 €, Kinder bis 18 Jahre 4 € (bis 6 Jahre frei). Straßenbahn 3 (Wijttenbachstraat), 9, 14 (Mauritskade), Bus 22 (Mauritskade). Das Museum für Völkerkunde wurde 1871 als Kolonialmuseum eröffnet, um das Leben in den überseeischen Gebieten darzustellen. Heutzutage gehören zum Tropenmuseum auch das Koninklijke Instituut voor de Tropen und ein Theater. Hauptschwerpunkt ist die interkulturelle Kommunikation. Vermittelt wird in lebendig und ansprechend gestalteten Ausstellungen ein Gesamtzusammenhang zwischen Kultur, Wirtschaft und sozialem Leben.

◀ *Da kann einem schon mal schwindlig werden: das Treppenhaus im Bijbels Museum*

🏛 21 [L7] **Vakbondsmuseum**, Henri Polaklaan 9, Tel. 6241166, www.deburcht.org, Di. bis Fr. 11–17 Uhr, So. 13–17 Uhr, Eintritt 2,50 €, Kinder bis 13 Jahre frei. Straßenbahn (Plantage Kerklaan) 9, 14. Das **Gewerkschaftsmuseum** befindet sich im Stammsitz der ehemaligen Diamantarbeitergewerkschaft, den Berlage im Auftrag von Henri Polak entwarf. Die „Burg", wie das Gebäude auch genannt wird, zeichnet sich durch Schönheit, schlichte Eleganz und Monumentalität aus. In ihr spiegelt sich ein gewachsenes Selbstbewusstsein der Arbeiterschaft wider. Das Museum bietet eine Übersicht über ca. 100 Jahre Arbeiterbewegung.

🏛 22 [L7] **Verzetsmuseum**, Plantage Kerklaan 61, Tel. 6202535, www.verzetsmuseum.org, Di.–Fr. 10–17 Uhr, Sa.–Mo. und Feiertage 12–17 Uhr, Eintritt 6 €, Kinder bis 18 Jahre 3 € (bis 13 Jahre frei). Straßenbahn (Plantage Kerklaan) 9, 14. Das **Widerstandsmuseum** wurde im Mai 1999 im Plancius-Gebäude wiedereröffnet. Die ständige Ausstellung bietet mit Gegenständen, Fotografien, Videos und Tonbändern einen sehr guten Überblick über den Widerstand gegen die deutschen Besatzer in der Zeit von 1940 bis 1945.

🏛 23 [N7] **Werfmuseum 't Kromhout**, Hoogte Kadijk 147, www.machinekamer.nl, Tel. 6276777, Di. 10–15 Uhr, für Gruppen auf Anfrage, Eintritt 4,75 €, Kinder bis 12 Jahre 3,75 €. Bus (Kadijkplein) 22, 42, 43. Wer sich für die Seefahrt interessiert, hat sicherlich Freude daran, die Atmosphäre einer Schiffswerft aus dem 19. Jahrhundert zu erleben. Die Werft wurde ca. 1890 mit gusseisernen Kuppeln überdacht, die bis heute als Industriedenkmal erhalten geblieben sind. Verschiedene funktionierende Motoren und eine Schmiede können besichtigt werden.

🏛 24 [E7] **Houseboat Museum**, Prinsengracht gegenüber von Nr. 296, Tel. 4270750, www.houseboatmuseum.nl, Di.–So. 11–17 Uhr (Nov.–Feb. Fr.–So. 11–17 Uhr), Eintritt 3,25 €, Kinder unter 1,52 m 2,50 €. Wenn man wissen möchte, wie es sich eigentlich auf einem der ca. 2500 Wohnboote in Amsterdam lebt, wie viel Platz man da hat, ob es wirklich dunkel und eng ist auf einem solchen Schiff, dann kann man sich jetzt darüber einen Einblick verschaffen. Das Boot ist nicht bewohnt, jedoch authentisch eingerichtet. Außerdem veranschaulichen Fotos, Dias und Modelle das Leben auf einem „Woonboot".

AMSTERDAM FÜR KAUFLUSTIGE

Ganz sicher gehört auch das Stöbern in kleinen Geschäften, Antiquitäten- und Designläden, bei Trödelhändlern und auf Märkten zu den Hauptattraktionen eines Amsterdambesuchs.

ÖFFNUNGSZEITEN

In den Niederlanden ist es den einzelnen Städten und Gemeinden erlaubt, die Ladenöffnungszeiten selbst festzulegen. Normalerweise sind Geschäfte wie folgt geöffnet:

❯ Mo. 11 bzw. 13–18 Uhr
❯ Di.–Fr. 9–18 Uhr (Do. bis 21 Uhr)
❯ Sa. 9–17 Uhr
❯ So. 12–17 Uhr

▶ *Gebrauchte Theaterkleidung findet man bei Mauve in De Negen Straatjes*

Es gibt allerdings einige Läden (vor allem in den wichtigsten touristischen Zonen wie etwa in der Umgebung von Leidseplein und Dam), die abends und am Wochenende länger geöffnet sind.

SUPERMÄRKTE

Für alles, was man nicht in Restaurants und Cafés bekommen kann, gibt es genügend Supermärkte in der Innenstadt.

Albert Heijn ist die größte Kette des Landes mit einem umfassenden Angebot, die Artikel sind allerdings manchmal etwas teurer als bei anderen Ketten. Außerdem gibt es inzwischen eine Reihe von **„AH to go"-Läden** an Bahnhöfen und in der Innenstadt, die vorverpackte und vorgefertigte Speisen in kleinen Portionen bieten, die sich leicht mitnehmen und sofort aufessen lassen.

Diese Supermärkte haben inzwischen so lange Öffnungszeiten (täglich von 8 bzw. 9 Uhr bis 21 bzw. 22 Uhr), dass fast alle früheren *avondwinkels,* spezielle kleine Supermärkte, die bis spät geöffnet hatten, verschwunden sind.

Filialen von Albert Heijn findet man z. B. unter folgenden Adressen:
> Damrak 90 (Innenstadt)
> Elandsgracht 9–11 (Jordaan)
> Jodenbreestraat 21 (Innenstadt)
> Hauptbahnhof ❶
> Koningsplein 4 (Innenstadt)
> Nieuwezijds Voorburgwal 226 (Innenstadt neben Magna Plaza)
> Nieuwmarkt 18 (Altstadt)
> Regulierbreestraat 22 (Innenstadt)
> Westerstraat 79–87 (Jordaan)

Bei **C1000**, **Edah** und **Super de Boer** sind die Artikel etwas billiger, aber das Angebot ist eingeschränkter und in der

027am Abb.: bs

Innenstadt findet man sehr viel weniger Filialen dieser Ketten. Ansonsten gibt es entlang der wichtigsten Touristenrouten (z. B. Leidsestraat, Leidseplein) kleine Kioske, die auch Snacks, Obst, Getränke u. Ä. verkaufen.

BUMMELN GEHEN

In der Umgebung von Damrak, Rokin, Nieuwendijk und Kalverstraat finden sich vor allem Geschäfte (von Ketten) der **mittleren Preisklasse**, einige besondere Geschäfte wie ein englischer und auch ein amerikanischer Buchladen, aber auch vier **Einkaufszentren:** Magna Plaza mit einem exklusiven Angebot, Bijenkorf, Kalvertoren und V&D mit einem breiten Angebot und Preisniveau. Das gesamte Gebiet ist autofrei und es schiebt sich ein konstanter Strom von Touristen und Einkaufswilligen durch die Straßen.

Die **exklusiven Geschäfte** konzentrieren sich auf wenige Straßen etwas außerhalb der Innenstadt. Ganz in der Nähe von Leidseplein und Museumplein ④⑥ kann man sich in der **P. C. Hooftstraat** von Kopf bis Fuß neu in Designermode der unterschiedlichsten Marken einkleiden. Auch die nötigen Accessoires wie Unterwäsche, Seidenstrümpfe und Schals sowie exklusive Schuhgeschäfte findet man hier. Die Auswahl wird noch größer, wenn man auf der **Van Baerlestraat** nach links in Richtung Museumplein abbiegt. Auch hier gibt es in allen Stilrichtungen etwas zu kaufen, vom englischen Countrystyle bis hin zur Abendmode von Rodier und Versace. Einige Geschäfte führen mehrere große Marken, während sich andere auf einen einzigen Couturier spezialisiert haben. Dazwischen findet man Schmuckgeschäfte,

Ledergeschäfte und Delikatessenläden, sodass keine Einkaufswünsche unerfüllt bleiben, vorausgesetzt man hat nichts dagegen, dass der Inhalt des Geldbeutels im Eiltempo schwindet.

Wer vom vielen Anprobieren, Schauen und Schlendern müde geworden ist, kann sich in einem der kleinen Cafés oder einer Brasserie niederlassen, von denen es inzwischen etliche auf der P. C. Hooftstraat und in der Van Baerlestraat gibt. Dort kann man etwas trinken, eine Kleinigkeit essen und sich entspannen.

Eine vergleichbare Zusammenstellung bietet die **Beethovenstraat** zwischen Apolloweg und Stadionweg. Zur Vervollständigung des Angebots dienen verschiedene andere Spezialgeschäfte, etwa ein japanisches Delikatessengeschäft.

Zum Stöbern in kleinen, abwechslungsreichen Läden regen die **Negen Straatjes** (s. S. 103) zwischen Singel und Prinsengracht (Reestraat bis Runstraat, Gasthuismolensteeg bis Wijde Heisteeg), das traditionsreiche Viertel **Jordaan** oder auch **Haarlemmerdijk** und **Haarlemmerstraat** an, wo sich in den letzten Jahren viele interessante Geschäfte niedergelassen haben. Ebenso bietet die **Utrechtsestraat** ein vielfältiges Angebot. Immer beliebter wird auch das Stadtviertel **De Pijp.** In all diesen Gebieten kann man Kurioses und Besonderes, Trödel und Design, Lifestyleprodukte, Wohnaccessoires, Secondhand- und Designerkleidung sowie Delikatessengeschäfte entdecken. Die Geschäftsräume sind oft so klein, dass größere Ketten sich hier eher selten niederlassen, was ein breit gefächertes und reizvolles Angebot bedeutet. Darüberhinaus bieten alle diese Viertel natürlich auch jede Menge Lunchbars, Restaurants und Cafés.

026am Abb.: bs

Im Aufwärtstrend befinden sich auch die **neuen Inseln** (etwa KNSM-/Java- **74**, Borneo-Insel) und das **östliche Hafengebiet**. Die über zehnjährigen Bauarbeiten sind inzwischen fast überall abgeschlossen und die Gegend hat sich bereits zu einem trendigen Ausgehgebiet und einer Fundgrube für Designliebhaber entwickelt.

Das wichtigste Viertel für **Kunst- und Antiquitätensammler** ist das Spiegelkwartier (Spiegelgracht, Nieuwe Spiegelstraat und die jeweiligen Seitenstraßen) mit über 70 spezialisierten Kunst- und Antiquitätenhändlern. Hier findet das Sammlerherz alles, was es begehrt: archäologische Funde, asiatische und europäische Kunst, Möbel, Glas, Keramik, Sammlerobjekte, Uhren, Schmuck und natürlich Bildhauerwerke und Gemälde.

Diamanten sind zwar kein ganz so wichtiger Industriezweig mehr wie vor 100 bis 150 Jahren, sie ziehen aber dennoch jedes Jahr zahlreiche Touristen an. Während hier zur Blütezeit der Industrie die berühmtesten Diamanten (z. B. der Cullinan-Diamant) gehandelt und geschliffen wurden, befindet sich der Hauptmarkt für Diamanten heutzutage in Antwerpen. Die Antwerpener Diamantindustrie war bereits Anfang des 20. Jahrhunderts besser organisiert, außerdem wurde die Diamantindustrie in Amsterdam von Juden dominiert. Durch die Deportationen im Zweiten Weltkrieg wurde dieser Industriezweig jedoch fast vollständig zerschlagen.

Im Spätjahr 2006 eröffnete ein **Diamantenmuseum**, das die Entstehung und Herstellung der glitzernden Edelsteine erläutert. Darüberhinaus bieten die meisten **Diamantschleifereien** Führungen durch ihre Firmengebäude.

› **Diamant Museum Amsterdam**, Paulus Potterstraat 8, Tel. 30 55 300, tägl. 9–17 Uhr, www.diamantmuseumamsterdam.nl

25 [J8] **Amstel Diamonds**, Amstel 206–208, Tel. 6231479, www.amsteldiamonds.nl

26 [G6] **Amsterdam Diamond Center**, Rokin, 1–5, www.amsterdamdiamondcenter.nl, Tel. 6245787

27 [E10] **Coster Diamonds**, Paulus Potterstraat 2–8, Tel. 3055555, www.costerdiamonds.com

61 [K7] **Gassan Diamonds**, Nieuwe Uilenburgerstr. 173–175, Tel. 6225333, www.gassandiamonds.com

28 [F12] **Van Moppes Diamonds**, Albert Cuypstr. 2–6, 6761242, www.vanmoppes.nl/EN/diamondsE.htm

022am Abb.: bs

◄ *„These boots are made for walking"*

► *In alter Tradition verwurzelt: die Drogerie Jacob Hooy & Co.*

MÄRKTE

Nur weniges macht die Niederländer glücklicher, als das Gefühl, ein Schnäppchen gemacht zu haben. Vor allem Märkte bieten hierzu eine gute Gelegenheit und Amsterdam hat davon unzählige zu bieten. In jedem Stadtviertel kann man auf mindestens einem Markt stöbern und sein Geld ausgeben. Hier eine Auswahl interessanter Märkte in der Innenstadt:

Albert-Cuyp-Markt **73**

Bunt, vielfältig, exotisch: Hier bietet sich eine breite Palette an Lebensmitteln vom eingelegten Hering über holländischen Käse, exotische Früchte, indonesische Gewürze bis hin zu Fleischspezialitäten aus Italien, Tapas oder surinamischen Spezialitäten. Afrikanische Stoffe, marokkanische Gewänder, Imitate von Gucci-Taschen und Schuhe, trendige Accessoires und die nötige Haar- und Hautpflege sowie die sonderbarsten Haushaltsartikel gehören hier ebenso zum Bild wie die nicht wegzudenkenden Verkäufer von Blumen mit ihrem Reichtum an Formen und Farben.

❯ Albert Cuypstraat, Mo.–Sa. 9–17 Uhr, Straßenbahn (Albert Cuypstraat) 16, 24

Briefmarken- und Münzmarkt

Häufig findet man im Oudemanhuispoort **15** oder in den kleinen Läden, die alte Bücher verkaufen, auch irgendwo eine Ecke, in der alte Postkarten angeboten werden. Echte Sammler wollen sich aber sicherlich auch den Briefmarken- und Münzmarkt nicht entgehen lassen.

❯ Nieuwzijds Voorburgwal, Mi., Sa. 9–16 Uhr, Straßenbahn (Spui) 1, 2, 5

Büchermarkt

In der ganzen Stadt findet man jede Menge Antiquariate, egal in welchem Stadtteil man unterwegs ist. Zusätzlich gibt es noch die Möglichkeit den freitags stattfindenden Büchermarkt auf dem Spui **29** zu besuchen oder die verschiedenen Händler im Oudemanhuispoort **15** bei der Universität aufzusuchen.

❯ Spui, Fr. 9.30–18 Uhr, Straßenbahn (Spui) 1, 2, 5
❯ Oudemanhuispoort, Mo.–Fr. 9–17 Uhr, U-Bahn (Waterlooplein)

Dappermarkt

Etwas weniger bekannt als der Albert-Cuyp-Markt, aber mit einem vergleichbaren Angebot an Lebensmitteln, Stoffen, Kleidung, Drogerieartikeln und Haushaltswaren im multikulturellen Stadtviertel Indische Buurt. Oder wie die Marktleute dort selbst sagen: „Der Dappermarkt, ein Weltmarkt."

❯ Dapperstraat, Mo.–Sa. 9–18 Uhr, Straßenbahn (Dapperstraat) 3, 7, (1e Van Swindenstraat) 9, (Pontanusstraat) 14

Kunstmarkt

Auf dem Spui **29** werden sonntags neue Werke niederländischer und internationaler Künstler für Kunstinteressierte zugänglich gemacht. Auch gibt es die Möglichkeit, Kunstwerke direkt von den Künstlern zu kaufen, was die Extrakosten für Galeristen oder andere Zwischenhändler spart.

❯ Spui, So. 9–17 Uhr (März–Anfang Dez.), Straßenbahn (Spui) 1, 2, 5

Noordermarkt

Schön gelegen vor der Noorderkerk im Stadtteil Jordaan sind die Stände auf dem Marktplatz und bis in die Westerstraat **52** verteilt. Montagvormittags und samstags findet hier ein Floh- und Krimskramsmarkt statt. Am Montagvormittag gehört auch ein Stoffmarkt dazu und an den Samstagen ein inzwischen sehr beliebter und gut besuchter biologischer Bauernmarkt. Man schlägt also gleich zwei Fliegen mit einer Klappe.

> Noordermarkt, Mo. 9–14, Sa. 9–16 Uhr

Nieuwmarkt ❽

Unter der Woche steht hier jeden Tag eine kleine Zahl von Händlern. Samstags ist es ein gut besuchter biologischer Markt. Von Mai bis Oktober gibt es hier sonntags einen Kunst-, Antiquitäten- und Flohmarkt.

> Warenmarkt: Mo.–Sa. 9–18 Uhr, Bio-Markt:
> Sa. 9–17 Uhr, Kunstmarkt: So. 9–17 Uhr
> (Mai–Okt.), U-Bahn (Nieuwmarkt)

Waterlooplein ★★★

Wohl der bekannteste Flohmarkt in Amsterdam. Eine Fundgrube für Sammler von Secondhandkleidung, echten und unechten Antiquitäten, Trödel und Kuriosa. Hier ist immer was los und da der Markt absolut zentral liegt, lohnt es sich auf jeden Fall vorbeizuschauen.

> Waterlooplein, Mo.–Sa. 9–17 Uhr, U-Bahn
> (Waterlooplein)

TAX FREE

Die normale Mehrwertsteuer *(btw)* beträgt in den Niederlanden 19 %, der ermäßigte Mehrwertsteuersatz 6 % (für Bücher und Lebensmittel).

Touristen aus Nicht-EU-Ländern können die Mehrwertsteuer auf Einkäufe zurückbekommen. Dazu muss man mindestens 137 € an einem Tag in einem Geschäft ausgeben und die Waren innerhalb von 30 Tagen ausführen. Geschäfte mit dem „Tax-free-for-Tourists"-Logo (klebt meistens an oder neben der Eingangstür) stellen sogenannte Tax-free-Shopping-Schecks aus, die beim Zoll abgestempelt werden müssen, wodurch man bei den *International Refund Points* die Steuer (nach Abzug einer Bearbeitungsgebühr) ausbezahlt bekommt. Schiphol z. B. hat eine solche Auszahlungsstelle. Bei den Touristeninformationsstellen (s. S. 164) gibt es eine Broschüre, in der das Verfahren ausführlich beschrieben wird.

EINKAUFEN

Einkaufszentren

🔖**29** [G7] **De Kalvertoren,** Singel 457, Kalverstraat 212–220, www.kalvertoren.nl. Nach jahrelanger Bauzeit ist wieder ein Loch gestopft. Im Kalvertoren befinden sich verschiedene Geschäfte (z. B. Bekleidung, Drogerie, Parfümerie, Geschenkeläden, Möbelgeschäfte) sowie einige (Steh-)Restaurants und Cafés. Ganz oben befindet sich eine Brasserie, die einen schönen Ausblick bietet.

🔖**30** [G5] **Magna Plaza,** Nieuwezijds Voorburgwal 182, www.magnaplaza.nl. Das ehemalige Postamt von 1899 in neogotischem Stil bietet ein stilvolles und prächtiges Ambiente für die teilweise exklusiven Geschäfte wie Mode- und Schmuckgeschäfte, Geschenkeläden, Kosmetik-, Schönheits- und Friseursalons, Restaurants und Musikgeschäfte.

Mode und Accessoires

🔖**31** [E10] **Claudio Ferrici Store,** Hobbemastraat 7, www.claudio-ferrici-amsterdam.nl, Tel. 6722793. Exklusive Lederwaren in italienischem Stil.

🔖**32** [F8] **Cora Kemperman,** Leidsestraat 72, Tel. 6251284, www.corakemperman.nl.

Mode, die in mehreren Lagen übereinander drapiert wird.

🔒**33** [F6] **Das Wella Warenhaus,** Keizersgracht 300, Ecke Berenstraat, Tel. 6233766, www.wellawarenhaus.nl. Junge, niederländische Designer verkaufen hier Wohndesign, Mode und Accessoires.

🔒**34** [F6] **De Brillenwinkel,** Gasthuismolensteeg 7, www.brilmuseumamsterdam.nl, Tel. 4212414, Mi.–Fr. 11.30–17.30 Uhr, Sa. bis 17 Uhr. Geschäft für ungetragene, antiquarische Brillen. Zum Laden in einem Haus aus dem 17. Jh. gehört ein Brillenmuseum.

🔒**35** [F3] **Donald Jongejans Brillen,** Noorderkerkstraat 18, Tel. 6246888. Liebhaber von vergangenen Stilen stoßen hier auf die verrückteste Auswahl von Brillen.

🔒**36** [G7] **Individuals Statement Store,** Spui 23, Tel. 5258133, www.individualsatamfi.nl. Studentinnen und Studenten des Amsterdam Fashion Instituts stellen hier ihre Designs vor.

🔒**37** [F6] **Hester van Eeghen,** Hartenstraat 1, Tel. 6269211 und Hartenstraat 37, Tel. 6269212, www.hestervaneeghen.com. Ausgefallene Entwürfe von Taschen, Accessoires und Schuhen.

🔒**38** [G7] **Maison de Bonneterie,** Rokin 140–142 oder Kalverstraat 183, Tel. 5313400, www.debonneterie.nl. Modegeschäft gefüllt mit Nobelmarken und einem Grand Café im ersten Stock. Innen gibt es eine wunderschöne Glaskuppel.

🔒**39** [E10] **Mart Visser Couture,** Paulus Potterstraat 30a, Tel. 5712020, www.martvisser. nl. Mart Visser gehört zu den jüngeren erfolgreichen, niederländischen Modeschöpfern und versucht mit seinen eleganten Linien den Damen modernen Schick schmackhaft zu machen. Die normale Kollektion wird in ausgewählten Modehäusern verkauft, der Haute-Couture-Laden ist nach Vereinbarung geöffnet.

017am Abb.: bs

🔒**40** [F6] **Parisienne,** Berenstraat 4, Tel. 4280834. Verspielte Modeaccessoires (Schmuck, verzierte Handtaschen etc.).

🔒**41** [D11] **The People of the Labyrinths,** Van Baerlestraat 42–44, Tel. 6640779, www.labyrinths.nl. Designlabel (Mode, Interieur, Kosmetik) basierend auf handgedruckten und handgefärbten Entwürfen.

Alles für die Füße

🔒**42** [F6] **Antonia by Yvette,** Gasthuismolensteeg 18–20, www.antoniabyyvette.nl, Tel. 3209443. Ausgefallene Schuhmode für Frauen und Männer.

🔒**43** [F5] **Big Shoe,** Leliegracht 12, Tel. 6226645, www.bigshoe.nl, Mi., Fr. 10–18 Uhr, Do. 10–21 Uhr, Sa. 10–17 Uhr. Für Leute, die bei Schuhen in großen Größen auch mal eine Auswahl haben möchten. Damenschuhe Größe 42–46, Herrrenschuhe Größe 46–50.

44 [G6] **Jan Jansen,** Rokin 42, Tel. 6251350, www.janjansenshoes.com. Die berühmten Entwürfe dieses Schuhdesigners wurden unzählige Male kopiert. Hier gibt es die Originale.

45 [J9] **Zwartjes van 1883,** Utrechtsestraat 123, Tel. 6233701, www.zwartjes.nl. Exklusive Damen- und Herrenschuhe verschiedener Nobelmarken.

Alles für den Körper

46 [J9] **Ariane Inden,** Utrechtsestraat 127, Tel. 4220426, www.arianeinden.nl. Kosmetiksalon (Behandlungen, Beratung) und Kosmetikprodukte von Ariane Inden, die aus Unzufriedenheit über bestehende Konzepte und Produkte ihre eigene Kosmetikreihe entwickelte.

47 [H5] **Condomerie Het Gulden Vlies,** Warmoesstraat 141, www.condomerie.com, Tel. 6274174. Kondome in allen Größen, in den verrücktesten Formen und Farben. Dieser Laden ist mindestens so abwechslungsreich und interessant wie ein Hutgeschäft.

48 [E7] **La Savonnerie,** Prinsengracht 294/Ecke Elandsgracht, Tel. 4281139, www.savonnerie.nl. In der Seifenmacherei wird fast täglich neue Seife hergestellt.

49 [G7] **P.G.C. Hajenius,** Rokin 92–96, Tel. 6237494, www.hajenius.com. Zigarren, Tabak und Pfeifen werden hier in riesiger Auswahl angeboten. Es ist das Raucherparadies schlechthin. Für die Vorführung der kubanischen Sorten gibt es sogar einen extra klimatisierten Raum. Man erhält hier alles, was das Zigarrenraucherherz höher schlagen lässt, etwa Zigarrenkisten mit Klimaanlage. Die Art-déco-Inneneinrichtung verleiht dem Geschäft eine würdige Atmosphäre. In den hinteren Räumen gibt es eine kleine Ausstellung zur Firmengeschichte.

50 [F7] **Skins Cosmetic Lounge,** Runstraat 9, Tel. 5286922, www.skins.nl. Hier werden Kosmetikmarken verkauft, die im Ausland schon einen guten Namen haben, aber in den Niederlanden ansonsten nicht zu bekommen sind, u. a. Creed, Etro, L'Artisan Parfumeur, Antonia's Flowers, Comptoir Sud Pacifique, Nuxe, Fusion Beauty, Aesop, Fresh, Laura Mercier, Philosophy, Ren, Dr. Sebagh.

Kulinarische Spezialitäten

51 [F12] **De Waterwinkel,** Roelof Hartstraat 10, Tel. 6755932, www.dewaterwinkel.nl. Die Auswahl an über 100 Mineralwassersorten aus der ganzen Welt wird ergänzt durch Glaswaren und speziell entworfene Flaschen.

52 [H5] **Geels & Co,** Warmoesstraat 67, Tel. 6240683, www.geels.nl. Hier verkauft man seit 140 Jahren Kaffee und Tee sowie moderne und lustige Kaffee- und Teetassen, -kannen und -service. Samstags von 14 bis 16.30 Uhr ist das kleine **Museum** im ersten Stock gratis zu besichtigen.

53 [J5] **Hofje van Wijs,** Zeedijk 43, Warmoesstraat 102, Tel. 6240436, www.wijs-zonen.nl. Spezielle Tee- und Kaffeesorten für Liebhaber einer besonderen Tasse. Im Innenhof am Zeedijk steht auch ein Kaffeebrenner, um besonders frischen Genuss garantieren zu können. In der Warmoesstraat werden zudem Schokoladespezialitäten der Chocolaterie Brouwer verkauft.

54 [G3] **Hollandaluz,** Haarlemmerstraat 71, Tel. 3302888, www.hollandaluz.nl. Spanische Delikatessen und Geschenke.

55 [J6] **Jacob Hooy & Co.,** Kloveniersburgwal 12, Tel. 6243041, www.jacobhooy.nl. Eine uralte Drogerie mit kleinen Schubladen,

◀ *Holländisches Lederdesign von Hester van Eeghen*

Fässern und Töpfen, in denen Kräuter und Tees aufbewahrt werden. Beliebtes Fotomotiv!

56 [G3] **Meeuwig & Zn.**, Haarlemmerstraat 70, Tel. 6265286, www.meeuwig.nl. Eine große Auswahl an verschiedenen (Oliven-) Ölsorten, kombiniert mit einer Vielzahl von Essig- und Senfsorten machen Lust auf die mediterrane Küche. Jede Woche gibt es auch hausgemachtes Pesto und selbst hergestellte Mayonnaise.

57 [E6] **Olivaria**, Hazenstraat 2a, Tel. 6383552. Olivenöl existiert in so vielen Geschmacksrichtungen, dass man den Geschmack und den Geruch in Ruhe und mit Muße am Probetisch testen sollte. Auch erhältlich in sehr schönen Geschenkflaschen.

58 [G3] **Unlimited Delicious**, Haarlemmerstraat 122, www.unlimiteddelicious.nl, Tel. 6224829. Schokoladenkreationen aller Art: Pralinen, Torten, Schokolade zum Trinken sowie Konditorenkurse und Kurse zur Pralinenherstellung.

Alles für die Wohnung

59 [H7] **Droog@Home**, Staalstraat 7b, Tel. 5235059, www.droogdesign.nl. Shop und Galerie der Designermarke Droog Design.

60 [H8] **Golden Bend Tableware**, Herengracht 510, Tel. 6277784, www.goldenbend.nl, Do.–Sa. 12.30–17 Uhr. Massen an Hotelporzellan aus den USA. Hier kann man sich selbst eine eigene Mischung zusammenstellen.

61 [F2] **Het Paard**, Haarlemmerdijk 173, Tel. 6241171, www.schaakengo.nl. Fachgeschäft für die Spiele Schach und Go. Hier gibt es alles, was bei Liebhabern der Brettspiele die Herzen höherschlagen lässt.

62 [F4] **Keck & Lisa**, Herenstraat 15, Tel. 6244334. Kunterbunte Wohnaccessoires.

63 [E7] **Kunst & Antiekcentrum De Looier**, Elandsgracht 109, Tel. 6249038,

www.looier.nl, Sa.–Do. 11–17 Uhr. Aufgebaut wie auf einem Markt findet man hier verschiedene Händler unter einem Dach, einschließlich Café.

64 [G8] **Maranon Hangmatten**, Singel 488–490 (Blumenmarkt **32**), Tel. 6225938, www.maranon.com. Hängematten in allen Ausführungen, von der Babywiege bis hin zu ausklappbaren Ständermodellen.

65 [F6] **MEK**, Hartenstraat 11, Tel. 6381265, www.m-e-k.nl. Verrückte und ausgefallene Geschirr-, Glas-, Porzellan- und Töpferwaren.

42 [F8] **Metz & Co.**, Ecke Keizersgracht 455/ Leidsestraat, Tel. 5207020. Kleidung, Geschenke, Lifestyleartikel und Designermöbel.

66 [F6] **Nic Nic**, Gasthuismolensteeg 5, Tel. 6228523, www.nicnicdesign.com. Dekorationsgegenstände, Geschirr, Lampen und andere Dinge, vieles davon aus den 1950er- und 1960er-Jahren.

67 [G8] **Studio Bazar**, Reguliersdwarsstraat 60–62, Tel. 6220830, Keizersgracht 709, Tel. 6222858, www.studiobazar.nl. Hier finden Kochliebhaber Schönes und Nützliches.

68 [E7] **The Frozen Fountain**, Prinsengracht 629, Tel. 6229375, www.frozenfountain.nl. Zeitgenössische Inneneinrichtung, hergestellt von jungen Designern. Es gibt hier immer besondere und verrückte Stücke, sodass sich ein Besuch sicherlich lohnt.

69 [F6] **What's cooking**, Reestraat 16, Tel. 4270630, www.whatscooking.nl. Kulinarische Geschenke, Lebensmittel, Küchengeräte, Geschirr usw.

Alles aus Papier und Vinyl

70 [G7] **American Book Center**, Spui 12, Tel. 6255537, www.abc.nl. Bei all den englischsprachigen Büchern, die man sich sowieso mal anschaffen wollte, kann man hier in Ruhe stöbern.

71 [F6] **Cortina Papier**, Reestraat 22, Tel. 6236676, www.cortinapapier.nl. Für

Papierliebhaber ein Paradies: Geschenkpapier, Verpackungen, Mappen, Ordner, Notizblöcke und vieles mehr.

72 [H5] **Himalaya**, Warmoesstraat 56, Tel. 6260899, www.himalaya.nl. New-Age-Artikel und eine große Auswahl an Büchern und Musik.

73 [F9] **Record Palace**, Weteringschans 33, Tel. 6223904, www.record-palace.com. International bekannter Laden u. a. mit einer ausgezeichneten Auswahl an Secondhand-Jazzplatten.

74 [G7] **Waterstone's,** Kalverstraat 152, Tel. 6383821. In einem schönen Laden in der Kalverstraat findet man auf vier Stockwerken englische Bücher und Zeitschriften.

Alles Kunst

75 [G6] **Galerie K.I.S. artful facilities,** Paleisstraat 107, Tel. 6209760, www.house-of-design.nl/kis/. K.I.S. (Kunst in Serie) hat zum Ziel, Designer aus der ganzen Welt ausstellen zu lassen und deren Produkte in kleinen Serien auf den Markt zu bringen. So bleibt die Möglichkeit, Exklusives zu fairen Preisen zu kaufen.

76 [G7] **Herman Brood Galerie,** Spuistraat 320, www.brood.nl, Tel. 6233766/6233142. Über das Café Dante gelangt man in die Galerie des verstorbenen Herman Brood – Musiker, abgedrehter Künstler und *enfant terrible*. Hier werden seine Werke ausgestellt und verkauft.

► *Ein Arbeitstag endet oft mit einem „borrel" (Schnapps) – hier im Café De Druif („Die Traube")*

AMSTERDAM AM ABEND

Amsterdam bietet ein vielfältiges Angebot für diejenigen, die bis in *de kleine uurtjes* (also spät in die Nacht) unterwegs sind und etwas erleben wollen.

Bars, Restaurants, Theater, Kinos und Musikbühnen bieten ein breit gefächertes Angebot, da findet sich für jeden Geschmack das Richtige. In Klubs gibt es Themenabende und wechselnde DJs und viele Kneipen und Cafés locken mit Livemusik einheimischer und internationaler Künstler. Grundsätzlich gilt, dass viele der Bühnen und Klubs ein so abwechslungsreiches Programm bieten, dass man an einem Tag einen tollen Abend erleben kann und es an einem anderen überhaupt nicht spannend findet. Deshalb ist es immer nützlich, sich über das aktuelle Programm zu informieren.

In der Innenstadt sind sowohl **Leidseplein** [E9] und Umgebung als auch **Rembrandtplein** ❸❹ und Umgebung gute Punkte, um den Abend zu beginnen. Hier locken Kneipen, Bars, Restaurants, Kinos und Klubs mit ihren zahlreichen Angeboten. Die Stadtviertel Jordaan und De Pijp bieten eine ganze Palette an Kneipen und Restaurants. Auch das östliche Hafengebiet und die neuen Inseln sind im Aufwind, dort sind die Wege zwischen den einzelnen Lokalitäten jedoch etwas länger.

❭ **Informationen** über das laufende Angebot siehe „Publikationen und Medien".
Tickets bekommt man z. B. im Amsterdams Uit Buro oder im Last-Minute-Ticketshop (s. S. 165).

COMEDY

🔴**77** [E8] **Boom Chicago**, Leidseplein 12, Tel. 4230101, www.boomchicago.nl/en/. Amerikanische Comedians, die das Leben in Amsterdam und die Touristen auf die Schippe nehmen.

🔴**78** [F9] **Comedy Café**, Max Euweplein 43–45, www.comedycafe.nl, Tel. 6383971. Nationale und internationale Stand-up-

▶ *Genießen unter freiem Himmel*

Comedians geben jeden Abend in wechselnder Besetzung ihr Programm zum Besten.

🔴**79** [D13] **Toomler**, Breitnerstraat 2, Tel. 6707400, www.toomler.nl. Eine ganze Reihe von Stand-up-Comedians, die hier angefangen haben, schafften den Sprung zur Solokarriere. Über die Sommermonate gibt es sonntags auch ein englischsprachiges Programm.

KLUBS UND VERANSTALTUNGSORTE

🔴**80** [H11] **Badcuyp**, 1e Sweelinckstraat 10, Tel. 6759669, www.badcuyp.nl. Wenn man mal etwas anderes hören möchte. Das Angebot ist auf musikalische Nischen ausgerichtet, kreative und spannende Kombinationen von Instrumenten und Musikern.

🔴**81** [L4] **Bimhuis**, Piet Heinkade 3, Tel. 7882150, www. bimhuis.nl. Wer sich für modernen Jazz und Improvisationsmusik interessiert, wird diesen Ort kennen. Das Gebäude ist in den Bau des Muziekgebouw aan 't IJ integriert.

🔴**82** [H4] **Bitterzoet**, Spuistraat 2, Tel. 5213001, www.bitterzoet.com. Ist zugleich Bar, Musikbühne und Theater und wurde gegründet, um in Amsterdam auch einen Klub anzubieten, der leicht zugänglich ist und ein breites Publikum anspricht. Zukünftige Talente erhalten hier eine Plattform und daher kann das Programm sehr unterschiedlich sein.

🔴**83** [P5] **Club Panama**, Oostelijke Handelskade/Veemkade, www.panama.nl, Tel. 3118686. Ein breites Angebot bestehend aus Theater, Nachtklub, Café-Restaurant, Tanzsaal und Studio für Livemusikabende, Clubnights und ausgefallenen Theatervorstellungen.

🔴**84** [H8] **Escape**, Rembrandtplein 11–15, Tel. 6221111, www.escape.nl. Einer der größten Klubs Amsterdams erfreut sich schon seit

Jahren ungebrochener Beliebtheit. Exklusive Parties in Multimedia-Umgebung, Hightech-Beleuchtung mit *visual effects*.

85 [M9] **Hotel Arena Tonight,** 's-Grave-zandestraat 51 (Ecke Mauritskade), Tel. 8502400, www.hotelarena.nl. Im Klub des Hotels sorgen nationale und internationale DJs in einer ehemaligen Kapelle an den Wochenenden für ein abwechslungsreiches Programm. Zum Hotel gehört auch ein Restaurant und ein Café.

86 [E8] **Jimmy Woo,** Korte Leidsedwarsstraat 18, Tel. 6263120, www.jimmywoo.nl. Der in asiatischem Stil (schwarzer Lack, Blattgold) eingerichtete Klub wird in Amsterdam schon fast wieder als zu schick empfunden, erfreut sich aber seit Jahren großer Beliebtheit.

87 [D7] **Korsakoff,** Lijnbaansgracht 161, Tel. 6257854, www.korsakoffamsterdam.nl. Alternative Musik, Liveauftritte und Live-DJs.

88 [D7] **Maloe Melo,** Lijnbaansgracht 163, Tel. 4204592, www. maloemelo.nl. „Home of the Blues" für Fans von Blues, Rock und Rock 'n' Roll.

89 [E8] **Melkweg,** Lijnbaangracht 234a (Umgebung Leidseplein), www.melkweg.nl , Tel. 5318181. Die „Milchstraße" bietet ein breit gefächertes Angebot an Musik, Tanz-, Theater- und Filmvorstellungen, Video- und Medienpräsentationen und eine Fotogalerie. Das Musikprogramm variiert von Pop/Rock über Weltmusik und Jazz bis Punk oder Hiphop. Große und kleine Namen ziehen regelmäßig ein enthusiastisches Publikum an. Beim Eingang hängt das aktuelle Angebot aus.

90 [L4] **Muziekgebouw aan 't IJ,** Piet Heinkade 1, Tel. 7882010, www.muziekgebouw.nl. Internationales Zentrum für zeitgenössische klassische Musik aus aller Welt. Das große, offene Gebäude am Wasser bietet eine ausgezeichnete Akkustik und Möglichkeiten für unterschiedliche Konzerte, Projekte und Festivals.

91 [G7] **Odeon,** Singel 460, Tel. 5218555, www.odeontheater.nl. Café/Brasserie, Restaurant und Klub in einem neu renovierten Herrenhaus. Die Musik umfasst je nach Thema des Abends Funk, Soul, Pop, Rock oder Discomusik.

92 [F9] **Paradiso,** Weteringschans 6–8, Tel. 6264521, www. paradiso.nl. Performances und Lesungen, Konzerte und Klubabende der unterschiedlichsten Stilrichtungen. Publikumsklassiker kommen hier genauso vor wie neue Konzepte. Gehört absolut zu den besten Veranstaltungsorten für Liveacts in Amsterdam. In die ehemalige Kirche sind verschiedene Etagen eingebaut, sodass der gesamte Raum optimal genutzt wird.

93 [E10] **The Mansion,** Hobbemastraat 2, Tel. 6766620, www.the-mansion.nl. In einem alten, schick restaurierten Herrenhaus befindet sich hier alles, was man zu einem gelungenen Abend braucht, unter einem Dach. Restaurants, Cocktailbars und Tanzfläche.

94 The Power Zone, Spaklerweg, Tel. 6818866, www.thepowerzone.nl. In der ehemaligen Fiat-Fabrik und mit einer Kapazität von ca. 5000 Besuchern ist dies der größte Klub für ein anspruchsvolles Publikum. Einschließlich Terrasse mit Liegestühlen.

023am Abb.: bs

❼**95** [J8] **Sinners in heaven,** Wagenstr. 3–7, Tel. 6201375, www.sinners.nl. Trendiger Klub, nicht allzu groß, dafür Designerausstattung und entsprechend gestyltes Publikum.

❼**96 Vakzuid,** Olympisch Stadion 35, Tel. 5708400, www.vakzuid.nl. Im ehemaligen Olympiastadion, zum Arbeiten, Loungen, Feiern, Genießen und Tanzen.

❼**97** [C1] **Westergasfabriek,** Haarlemmerweg 8–10, www.westergasfabriek.nl. Auf dem Gelände der ehemaligen Gasfabrik, in der noch bis in die 1960er-Jahre aus Kohlen Gas gewonnen wurde, ist in den letzten Jahren ein Kulturpark entstanden, der umgeben von einem Park verschiedenen kreativen und alternativen Unternehmen in den ehemaligen Fabriksgebäuden Platz bietet. Außerdem gibt es ein Theater, eine Musikbühne (Flexbar), ein Kino (Ketelhuis) und zwei Restaurants sowie ein Café. So werden z. B. im Pacific Parc nach dem Abendessen die Tische und Stühle zur Seite geschoben und die Tanzfläche ist eröffnet.

013am Abb.: bs

FREILICHTTHEATER

Im Juli und August gibt es die Gelegenheit, kostenlose Theater-, Musik- und Konzertvorstellungen im Freien zu besuchen. Diese Vorstellungen sind allerdings so beliebt, dass man beim Bostheater schon dazu übergegangen ist, 15 Prozent der Karten als Platzkarten zu verkaufen. Im **Vondelpark** ❼ gibt es ein vielfältiges Programm, im Amsterdamse Bos wird den ganzen Sommer über ein Theaterstück gespielt.

Informationen zum aktuellen Programm erhält man beim AUB-Ticketshop (s. S. 165) oder bei den Touristeninformationen (s. S. 164) sowie im Internet unter www.bostheater.nl oder auch www.openluchttheater.nl.

❼**98 Bostheater,** Amsterdamse Bos, Di.–Sa. 21.30 Uhr.
❭ **Openluchttheater,** Vondelpark

KLASSISCHE MUSIK

Als Fan der klassischen Musik ist man in Amsterdam sicherlich gut aufgehoben. Nicht umsonst steht **das einzige Opernhaus der Niederlande** in Amsterdam. In zahlreichen Theatern, Kirchen und Konzertsälen gibt es Aufführungen der **unterschiedlichsten Stilrichtungen.** Einzelinterpreten, Quartette oder Symphonieorchester geben ihr Bestes. Auch sind regelmäßig ausländische Orchester oder Gruppen zu Gast, sodass sich stets eine Gelegenheit für einen anregenden Abend bietet.

Es kann teilweise etwas kompliziert werden, an **Konzertkarten** zu kommen. Das Hotelpersonal ist aber sicherlich behilflich oder man wendet sich an AUB- oder Last-Minute-Ticketshop (s. S. 165).

Kostenlose Mittagskonzerte

Wer knapp bei Kasse ist oder keine allzu langen Vorstellungen besuchen möchte, hat die Möglichkeit, sich im Concertgebouw, im Stadhuis und im Bethaniënklooster von Oktober bis Juni kostenlose Mittagskonzerte anzuhören.

◷99 [J6] **Bethaniënklooster**, Barndesteeg 6b. Freitags um 12.30 Uhr treten die Studenten des Sweelinck Konservatoriums im Bethaniënklooster auf.

◷100 [E11] **Concertgebouw**, Concertgebouwplein 2–6. Die Konzerte im Concertgebouw finden mittwochs von 12.30–13 Uhr statt. Benutzt werden sowohl der Große als auch der Kleine Saal, da es sich häufig um die letzten Proben von Orchestern handelt, die abends dort auftreten.

㉟ [J7] **Stadhuis.** Dienstags hat man von 12.30–13 Uhr die Gelegenheit, ein Kammerkonzert im **Boekmanzaal im Stadhuis** zu besuchen. Es spielen die Musiker des Niederländischen Philharmonieorchesters, des Chors der Niederländischen Oper sowie des Niederländischen Ballettorchesters.

AMSTERDAM FÜR GENIESSER

NIEDERLÄNDISCHE KÜCHE

Die traditionelle niederländische Küche ist eher **einfach und nahrhaft** als raffiniert (auch wenn es inzwischen einige Spitzenköche gibt, die die holländische Küche zur Kunst erhoben haben). Zu den bekanntesten einheimischen Gerichten gehören *stamppot* (Eintopf aus Kartoffeln, Grünkohl und Knackwürsten), *hutspot* (Eintopf zur Hälfte aus Mohrrüben und zur anderen Hälfte aus Zwiebeln),

pannekoeken (große Pfannkuchen, süß oder herzhaft belegt mit allem, was man sich nur vorstellen kann) und *poffertjes* (kleine Kugeln aus Pfannkuchenteig) sowie die an eiskalten Wintertagen servierte *erwtensoep* (eine dicke Erbsensuppe mit Speck und Fleischeinlage). Fischliebhaber werden sicher auf ihre Kosten kommen, denn Fisch kann man beinahe auf jeder Speisekarte finden.

Was einen Restaurantbesuch interessant macht, sind aber besonders die vielen **Restaurants aus aller Herren Länder** mit ihren spannenden Gerichten und besonderen Gewürzen. Man findet hier wirklich alles, was Europa, Asien, Arabien, Amerika, die Karibik und Afrika zu bieten haben.

Warm und ausführlich gegessen wird in den Niederlanden normalerweise abends, während man mittags nur eine Kleinigkeit (belegte Brote, Suppen, Milch, Buttermilch) zu sich nimmt. Daher öffnen viele Restaurants auch erst gegen 17 Uhr.

DER KLEINE HUNGER ZWISCHENDURCH

Für einen **kleinen Imbiss** gibt es in Amsterdam viele verschiedene Möglichkeiten. Es beginnt mit den vielen kleinen **Pommesbuden** *(patatzaak)*, in denen man Pommes frites mit den unterschiedlichsten Saucen bekommen kann. Eine Tüte kostet circa 2 €, mit Mayonnaise,

◀ *Im Incanto bekommt man neben italienischem Essen auch guten Grappa*

Ketchup, Erdnusssoße o. Ä. bis zu 3 €. Eine Besonderheit sind dabei *vlaamse friet* (flämische Pommes frites), die werden nämlich aus frischen Kartoffeln geschnitten. Man findet diese Pommesbuden in der ganzen Stadt. Gleichzeitig mit Pommes frites werden häufig noch andere frittierte Dinge angeboten. Gern gegessen werden z. B. *kroketten* (große Kroketten mit einer Fleischfüllung), *kaassouflees* (eine Art Kroketten mit einer Käsefüllung) sowie *bami-* und *nasirollen* (auch eine Art Kroketten mit einer Reis-Gemüse- oder Nudel-Gemüse-

Mischung gefüllt), die man sich „aus der Mauer holt", also nach Einwurf des entsprechenden Geldbetrags aus kleinen Fächern in der Wand ziehen kann. Sehr gute Kroketten bieten Van Dobben (Korte Reguliersdwarsstraat 5) und Holtkamp's Patisserie (Vijzelgracht 15).

Eine weitere Möglichkeit für einen kleinen Imbiss sind die vielen **Kebab- und Falafelverkaufsstellen.** Auch diese gibt es überall in der Stadt. Teilweise kann man sich den dazugehörigen Belag selbst auswählen. Je nach Größe kosten diese Brote zwischen 3,50 und 6 Euro. Sehr gute Falafelbrote gibt es bei Maoz Falafel (in der ganzen Stadt) z. B. am Muntplein 1 und in der Leidsestraat 85.

Wer etwas anderes bevorzugt, kann eines der zahllosen **surinamischen** oder **chinesisch-indonesischen Minirestaurants**

▲ *Natürlich gibt es auch Käse in unterschiedlichsten Variationen*

aufsuchen. Von Amsterdamern werden diese genutzt, um Essen abzuholen, wenn man gerade mal keine Lust hat, selbst etwas zu kochen. Meistens besteht aber auch die Möglichkeit, gleich dort etwas zu essen, auch wenn die meisten dieser Restaurants eher etwas spartanisch eingerichtet sind. Da sich unter den Gerichten sicherlich viele unbekannte Dinge befinden, sollte man ruhig nachfragen, um eine gute Wahl zu treffen.

CAFÉS, EETCAFÉS UND KNEIPEN

Sprachlich etwas verwirrend, versteht man in den Niederlanden unter einem *café* eine **Kneipe** und die für Amsterdam so typischen „braunen Cafés" sind im Allgemeinen die „Kneipe um die Ecke". Warum diese urtypischen Kneipen *bruin café* heißen, kann eigentlich niemand eindeutig erklären. Die meisten denken, dass dies auf die braunen Möbel und die typische braune Holzverkleidung sowie das schummerige Licht zurückzuführen ist. Hinzu kommt, dass die Kneipen mit den Jahren durch den Rauch immer dunkler werden. Wichtig ist jedenfalls, dass man in den Niederlanden mit diesen Kneipen eine intime, geborgene und gesellige Atmosphäre verbindet. Dort trifft man sich mit Freunden auf ein Bierchen, um über Gott und die Welt zu diskutieren, Karten zu spielen oder einen *borrel* (Schnaps) zu trinken. Normalerweise beschränkt sich hier das Angebot an Essbarem auf einen Toast oder Apfelkuchen.

Die etwas größeren **Cafés** für Kaffee und Kuchen oder Kleinigkeiten zum Essen heißen *grand café, eetcafé* oder *koffiehui*s (Letzteres ist wiederum nicht zu verwechseln mit den zahlreichen *coffeeshops,* in denen der Haschischverkauf geduldet, aber kein Alkohol ausgeschenkt wird). Eine Tasse Kaffee oder Tee kostet knapp 2 €, ebenso viel bezahlt man für Erfrischungsgetränke. Häufig wird auch die Kombination *koffie met gebak* (Kaffee und (Apfel-)kuchen) für 4–7 € angeboten. Die Speisekarte bietet eine kleine Auswahl an herzhaften und süßen Speisen. Dazu gehören neben dem obligatorischen Apfelkuchen verschiedene Brote, Bagels, Suppen und manchmal auch Gemüsegerichte, verschiedene Sorten Quiche, Fingerfood oder Ähnliches. Belegte Brote, Suppen und Toasts beginnen bei ca. 5 €, für etwas größere Gerichte sind auch schon mal 10–15 € fällig.

RESTAURANTS

Teuer wird's, wenn man sich dafür entscheidet, richtig essen zu gehen. In Restaurants sucht man sich im Gegensatz zu *(eet-)cafés* und Kneipen seinen Tisch nicht selbst, sondern man wartet am Eingang, bis man einen Tisch zugewiesen bekommt. Im normalen Preis ist ein Servicebetrag eingerechnet. Das **Trinkgeld** liegt normalerweise zwischen 5 und 10 % des Rechnungsbetrages. Seit der Einführung des Euro orientieren sich die meisten Leute aber eher am 5-%-Betrag. Am besten, man gibt genauso viel Trinkgeld, wie man es im deutschsprachigen Raum auch tun würde.

Bei der Touristeninformation (s. S. 164) und in den Gelben Seiten *(Gouden Gids)* gibt es eine **Liste**, in der viele Restaurants nach dem Herkunftsland der Küche aufgeschlüsselt sind, sodass man in jeder Ecke der Stadt etwas findet. Eine Auswahl ist auch in diesem Buch zu finden.

Man sollte sich aber auch nicht scheuen, z. B. das Personal im Hotel zu fragen, ob sie etwas empfehlen können.

Da viele interessante Restaurants in erstaunlich kleinen Räumlichkeiten untergebracht sind, lohnt es sich, vorab zu **reservieren,** wenn man ein bestimmtes Restaurant besuchen möchte.

Ein oft genannter Kritikpunkt bei Restaurantbesuchen in Amsterdam ist die **Qualität des Servicepersonals.** Es kann natürlich einen schönen Abend stören, wenn man sich über schlechten Service oder eine langsame Bedienung ärgert, denn nicht nur das Essen bestimmt letztendlich, ob man ein Restaurant gut oder schlecht findet. Leider arbeiten viele Restaurants in der Stadt mit Teilzeitkräften, die nicht immer auf hohem Niveau geschult sind, dennoch hat sich der Zustand in letzter Zeit verbessert. Das Beste ist wohl, man lässt sich einfach den Abend nicht vermiesen.

Viele Restaurants haben montags ihren **Ruhetag.** Falls man also in ein bestimmtes Lokal gehen möchte, sollte man vorher nach den Öffnungszeiten fragen.

GETRÄNKE

Auch die Niederländer trinken gerne mal ein Glas **Bier.** Interessant ist das belgische Bier, das überall in den Niederlanden zu bekommen ist. Hier gibt es viele Spezialsorten (Starkbier unterschiedlicher Brauart). Niederländisches Bier ist nicht immer nach den Regeln des Reinheitsgebots gebraut, was besonders für die im Ausland bekannten Marken zutrifft. Beim Bier aus dem südlichen (katholischen) Teil der Niederlande und (dem katholischen) Belgien ist dies jedoch meist der Fall, da hier die (Kloster-)Brauereien ihre alten Traditionen hochhalten. Bier wird in den Niederlanden auf sehr eigene Weise ausgeschenkt. Die relativ kleinen Gläser werden so gefüllt, dass unter dem Rand zwei Finger breit Schaum bleibt. Alles was über den Rand hinausragt, wird mit einer Art Teigschaber weggestrichen. Zum Bier gehört die *bittergarnituur,* eine Mischung verschiedenster frittierter Häppchen mit unterschiedlichen Füllungen.

Wein ist in den Niederlanden, wie alle anderen alkoholischen Getränke, relativ teuer. Es ist daher ein beliebtes Geschenk, wenn man eingeladen wird.

Sehr großen Wert legt man auf guten **Kaffee.** Eine gewöhnliche Tasse Kaffee ist häufig eine Art Espresso oder Mokka. Gerne wird Kaffee mit aufgeschäumter Milch, also als Cappuccino, getrunken. *Koffie verkeerd* ist ein Milchkaffee.

Mineralwasser heißt in den Niederlanden *spa* (nach dem belgischen Kurort). Entsprechend der Farbe des Etiketts ist *spa rood* ganz normales kohlensäurehaltiges **Mineralwasser** und *spa blauw* ein Mineralwasser ohne Kohlensäure.

Und dann ist da natürlich noch das Nationalgetränk (na ja, vor allem für die männliche Hälfte der Bevölkerung): ein Wacholderschnaps, genannt **Jenever.** In jeder Kneipe kann man ihn bestellen, in jedem Getränkeladen gibt es ihn. Unterschieden wird *jonge* (junger) und *oude* (alter) Jenever. Das hat aber nichts mit dem Alter zu tun. Alter Jenever wird in Fässern gelagert, daher seine Farbe. Junger Jenever hat eine klare Farbe und ist leichter im Geschmack, deshalb wohl wird meist *een jonge* hinter die Binde gekippt.

041am Abb.: bs

RESTAURANTS IN AUSGEHVIERTELN

Wer kein spezielles Restaurant sucht, kann hier sein Glück versuchen:

Jordaanviertel

In den kleinen Straßen im Jordaan (s. S. 119) liegt alles relativ dicht beieinander. Beim Spaziergang kommt man an zahlreichen Kneipen, *(eet-)cafés* und Restaurants vorbei, die manchmal etwas unscheinbar und klein erscheinen mögen, aber oft einen Besuch wert sind.

Leidseplein [E9]

Am und rund um den Leidseplein gibt es alles, um sich die Zeit zu vertreiben, sich zu amüsieren und zu genießen. Auf dem Platz selbst findet man bereits verschiedene Restaurants, *eet-* und *grand cafés.* In der Umgebung (z. B. Lange und Korte Leidsedwarsstraat) findet man ein Restaurant nach dem anderen. Hier findet man die Küchen der ganzen Welt. Da im Sommer draußen überall Tische stehen, kann man sich beim Vorbeischlendern ansehen, was serviert wird und sich so ein bestimmtes Lokal auswählen.

Concertgebouw [E11]

Passend zum gehobenen Stil und Reichtum dieses Viertels, haben sich rund um die Van Baerlestraat einige gehobene Restaurants und Brasserien angesiedelt.

Zeedijk [J5]

Im und angrenzend an das Rotlichtviertel Amsterdams liegen in der Warmoesstraat und am Zeedijk eine ganze Reihe von Restaurants, darunter viele chinesische, thailändische oder französische sowie die sogenannten Probelokale (früher konnte man hier vor dem Verkauf erst mal den hochprozentigen Alkohol probieren, heutzutage ist das leider nicht mehr so und man zahlt für alles, was ausgeschenkt wird), Kneipen und Cafés. Hier trifft man auf eine erstaunliche Gastronomievielfalt auf engstem Raum.

Rembrandtplein ③④ und Thorbeckeplein [H8]

Auch hier hat man in Cafés, Restaurants und Bars viele Möglichkeiten, einen angenehmen Tag oder Abend zu verbringen. Wer es gerne ruhig mag, kann sich in die Lokale zurückziehen, wer lieber etwas mehr erleben möchte, sucht sich auf einer der zahlreichen Terrassen einen Platz.

▲ *Wo Heinrich Mann seinen Mephisto schrieb: das Café Americain*

EMPFEHLENSWERTE GASTRONOMIE

Die folgenden Empfehlungen bieten eine kleine Reise durch die internationale Küche. Die €-Zeichen geben an, was man in Restaurants für ein durchschnittliches Dreigängemenü bezahlen muss (Getränke nicht inbegriffen) bzw. geben eine generelle Preistendenz an.

€	unter 25 €
€€	26–35 €
€€€	36–45 €
€€€€	45–70 €
€€€€€	über 70 €

101 [J11] **A la Ferme** €€, Govert Flinckstraat 251, Tel. 6798240, www.alaferme.nl. Französische, traditionelle Küche auf klassische Weise zubereitet.

102 [E4] **Albatros Seafoodhouse** €€, Westerstraat 264, www.restaurantalbatros.nl, Tel. 6279932. Ein alteingesessenes Restaurant im Jordaan, in dem Fischliebhaber bekommen, was das Herz begehrt. Freundlicher Service.

103 [E7] **Balthazar's Keuken** €€, Elandsgracht 108, www.balthazarskeuken.nl, Tel. 4202114. Eine Karte gibt es nicht, dafür ein wöchentlich wechselndes Menü. Für Privatsphäre bietet die Einrichtung wenig Platz, trotzdem ist die internationale, mediterrane Küche sehr beliebt.

104 [J9] **Beddington's** €€€, Utrechtsedwarsstraat 141, www.beddington.nl, Tel. 6207373. Die Britin Jean Beddington verbindet in ihrer experimentellen Küche französische Klassiker mit ihren Kenntnissen der japanischen Küche. Die Einrichtung des Restaurants ist streng mit viel schwarz, weiß und grau.

105 [J6] **Blauw aan de Wal** €€€, Oudezijds Achterburgwal 99, Tel. 3302257. Recht gut versteckt zwischen den Leuchtreklamen im Rotlichtviertel liegt dieser ruhige Innenhof mit mediterraner Küche auf hohem Niveau. Angenehme, fachkundige Bedienung, nicht ganz billig, Reservierung empfehlenswert.

106 **Blok 4** €€, IJburglaan 500, Tel. 4954777, www.blok4.com, www.pietboon.nl. Vom Designer Piet Boon eingerichtetes Restaurant auf der Insel IJburg mit mediterraner Küche und großer Terrasse am Wasser.

107 [F3] **Café Duende** €€, Lindengracht 62, Tel. 4206692, www.cafeduende.nl. Die spanischen Kacheln auf dem Fußboden und die sorgfältig abgestimmten Farben sorgen für eine warme Atmosphäre. Neben den Tapas-Gerichten (2,50–8 €) ist das spanische Bier eine weitere Attraktion. Außerdem werden regelmäßig Flamencostunden angeboten und es treten international bekannte KünstlerInnen auf.

108 [H8] **Café Schiller** €€, Rembrandtplein 26, Tel. 6249846. 1912 eröffnet, war das Café Schiller schon immer ein Ort, an dem sich Künstler und Berühmtheiten trafen.

025am Abb.: bs

◀ *Terrassenwetter – im De Jaren ist speisen unter freiem Himmel sehr beliebt*

Noch immer ein Dauerbrenner auf der Beliebtheitsskala der Ausgehmöglichkeiten.

109 [G4] **Chez Georges** €€, Herenstraat 3, Tel. 6263332. In diesem kleinen Restaurant kocht der belgische Chef noch persönlich. „Schlemmer" werden die Belgier von den Niederländern genannt und das ist genau, was man in diesem kleinen Restaurant erwarten kann.

110 [G5] **Côte Ouest** €€, Gravenstraat 20, Tel. 3208998, www.coteouest.nl. Französische Küche mit zahlreichen bretonischen Spezialitäten (Muscheln, Austern, Buchweizenpfannkuchen, Cidres) in einem schönen alten Gebäude hinter der Nieuwe Kerk **24**.

111 [G3] **De Belhamel** €€, Brouwersgracht 60, Tel. 6221095, www. belhamel.nl. Ein sehr beliebter Ort in Amsterdam an einem ruhigen Abschnitt der Grachten mit einer alten Jugendstileinrichtung auf zwei Etagen. Französisch orientierte Küche mit internationalen Akzenten.

112 [F4] **De Bolhoed** €, Prinsengracht 60–62, Tel. 6261803. Vegetarische und vegane Küche. Nicht allzu große Auswahl an Gerichten, aber wechselnde Tagesmenüs.

113 [H7] **De Jaren** €€, Nieuwe Doelenstraat 20–22, Tel. 6255771, www.cafe-de-jaren. nl. Große und helle Räume sowie zwei Terrassen zum Wasser hin, die brechend voll sind.

114 [P12] **De Kas** €€€, Kamerlingh Onneslaan 3, Tel. 4624562, www.restaurantdekas. nl. In einem umgebauten Gewächshaus im Park Frankendael werden frische biologische Produkte, teilweise aus dem eigenen Garten, serviert. Die Karte (5 Gänge) ist daher an das ständig wechselnde Angebot angepasst. Reservierung notwendig.

115 [J5] **De Kooning van Siam** €€, Oudezijds Voorburgwal 42, Tel. 6237293, www. dekooningvansiam.nl. Thailändische Küche, bei der von mild bis superscharf alle auf ihre Kosten kommen.

116 [Q5] **De Odessa** €€, Veemkade 259, Tel. 4193010, www.de-odessa.nl. Auf der Nachbildung eines russischen Handelsschiffs, benannt nach der Perle des Schwarzen Meeres, kann man auf verschiedenen Etagen sein Essen genießen, besonders beliebt ist an schönen Tagen natürlich das Sonnendeck. Französisch orientierte Küche, gute, allerdings nicht allzu umfangreiche Karte.

117 [F6] **De Struisvogel** €, Keizersgracht 312, Tel. 4233817, www.goodfoodgroup. nl. Kleines, einfach eingerichtetes, intimes Restaurant im Souterrain, im Sommer auch mit Terrasse auf dem Gehweg. Kleine Karte (Straußvogelfleisch, Fisch, Geflügel, rotes Fleisch, Vegetarisches).

118 [G11] **De Waaghals** €, Frans Halsstraat 29, Tel. 6799609, www.waaghals.nl. Eines der ältesten vegetarischen Restaurants vor Ort mit zweimal monatlich wechselnder Karte und einer schönen Terrasse.

119 [J5] **Entresol** €€, Geldersekade 29, Tel. 6237912, www.entresol.nu. Kleineres

005am Abb.: as

▶ *Zur Stärkung nach dem Museumsbesuch geht man auf den Museumplein*

Restaurant auf zwei Ebenen mit französisch mediterraner Küche.

🍴**120** [J8] **Flo Amsterdam** €€, Amstelstraat 9, Tel. 8904757, www.floamsterdam.com. Auch Amsterdam hat inzwischen eine Niederlassung der prestigeträchtigen Brasseriekette Flo. Einrichtung und die Qualität der Küche entspricht dem, was man von Frankreich gewöhnt ist.

🏅**121** [J9] **Golden Temple** €, Utrechtsestraat 126, Tel. 6268560. In diesem rauch- und alkoholfreien Restaurant werden ovo-vegetarische und vegane Mahlzeiten aus internationaler Küche serviert.

☕**122** [H5] **Himalaya** €, Warmoesstraat 56, Tel. 6260899, www.himalaya.nl. Zu dem esoterischen Buchhandel gehört auch ein Teehaus, in dem man in angenehmer Atmosphäre eine Kleinigkeit essen und trinken kann.

🍴**123** [H8] **Incanto** €€€, Amstel 2, Tel. 4233681, www.restaurant-incanto.nl. Im ersten Stock und etwas versteckt gegenüber vom Munttoren ㉛. Die Einrichtung und die italienische Küche (Lunch drei Gänge, Dinner vier Gänge) sind geradlinig und ohne Schnörkel und Krimskrams.

🍴**124** [F6] **Kagetsu Japans Eethuis** €, Hartenstraat 17, Tel. 4273828. Die Einrichtung ist vielleicht etwas kahl ausgefallen, aber die vielfältigen japanischen Gerichte (wie Sushi, Sashimi, Nigiri, Maki, Uramaki, Temaki sowie eine reiche Auswahl warmer Speisen) sind bei vielen beliebt und so füllt sich das *eethuis* immer recht zügig.

🍴**125** [L6] **Kilimanjaro** €, Rapenburgerplein 6, Tel. 6223485. Hier werden traditionelle afrikanische Gerichte aus verschiedenen Ländern serviert.

☕**126** [G8] **Le Pêcheur** €€€, Reguliersdwarsstraat 32, Tel. 6243121, www.lepecheur.nl. Wie der Name schon sagt, gibt es hier natürlich lecker zubereitete Fischgerichte und Schalentiere.

🍴**127** [F10] **Levant** €€, Weteringschans 93, Tel. 6225184, www.restaurantlevant.nl. In diesem Restaurant mit Terrasse in einem Herrenhaus in der Nähe des Rijksmuseums ㊼ gibt es türkische Küche.

🍴**128** [Q5] **Lloyd Hotel en Culturele Ambassade** €€, Oostelijke Handelskade 34, Tel. 5613636, www.lloydhotel.com. Kulturzentrum, Hotel und Restaurant mit separater Bar und großer Terrasse. Ursprünglich erbaut als Hotel für Emigranten nach Nord- und Südamerika, direkt am Heimathafen der Schifffahrtsgesellschaft Koninklijke Hollandse Lloyd. Mit dem Kulturzentrum will man einen kreativen Austausch über Kunst, Architektur und Design fördern.

🏅**129** [F7] **Lust** €, Runstraat 13, Tel. 6265791, www.lustamsterdam.nl. In modernen Farben gestyltes *eetcafé* mit einer großen Auswahl an kleineren Gerichten.

🍴**130** [G11] **Mamouche** €€€, Quellijnstraat 104, Tel. 6736361, www.restaurantmamouche.nl. Nordafrika verbunden mit moderner französischer Küche. Dunkelbraunes Holz, Braun- und Goldtöne sowie Kerzen schaffen eine intime Atmosphäre.

🍴**131** [G7] **Mexican Margarita** €€, Langebrugsteeg 6, Tel. 6240529, www.mexican.nl. Hier werden mexikanische Besonderheiten (Fisch, Fleisch, vegetarisch) zu einer großen Auswahl (meist spanischer) Weine geboten. Da das Restaurant ziemlich klein ist, empfiehlt sich eine Reservierung.

☕**132** [F7] **Pompadour** €€, Huidenstraat 12, www.patisseriepompadour.com, Tel. 6239554. Kleines Café/Teehaus, aber auch freier Verkauf von Torten, Schokoladenkreationen und Pralinen.

🏅**133** [G9] **Pompadour** €€, Kerkstraat 148, Tel. 6239554. Filiale des Cafés mit hellen Farben und klaren Formen. Außer Kuchen gibt es hier auch kleine Gerichte.

⚓**134** [H12] **Puyck** €€€, Ceintuurbaan 147, Tel. 6767677, www. puyck.nl. Französische Küche mit asiatischem Einschlag in einem modernen Ambiente.

⚓**135** [G8] **Rose's Cantina** €€, Reguliersdwarsstraat 38–40, www.rosescantina.com, Tel. 6259797. Mexikanische Spezialitäten mit einer beliebten Terrasse an der Rückseite.

⚓**136** [J11] **Siempre** €, Eerste Sweelinckstraat 23, www.diningcity.nl/siempre, Tel. 6718616. Tapas-Bar im Stadtviertel De Pijp. Tapas und einige Hauptgerichte (Fleisch und Fisch). Stimmungsvolle, mediterrane Einrichtung, einschließlich der obligatorischen Schinken, die an der Decke hängen.

⚓**137** [G6] **Supperclub** €€€€, Jonge Roelensteeg 21, Tel. 3446400, www.supperclub.nl. Kein gewöhnliches Restaurant, nicht nur was das Essen (fünf Gänge, internationale Küche ohne Grenzen, die neue Geschmacksrichtungen und ein besonderes kulinarisches Erlebnis bieten soll) betrifft. Ein Totalerlebnis aus Essen, Musik und Kunst.

⚓**138** [F8] **Thai Corner** €, Kerkstraat 66, Tel. 3206684. Kleines Restaurant mit authentischen thailändischen Speisen.

⚓**139** [F7] **'t Buffet van Odette en Yvette** €, Herengracht 309, www.buffet-amsterdam.nl, Tel. 4236034. Leckere, ausgefallene, belegte Brote, aber auch Kuchen und kleine Gerichte zum Mitnehmen oder zum Essen an den wenigen Tischen.

⚓**140** [J9] **Tempo Doeloe** €€, Utrechtsestraat 75, www.tempodoeloerestaurant.nl, Tel. 6256718. Ein indonesisches Restaurant mit einer großen Auswahl an guten Gerichten, z. B. verschiedene *rijsttafels,* also Gerichte, die aus vielen verschiedenen Speisen bestehen. Reservierung empfohlen.

⚓**141** [G11] **The French Café** €€, Gerard Doustraat 98, www.thefrenchcafe.nl, Tel. 4700301. Trotz des englischen Namens eine klassisch französische Brasserie, mit einem entsprechenden, qualitativ hochwertigen Angebot. Dezent stilvolles Ambiente.

⚓**142** [J7] **Tisfris** €, Sint Antoniesbreestraat 142, Tel. 6220472, www.tisfris.nl. Hell und modern eingerichtetes *eetcafé,* gute Auswahl an kleineren Gerichten.

⚓**143** [H8] **Tomo Sushi** €€, Reguliersdwarsstraat 131, Tel. 52285208. Die Einrichtung scheint eher italienisch orientiert, es handelt sich aber um eine beliebte Sushibar für frisch zubereitete Sushi, Sashimi, Fleischspieße oder Tempura.

⚓**144** [J11] **Vamos a Ver** €€, Govert Flinckstraat 308, Tel. 6736992. Authentische, spanische Küche mit Tapas, Paella und Zarzuela in einem geselligen Restaurant, das den Eindruck vermittelt, man säße mit einer spanischen Familie beim Essen.

⚓**145** [D10] **Vertigo** €€, Vondelpark 3 (beim Eingang Vondelstraat), www.vertigo.nl, Tel. 6123021. Das Restaurant des Filmmuseums, mitten im Vondelpark **⓫** gelegen, besitzt eine der beliebtesten Terrassen.

⚓**146** [P4] **Voorbij het Einde** €€€, Sumatrakade 613, www.voorbijheteinde.nl, Tel. 4191143. Etwas versteckt in einem der Neubauten auf der KNSM-Insel passt die geradlinige und klare Ausstattung mit viel Glas und Stahl perfekt in die Umgebung. Französisch-internationale Küche.

⚓**147** [E12] **Wildschut** €, Roelof Hartplein 1–3, Tel. 6768220. Bekannt und beliebt, weshalb es hier ziemlich voll werden kann. Von außen wirkt es eher schlicht, innen sorgen jedoch Holz- und Marmortische (teilweise an Sofaecken), Tiffanylampen und bunte Glasfenster für Atmosphäre.

⚓**148** Yamazato €€€€, Ferdinand Bolstraat 333, Tel. 6788351, www.okura.nl. Gilt bei vielen als eines der besten japanischen Restaurants, dementsprechendes Preisniveau. Traditionelle Kaiseki-Küche (fünf Gänge) mit einem sehr breiten Angebot.

RESTAURANTS IM ÜBERBLICK

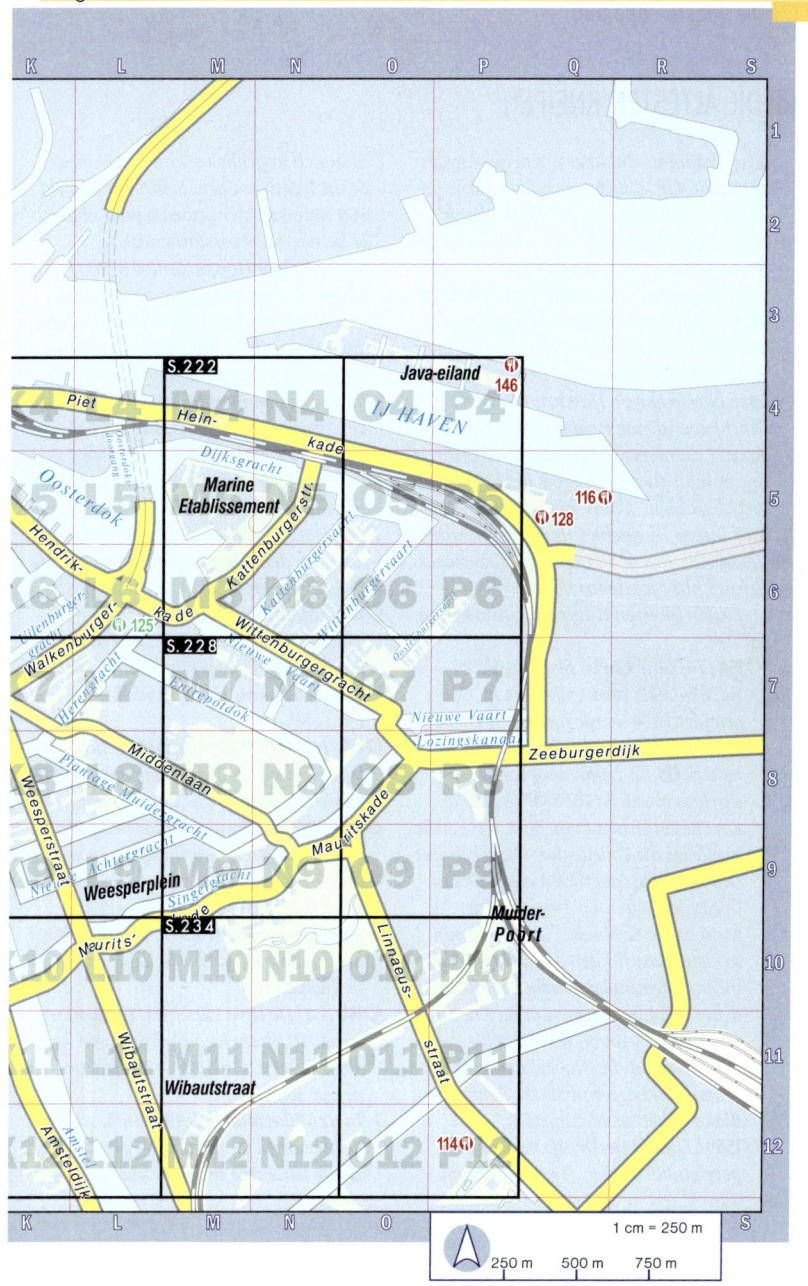

K   L   M   N   O   P   Q   R   S

1

2

3

S.222

Piet   Hein-   kade   Java-eiland
                                                         146

Heinkade   IJ HAVEN

Dijksgracht

Oosterdok   Marine
             Etablissement   116
                                                   128

Hendrik-   Kattenburgerstr.

Walkenburger-   Ra de   Wittenburgergracht
125

S.228   Nieuwe   Vaart

Herengracht   Entrepotdok

Middenlaan   Nieuwe Vaart
                                        Lozingskanaal
Weesperstraat   Plantage Muidergracht   Zeeburgerdijk

Nieuwe Achtergracht   Singelgracht   Mauritskade

Weesperplein

S.234   Muider-
                               Poort

Maurits'   Wibautstraat   Linnaeus-straat

Wibautstraat

Amsteldijk   114

K   L   M   N   O   S

1 cm = 250 m

250 m   500 m   750 m

DIE ÄLTESTEN KNEIPEN

Das Prädikat, die älteste Kneipe Amsterdams zu sein, würden sich viele gerne aneignen. Schlüssige Beweise kann allerdings niemand vorlegen. Sicher ist, dass es bereits im 17. Jahrhundert Trinkhallen gab, allerdings waren die **Probierstuben** *in der damaligen Zeit wichtiger. Dort wurden alkoholische Getränke verkauft und man durfte erst probieren, bevor man sich für eine oder mehrere Flaschen entschied. Die Nachfolger dieser Probierstuben („proeflokaal") existieren heute noch. Allerdings muss man fürs Probieren inzwischen etwas bezahlen. Dafür bieten diese Lokale auf ihrem Fachgebiet (Bier, Hochprozentiges) eine Auswahl, die man anderswo so schnell nicht wieder antrifft.*

Zu den **ältesten Kneipen** *in Amsterdam zählen:*

⊙**154** *[E5]* **Café Chris,** *Bloemstraat 42, Tel. 6245942, www.cafechris.nl. Gegründet 1624 wurde hier, wie es heißt, den Bauarbeitern des Turms der Westerkerk ⑭ ihr Lohn ausgezahlt. Der Kirchturm wurde 1638 fertiggestellt. Eine Besonderheit in dieser Kneipe stellt zweifellos die Toilette dar. Diese befindet sich nämlich eigentlich außerhalb des Gebäudes (unter der Treppe an der Außenseite des Gebäudes) und ist darum so klein, dass für den Abzug kein Platz mehr in dem stillen Örtchen selbst ist – dieser befindet sich darum im Kneipenraum selbst - unter dem Platz für die Billardkugeln. Ihr Nachfolger wird es Ihnen danken, wenn Sie die Betätigung dieses Hebels nicht vergessen.*

⊙**155** *[L7]* **Café De Druif,** *Rapenburgerplein 83. In der „Traube" konnte man sich angeblich schon 1631 einen Schluck genehmigen. Selbst der Seeheld Piet Hein soll hier gewesen sein, obwohl er bereits 1629 verstorben ist.*

⊙**156** *[G7]* **Café Hoppe,** *Spui 18-20, Tel. 4204420. Es wirkt etwas verwunderlich, wenn man an lauen Sommerabenden hier vorbeikommt und jede Menge säuberlich gekleideter Menschen sieht, die mit einem Bierglas in der Hand auf der Straße stehen. Die Leute sind allerdings nicht aus der Kneipe geflogen, sondern das Lokal ist so klein und so beliebt, dass nicht alle Gäste drinnen Platz finden. Deshalb schließt man draußen den Tag mit Freunden und einem Drink ab.*

⊙**157** *[E5]* **Café Kalkhoven,** *Prinsengracht 283. Diese Kneipe wird auf das Jahr 1670 geschätzt, obwohl auch behauptet wird, sie bestünde bereits seit 1630.*

⊙**158** *[H4]* **Café Karpershoek,** *Martelaarsgracht 2. Diese Kneipe von 1629 besuchten damals vor allem Seeleute.*

⊙**159** *[F3]* **Café Papeneiland,** *Prinsengracht 2. Dieses Haus Ecke Brouwers- und Prinsengracht stammt aus dem Jahr 1642. Ein Sargmacher soll hier als Nebenverdienst Alkohol verkauft haben. Jetzt ist es eine winzige, nette Kneipe.*

⊙**160** *[G5]* **De Drie Fleschjes,** *Gravenstraat 18. Diese Kneipe erhebt den Anspruch, bereits 1650 gegründet worden zu sein.*

❭ **In de Wildeman** *(s. S. 54). 1690 wurde hier eine Likörbrennerei gegründet. Heute ist es eine Probierstube für Bier.*

Legende zur Übersichtskarte S. 50

101 A la Ferme [J11]
102 Albatros Seafoodhouse [E4]
103 Balthazar's Keuken [E7]
104 Beddington's [J9]
105 Blauw aan de Wal [J6]
107 Café Duende [F3]
108 Café Schiller [H8]
109 Chez Georges [G4]
110 Côte Ouest [G5]
111 De Belhamel [G3]
112 De Bolhoed [F4]
113 De Jaren [H7]
114 De Kas [P12]
115 De Kooning van Siam [J5]
116 De Odessa [Q5]
117 De Struisvogel [F6]
118 De Waaghals [G11]
119 Entresol [J5]
120 Flo Amsterdam [J8]
121 Golden Temple [J9]
123 Incanto [H8]
124 Kagetsu Japans Eethuis [F6]
125 Kilimanjaro [L6]
126 Le Pêcheur [G8]

127 Levant [F10]
128 Lloyd Hotel en Culturele
     Ambassade [Q5]
130 Mamouche [G11]
131 Mexican Margarita [G7]
134 Puyck [H12]
135 Rose's Cantina [G8]
137 Supperclub [G6]
138 Thai Corner [F8]
140 Tempo Doeloe [J9]
141 The French Café [G11]
143 Tomo Sushi [H8]
144 Vamos a Ver [J11]
145 Vertigo [D10]
146 Voorbij het Einde [P4]
147 Wildschut [E12]

Die Zeichen und Farben bedeuten:

1	laufende Nummer
[F7]	Nummer des Planquadrates
rot	Europäische Küche
grün	Weltküche

101 In Abb.: bs

▶ *Stilvoll essen in Amsterdam*

KNEIPEN

↻**149** [E4] **Café Nol,** Westerstraat 109, Tel. 6245380, www.cafenolamsterdam.nl. Bietet seit über 40 Jahren ein wundervoll kitschiges Zuhause für die Liebhaber sentimentaler Amsterdamer Lieder. Donnerstagabend Liveauftritte.

↻**150** [F5] **De 2 Zwaantjes,** Prinsengracht 114, Tel. 6252729, www.detweezwaantjes.nl. Dies ist eine der Vorzeigekneipen im Jordaan, die besonders beliebt ist, weil hier die für das ursprüngliche Viertel typische Musik live gespielt und gesungen wird. Im Sommer wird die winzige Kneipe wegen der Terrasse am Wasser besonders gerne frequentiert. Am Sonntag braucht man eine Packung Taschentücher, wenn herzergreifende *smartlappen* gesungen werden.

↻**151** [F7] **Proeflokaal De Admiraal,** Herengracht 319, www.de-ooievaar.nl, Tel. 6254334. Probestube, die zur Traditionsbrennerei Van Wees (Driehoekstraat 10, Tel. 6267752) gehört. Die letzte Traditionsbrauerei in der Stadt ist bekannt für ihre altholländischen Liköre und Branntweine.

↻**152** [J4] **Proeflokaal In de Olofspoort,** Nieuwebrugsteeg 13, www.olofspoort.com, Tel. 6243918. Liegt an der Stelle des ehemaligen Stadttors. In dem ursprünglichen Haus von 1619 im ältesten Stadtteil Amsterdams muss man auf jeden Fall die Spezialität des Hauses, die altholländischen Liköre und Kräuterbitter probieren.

↻**153** [H5] **Proeflokaal In de Wildeman,** Kolksteeg 3, Tel. 6382348, www.indewildeman.nl. Eine große Auswahl an Bier (teilweise vom Fass), und – wie in einem Probelokal üblich – ohne Musik, aber mit Nichtraucherteil.

▶ *Den Arbeitstag entspannt abschließen auf dem Museumplein*

024am Abb.: bs

AMSTERDAM ZUM TRÄUMEN UND ENTSPANNEN

Amsterdam kennt eine ganze Reihe schöner Orte, die dazu einladen zu verweilen und die Zeit und den Ort zu genießen.

Den Amsterdamern zufolge gehört der **Vondelpark** ⑰ absolut zu den romantischsten Orten der Stadt. Ein **Picknick** an einem der Teiche, duftende Blüten im Rosengarten, schützende Bäume, die Terrassen beim Restaurant Vertigo und beim blauen Teehaus oder im Sommer eine Theatervorstellung im **Openluchttheater** (s. S. 40) – jeder hat so seinen Lieblingsort in diesem großen Park.

Beim **Restaurant Vertigo** (s. S. 49) kann man Picknickkörbe in verschiedenen Ausführungen vorbestellen, sodass man einfach den Tag genießen kann.

Ob zu Fuß, per Fahrrad oder in einem (Tret-)Boot, vor allem die kleineren **Grachten** bieten romantische Einblicke und ruhige Momente. Bäume, stattliche Grachtenhäuser und Brücken dienen als romantisches Dekor. Eines der beliebtesten Fotomotive ist die Magere Brug **36**, aber es gibt auch an vielen anderen Stellen bezaubernde und reizvolle Motive.

Eine besonders romantische Art, die Grachten zu entdecken sind „Candlelight Cruises" der Rederij Lovers (s. S. 173), wenn die Grachtenhäuser und zahlreiche Brücken beleuchtet sind und die Grachten in stimmungsvolles Licht hüllen.

Überhaupt bietet die Innenstadt viele besondere Plätze, aber zu den stimmungsvollsten gehört der **Begijnhof 28**, ein geschlossener Innengarten, der an das **Amsterdams Historisch Museum 27** grenzt. Ein paar Parkbänke stehen zur Verfügung, um die Ausstrahlung dieses Ortes zu genießen.

Exotische Pflanzen, Bäume und Sträucher, ein Kräutergarten und eine Orangerie sind einige der Zutaten, die der **Botanische Garten** (s. S. 24) für romantische Stunden bietet. Auch der Zoo der Stadt, **Artis** (s. S. 23), bietet mit seinen Tieren, dem Planetarium, dem Aquarium und den Gewächshäusern ein abwechslungsreiches, interessantes und lehrsames Vergnügen.

Wer abends noch die gemeinsame Nähe genießen möchte, dem bietet das **Tuschinski-Kino 38** in einem der Filmsäle eine Reihe von sogenannten „**Love Seats**", eine Art kleines Sofa, sodass man zu zweit zusammengekuschelt den Film

erleben kann. Und wer von der Liebe völlig „überrumpelt" wurde, kann sich auf www.schipholweddings.nl über die Arrangements informieren, um auf dem Flughafen zu heiraten und dann gleich anschließend mit oder ohne Hochzeitsgesellschaft ins Flugzeug zu steigen.

AMSTERDAM FÜR DEN NACHWUCHS

Viele der Amsterdamer Museen sind sicherlich auch mit Kindern einen Besuch wert, auch wenn dieser wahrscheinlich etwas kürzer ausfällt. Viele Museen bieten für Kinder auch spezielle Führer auf Englisch, die denjenigen, die damit zurechtkommen, einen interessanten Zugang zu den Kunstwerken bieten.

Das **Amsterdams Historisch Museum 27** bietet mit interessanten und interaktiven Ausstellungsstücken der ständigen Sammlung einen Überblick über die Entstehung der Stadt Amsterdam sowie Wechselausstellungen zu aktuellen Themen.

Im **Van Gogh Museum 48** sind viele der berühmten Gemälde, die man inzwischen auch auf allerlei Gebrauchsgegenständen findet, im Original zu bewundern. Die starken Farben und die plastische Maltechnik Van Goghs sind leicht zu erkennen.

Unter den noch im Originalzustand erhaltenen Herrenhäusern ist besonders das **Museum Amstelkring 5** einen Besuch wert. Dort kann man nicht nur die versteckte Kirche besichtigen, sondern auch im ganzen Haus herumlaufen und sich so ein Bild davon machen, wie die reicheren Leute im 17. Jh gelebt haben.

O42am Abb.: bs

Wenn man wissen möchte, wie es sich auf einem Wohnboot lebt, wie viel Platz man hat und ob es dunkel ist auf so einem Schiff, dann kann man sich dies im **Houseboat Museum** (s. S. 28) ansehen.

Auf Kinder, die schon etwas von Geschichte verstehen und den Schrecken des Krieges begreifen können, macht das **Anne-Frank-Haus** 55 sicherlich großen Eindruck, denn hier sieht man, wie eng die Menschen im Versteck gelebt haben. Eine Videoshow mit deutscher Erklärung über Kopfhörer erleichtert den Einstieg in die damalige Zeit.

Im Wissenschafts- und Technologiezentrum **Nemo** (s. S. 26) können Kinder, Jugendliche und Erwachsene Technik und Wissenschaft selbst erleben und gestalten. Mitmachen und Anfassen ist unbedingt erforderlich. So macht es Spaß,

sich mit Technik zu beschäftigen und Neues zu lernen.

In der Zeit, in der das Schifffahrtsmuseum geschlossen ist, liegt die voll ausgestattete Nachbildung eines ehemaligen **VOC-Handelsschiffs** (s. S. 27) vor dem Wissenschafts- und Technologiezentrum Nemo. Die Mannschaft erzählt bereitwillig über das Seefahrerleben, wenn sie nicht gerade mit Exerzieren, Kanonen abfeuern oder Flaggen hissen beschäftigt ist.

In dem riesigen Gebäude des Wachsfigurenkabinetts **Madame Tussaud's Scenerama** (s. S. 24) wird man in den sorgfältig ausgestalteten Räumen durch die Geschichte der Niederlande und der Welt geführt. Einmal Auge in Auge mit berühmten Persönlichkeiten zu stehen oder das Personenraten genießen sicher auch Kinder.

Das **Ajax-Museum** (s. S. 22) bietet mit Video- und Audiobeiträgen, Pokalen, Kleidung, Fotos und Medaillen einen Überblick über die 100-jährige Geschichte dieses legendären Fußballklubs. Der Besuch kann mit einer Führung (nur auf Englisch und Niederländisch) durch das Stadion ergänzt werden.

Einige **Diamantschleifereien** bieten kostenlose Führungen durch ihre Firmengebäude an, bei denen man in die Geheimnisse dieses Handwerks eingeweiht wird (s. S. 31). Da eine solche Führung ca. eine Stunde dauert, ist sie eher für größere Kinder geeignet.

Eine ehemalige Unterführung, ist zum Kinder-Spielparadies **TunFun** umgebaut worden. Kinder müssen von mindestens einem Erwachsenen begleitet werden, der von einem Restaurantteil aus die Kinder beobachten kann.

● **161** [K7] **TunFun**, Mr. Visserplein 7 (Eingang liegt vor der Synagoge), Tel. 6894300, www.tunfun.nl

Wer gerne etwas im Freien machen möchte, kann den Zoo **Artis** (s. S. 23) besuchen, wo man außer den vielen verschiedenen Tieren draußen aber natürlich auch das Aquarium, das Planetarium oder das Nachthaus mit den nachtaktiven Tieren besuchen kann.

Im Amsterdamer Stadtwald liegt der biodynamische Ziegenbauernhof Ridammerhoeve mit **Streichelzoo**, Käserei, Spielplatz und einer Terrasse, wo die eigenen Produkte zum Mitnehmen oder zum gleich verzehren verkauft werden.

◀ *Beliebtes Ziel für Sonntagsausflüge: der Amsterdamer Zoo „Artis"*

● **162** Geitenboerderij „De Ridammerhoeve", Nieuwe Meerlaan 4, Amstelveen, Tel. 6455034, www.geitenboerderij.nl, Mi.–Mo. 10–17 Uhr, Nov.–März Mi.–So. 10–17 Uhr

Einige der **Kirchtürme** der Stadt sind für Besichtigungen zugänglich, wenn auch teilweise nur an bestimmten Tagen oder nicht das ganze Jahr über. Meist können auch nur kleinere Gruppen zugelassen werden, weshalb es sich lohnt, sich vorab zu informieren. Da Amsterdam nur wenige Möglichkeiten bietet, die ganze Stadt von oben zu überblicken, ist dies jedoch eine ausgezeichnete Gelegenheit.

❯ **Zuiderkerktoren** ⑰, Zuiderkerkhof 72, Tel. 5527977. Nur nach Voranmeldung.

❯ **Westertoren** ㊹, Prinsengracht 281, Tel. 6892565

❯ **Oudekerktoren** ➏, Oudekerksplein 23, Tel. 6892565

Mit dem **Tretboot** kann man ohne störenden Autoverkehr in aller Ruhe im eigenen Tempo durch die Grachten fahren und seine eigene Route festlegen. Man sollte jedoch bedenken, dass die teilweise recht hohen Mauern einen guten Blick auf die Grachtenhäuser behindern, sodass diese Art von Rundfahrt für Architekturstudien nur bedingt geeignet ist. Man kann die Tretboote jeweils auch an den anderen Abfahrtsstellen derselben Firma abliefern. Beim Tretbootverleih erhält man eine kleine Karte der Innenstadt, auf der die wichtigsten Grachten und die Stellen eingezeichnet sind, an denen man die Tretboote wieder zurückgeben kann. Auch kommt man immer wieder an Plätzen oder Gebäuden vorbei, die der Orientierung dienen können, wenn man einen gewöhnlichen Stadtplan besitzt.

Übrigens kann man in einer Gracht gar nicht so tief versinken, denn (kleiner Witz am Rande): Wie tief ist eine Amsterdamer Gracht? Drei Meter: ein Meter Schlamm, ein Meter Fahrräder und ein Meter Wasser.

› **Canal Bike**, Weteringschans 24, Tel. 6265574, www.canal.nl. Abfahrtsstellen: Leidsebosje, Ecke Leidsekade; Keizersgracht, Ecke Leidsestraat; Rijksmuseum **47** ; Prinsengracht, zwischen Westermarkt und Anne-Frank-Haus **55** ; im Winter nur Rijksmuseum

In der näheren Umgebung Amsterdams gibt es die Freilichtmuseen **Zaanse Schans** und das größere und noch interessantere **Zuiderzeemuseum Enkhuizen**. Es gibt einige Reiseunternehmen, die Tagesfahrten dorthin anbieten. Man kann dann in (Bauern-)Häusern und Windmühlen aus unterschiedlichen Regionen der Niederlande Handwerkern und Ladenbesitzern bei der Arbeit zusehen und teilweise auch selbst mitmachen. Es gibt dort Seiler, Korbmacher, eine Wäscherei, Segelflicker, Fischer, eine Heringräucherei, eine Grundschule und vieles mehr.

› **De Zaanse Schans**, Schansend 7, 1509 AW Zaandam, www.zaanseschans.nl, täglich 9–17 Uhr
› **Zuiderzeemuseum**, Wierdijk 12–22, 1600 AA Enkhuizen, www.zzm.nl, täglich 10–17 Uhr

▶ *Die Fahrradparkplätze beim Hauptbahnhof: Gut, wenn man noch weiß, wo man sein Rad abgestellt hat!*

› Die **Tagesfahrten** sind z. B. über die Touristeninformationen (s. S. 164) zu buchen. Die beiden Museen sind aber auch mit einem regulären Linienbus (Zaanse Schans) oder mit dem Zug (Zuiderzeemuseum) zu erreichen. Auskunft unter www.ov9292.nl oder Tel. 0900 9292

AN DER ZUKUNFT BAUEN

Bereits seit den Anfängen der Stadt im 12. Jahrhundert wird in Amsterdam Lebensraum geschaffen, indem durch Eindeichungen und ein raffiniertes Entwässerungssystem Land trockengelegt wird. Da inzwischen Grachten zugeschüttet wurden, um dem Autoverkehr freie Bahn zu gewähren, fällt es heute nicht mehr so auf, dass die Innenstadt eigentlich aus zahllosen kleinen Inseln besteht, die durch 165 Grachten voneinander getrennt sind.

Neue Projekte wurden immer dann in Angriff genommen, wenn die Stadt sozusagen „aus allen Nähten platzte", denn diese Stadterweiterungen sind mit einem sehr hohen Kosten- und Arbeitsaufwand verbunden.

Auch für das neue Jahrtausend hat sich Amsterdam Großes vorgenommen. Die Beschlüsse dazu wurden in den 1990er-Jahren gefasst und seither werden mehrere Milliardenprojekte gleichzeitig bewältigt, die es der Stadt möglich machen sollen, auch in diesem Jahrtausend eine zentrale Rolle in der Region zu erfüllen.

Eines der eingreifendsten Projekte ist die sogenannte *Noord-Zuid-Lijn* (Nord-Süd-Linie). Mit dieser **knapp 10 km langen, neuen U-Bahn-Verbindung** soll der Nordteil Amsterdams, der auf der anderen Seite der IJ liegt, mit dem Gebiet *Zuidas*

(Südachse) beim Bahnhof Zuid/WTC verbunden werden. Dort entsteht ein neues Wirtschaftszentrum, das 53.000 Arbeitsplätze schaffen soll, und es werden 9000 Wohnungen sowie ein Ausgehzentrum mit Musicaltheater, Restaurants und Museen gebaut. Man entschloss sich zum Bau der U-Bahn, da die Innenstadt **verkehrstechnisch an ihren Grenzen angelangt** war. Das Vorhaben erfordert allerdings technische und finanzielle Höchstleistungen. Die verschiedenen Bahnhöfe werden zwischen 11 und 25 m tief liegen und man entschied sich dafür, den größten Teil des Baus zu realisieren, indem ein riesiger Bohrer sich täglich 10 bis 15 m durch den Boden frisst und gleichzeitig ein Tunnel gebaut wird. Die Kosten belaufen sich voraussichtlich auf über 2 Mrd. Euro, allerdings wird diese Summe nur dann reichen, wenn im weiteren Verlauf der Bauarbeiten alles glatt geht. 2015 soll die U-Bahn dann in Betrieb genommen werden und täglich 200.000 Passagiere befördern.

Zeitgleich wird auch die Hauptbahnhofsinsel umgestaltet. Ein neuer, zentraler U-Bahnhof soll entstehen, in dem alle U-Bahn-Linien zusammenlaufen. Der Amsterdamer Bahnhof ist außerdem auch ein **Knotenpunkt** für verschiedene internationale Hochgeschwindigkeits-Verbindungen (ICE, Thalys) und an der Rückseite des Gebäudes wird ein neuer Busbahnhof gebaut, sodass alle Buslinien (städtische und Überlandbusse) an einer zentralen Stelle zusammenkommen. Der Busbahnhof wird überdacht und entsteht auf gleicher Höhe wie die Bahngleise. Heute besuchen ca. 250.000

Menschen täglich die Hauptbahnhofs-insel. Wobei davon ausgegangen wird, dass es 2014, zur Zeit der Fertigstellung des gesamten Projekts, etwa 300.000 Personen täglich sein werden.

All diese Baumaßnahmen sorgen im Augenblick für jede Menge **Baustellen** und **Umleitungen** vor und rund um den Bahnhof sowie an den Stellen, an denen später U-Bahn-Stationen entstehen sollen.

Bereits etwas besser ist es auf den Inseln östlich des Hauptbahnhofs. Die großen Lagerhäuser der Reedereien waren lange Zeit dem Verfall überlassen, bis man sich im Zuge der anderen Großprojekte dazu entschloss, das Gebiet neu zu erschließen. Die **Java- und KNSM-Insel** ⓱ ist bereits seit ein paar Jahren fertig und auch das Stück, das diese mit dem Hauptbahnhof verbindet, macht Fortschritte. Die Hauptstelle der Bibliothek wurde am 7. Juli 2007 offiziell eröffnet und auch das **Muziekgebouw aan het IJ** und das **Bimhuis** (s. S. 38) ziehen den Publikumsverkehr an. Dazwischen gibt es aber immer noch Löcher, die gestopft werden müssen, weshalb die Baukräne vorerst nicht von dort verschwinden werden.

Ein weiteres Großprojekt ist die **Aufschüttung neuer Inseln**, die den Stadtteil IJburg ⓲ im Osten der Stadt bilden sollen. Zwei Inseln wurden bisher fertiggestellt und sind auch bebaut und bewohnt. Mit dem Bau der nächsten Inseln wird 2009 begonnen. Insgesamt sollen hier 18.000 Wohnungen für 45.000 Bewohner entstehen.

Der Wille, diese gewaltigen finanziellen und technischen Herausforderungen und Anstrengungen anzugehen, zeigt, welcher **Optimismus in Amsterdam**

herrscht, auch wenn viele Menschen von den endlosen Bautätigkeiten genervt sind und den Bewohnern der Innenstadt einiges an Durchhaltevermögen abverlangt wird. Dort, wo die Baumaßnahmen abgeschlossen sind, zeigt sich aber, dass diese einen wichtigen Beitrag dazu leisten, die **Lebensqualität** der Stadt zu **erhöhen**, sodass Amsterdam auch in der Zukunft eine lebendige und interessante Stadt im Wandel bleibt.

❯ Weitere Informationen zu den Bauvorhaben findet man z. B. im Internet unter www.noordzuidlijn.nl, www.zuidas.nl, www.stationseiland.amsterdam.nl, www.oostelijkhavengebied.nl, www.ijburg.nl

043am Abb.: bs

AM PULS DER STADT

VON DEN ANFÄNGEN BIS ZUR GEGENWART

ENTSTEHUNG DER STADT

Mittelalter

Wann sich die ersten Menschen an der Mündung des Flusses Amstel in die Nordseebucht, der Zuiderzee (heute IJsselmeer), niedergelassen haben, ist ungewiss. Zum ersten Mal urkundlich erwähnt wird Amsterdam 1275, als dem damals noch kleinen Dorf vom Grafen von Holland, Floris V., die **Zollfreiheit** für den Warenverkehr auf der Amstel zugesprochen wurde. Dieser hoffte, die Niederlassung, die bis dahin zum Bistum Utrecht gehört hatte, so an sein Einflussgebiet zu binden. Die Siedlung **Amsteldamme** entschied sich tatsächlich für Holland und damit für Handel und Betriebsamkeit. Ein weiterer wichtiger Schritt war die Verleihung der Stadtrechte um das Jahr 1300.

Die **geografische Lage** Amsterdams hatte einige **Vorteile:** Zum einen gab es den direkten Zugang zum Meer, zum anderen konnte man über den Fluss Amstel das Hinterland erreichen und Amsterdam kontrollierte den Zufluss der Amstel ins Meer. Auch aus militärischer Sicht war die Lage günstig. Im Norden war man durch das Meer geschützt und von der Landseite war es für ein feindliches Heer beinahe nicht möglich, durch das sumpfige Gebiet bis zum Ort durchzudringen. Allerdings musste sich die Stadt

an den Seiten durch Dämme gegen Ebbe und Flut sowie gegen Überschwemmungen schützen und für Stadterweiterungen musste man dem Meer neues Land abgewinnen oder Sümpfe trockenlegen.

Stadterweiterungen

Seit der Verleihung der Stadtrechte begann man damit, eine **Befestigungsanlage** zu bauen. Zunächst wurden die Grachten Oudezijds Voorburgwal und Nieuwezijds Voorburgwal um den bewohnten Kern gezogen. Im Jahr 1380 musste die Stadt dann erweitert werden. So entstanden die Oudezijds und die Nieuwezijds Achterburgwal zur Verteidigung der Stadt. Aus den bisherigen **Verteidigungsgrachten** machte man Stadtgrachten, an deren Ufern Wohn- und Lagerhäuser gebaut werden konnten. Im 15. Jahrhundert wurde die Stadtgrenze erneut verlegt. Zunächst bis zum Kloveniersburgwal und zur Geldersekade. Danach entstand der Singel als Verteidigungsgrenze, der den Halbkreis mit dem Kloveniersburgwal schloss.

Vom Fischerdorf zum Handelszentrum

Dass die Zollfreiheit (1275) für Amsterdam eine Bedeutung hatte, weist darauf hin, dass in der Niederlassung zu dieser Zeit bereits Handel getrieben wurde. Zwar hatte Amsterdam keinen großen **Hafen**, aber fünf Jahre bevor der Siedlung die Zollfreiheit zugesprochen wurde, baute man von der Mündung der Amstel aus landeinwärts einen Damm, der als Hafen diente. Dieser Hafendamm befand sich an der Stelle, die heute **Damrak** heißt.

▶ *Die „versteckte" schuilkerk „Onze Lieve Heer op Zolder" im Museum Amstelkring* **❺**

044am Abb.: bs

Die Amsterdamer fuhren in ihren Koggen bis ins damals noch ferne Hamburg. Ein wichtiger Handelsfaktor war dabei Erhebung des Bierzolls (1323) für die Einfuhr des Gerstensaftes aus Hamburg. Die handelslustigen Amsterdamer verschifften außerdem flämische Stoffe, Nahrungsmittel und Rohstoffe und brachten aus den Ländern an der Ostseeküste Weizen, Häute, Teer, Holz und Wolle mit. Später (um das Jahr 1400) kam auch noch der Handel mit Heringen hinzu, die aus unerklärlichen Gründen auf einmal von der Ostsee in die Nordsee gewandert waren. Amsterdam verdankte den wachsenden Wohlstand auch der Tatsache, dass Güter nicht nur an- und wieder verkauft, sondern zum Teil auch weiterverarbeitet wurden.

ZEIT DER REFORMATION

Unificatie

Karl V. vereinte die **Niedrigen Lande** *(unificatie),* wodurch das Gebiet dem Umfang der heutigen Beneluxstaaten entsprach. Doch mit dem Aufkommen der Reformation kam dieser Zusammenschluss in Gefahr, auch wenn die Wirren um die Reformation in Amsterdam erst in der zweiten Hälfte des 16. Jahrhunderts wirklich Auswirkungen hatten. Selbst der Bildersturm fand in Amsterdam erst 44 Jahre später (1566) statt und war auch dann eher ein laues Lüftchen.

Die **Katholiken** behielten die Oberhand, weshalb viele der Reformation wohlgesinnte Einwohner die Stadt verließen. Unter ihnen befanden sich auch führende Kaufleute, was der Stadt viel Kapitalkraft und Wissen entzog. Die **Entwicklung der Stadt** stagnierte. Calvinistische Kaufleute versuchten – zunächst vergeblich – im Rathaus Einfluss zu gewinnen. Von Brüssel aus wurde der Herzog von Alba nach Amsterdam gesandt, um dem reformatorischen Streben mit harter Hand entgegenzutreten.

Achtzigjähriger Krieg

Zwei Jahre nach Albas Einzug in Amsterdam begann der Achtzigjährige Krieg (1568–1648), in dem sich die nördlichen Niederlande gegen die katholischen, spanisch-habsburgischen Herrscher auflehnten. 1572 schlossen sich die gesamten nördlichen Niederlande dem Prinzen Willem van Oranje an. Lediglich Amsterdam blieb den spanischen Befehlshabern treu. Mithilfe von Amsterdamer Schiffen konnten die Spanier die Flotte der Geusen (wie sich die Widerständler selbst nannten) bezwingen, wodurch Haarlem (eine der sechs größten holländischen Städte und wichtiges Handelszentrum) sich nicht mehr verteidigen konnte und zur Kapitulation vor den spanischen Truppen gezwungen war.

Später allerdings verloren die Amsterdamer gegen die Geusen und die Stadt schloss **Frieden mit Holland** *(satisfactie)*. Dies führte am 26. Mai 1578 zu einem unblutigen Umsturz in der Stadt, bei dem die katholischen Amtsinhaber und Priester abgesetzt und auf ein Schiff gebracht wurden, mit dem sie die Stadt verlassen mussten. Alle Einwohner, die katholisch bleiben wollten, wurden verbannt und die Klöster entweder abgerissen oder einer anderen Bestimmung zugeführt. Jetzt hatten die **Protestanten** und Orangisten (Orange ist die Farbe des Hauses Oranje)

endlich auch hier die **Macht übernommen** *(alteratie)*.

Ein Jahr später fielen die Niederlande auseinander. Die nördlichen Niederlande (die Union von Utrecht) entschied sich 1587 dafür, keinen neuen Landesherrn zu ernennen, sondern eine Vertretung ihrer sieben Provinzen (Generalstaaten) einzuberufen. In dieser **Republik der sieben Provinzen** gab die Provinz Nordholland und damit auch Amsterdam den Ton an.

DE GOUDEN EEUW – DAS GOLDENE ZEITALTER (1585–1670)

Besetzung Antwerpens

Die katholischen **Spanier** verhalfen Amsterdam ungewollt zu einer erneuten Blütezeit, indem sie 1585 die zu dieser Zeit reichste Stadt Europas, Antwerpen, eroberten. Antwerpen war mit seinem Hafen bis dahin der größte Konkurrent Amsterdams, mit der **Belagerung der Scheldemündung** durch die Spanier kam der Handel allerdings fast gänzlich zum Erliegen.

In sehr kurzer Zeit kamen Tausende reformierter und jüdischer **Antwerpener Asylanten** nach Amsterdam. Diese kleine Völkerwanderung sollte das *gouden eeuw,* das goldene Zeitalter, einleiten.

Die ebenso handelslustigen wie wohlhabenden Antwerpener brachten nicht nur Geld und Wissen, sondern auch ihre Handelsbeziehungen mit in ihr Exil. So **erweiterten sich die Handelsbeziehungen Amsterdams** von den Anrainerstaaten der Ostsee (hier wurden auch weiterhin die höchsten Gewinne erzielt) bis ins Weiße Meer (zwischen Finnland und Russland im Nordosten und dem norwegischen Spitzbergen im Norden, wo man sogar einen Handelsstützpunkt für den Walfang mit dem Namen *Amsterdam*

Øyalinsel gründete) und zur Straße von Gibraltar, mit den an das Mittelmeer angrenzenden Ländern im Süden.

Interessanterweise florierte auch der Handel mit Portugal und Spanien, mit denen man ja noch immer im Krieg lag. Hier bestätigte sich ein niederländisches Sprichwort: „Man braucht jemanden nicht zu lieben, um mit ihm Geschäfte zu machen."

Handel mit den Kolonien

Bei einer weiteren Gelegenheit verhalfen die Spanier den Amsterdamern auf ungewollte Weise zu noch mehr Wohlstand. Amsterdam trieb nämlich viel Handel mit Lissabon, da von hier Waren aus Indien nach Amsterdam verschifft wurden. Die **Besetzung Lissabons** durch die Spanier trieb viele Kaufleute nach Amsterdam. Und wieder brachten diese ihr Geld und ihr Wissen mit. Da Amsterdam nun über Lissabon keine Waren mehr aus Indien erreichten, beschloss man, selbst dorthin zu fahren. 1597 kam das erste Schiff mit Waren aus Indien zurück. Dies läutete einen für Amsterdam sehr lukrativen Handel mit den Kolonien ein.

Die **Vereenigde Oostindische Compagnie (VOC)** wurde mit dem Ziel gegründet, einem Konkurrenzkampf der einzelnen Firmen zuvorzukommen und die Transporte aus Indien und dem Fernen Osten zu monopolisieren. Das Gleiche galt für die **Westindische Compagnie** (1621 gegründet), die das Monopol für den Handel an der Westküste Afrikas erhielt.

Erneute Stadterweiterung

Außer den **Flüchtlingen** aus Antwerpen und Portugal strömten auch Juden aus Polen und Deutschland, die vor dem Dreißigjährigen Krieg (1618–1648)

flohen, französische Hugenotten, armenische Kaufleute und Friesen nach Amsterdam. Dies führte allerdings zu einer förmlichen **Explosion der Bevölkerungszahl.** Während der *alteratie* 1578 hatte Amsterdam noch weniger als 30.000 Einwohner, 1610 waren es dann bereits 50.000 und fünfzig Jahre später zählte man schon über 200.000 Einwohner! Die Stadt platzte geradezu aus ihren Nähten.

Zu Beginn des 17. Jahrhunderts wurde Amsterdam deshalb enorm erweitert. Der **Grachtengürtel,** der der Stadt bis heute seine typische Form gibt, wurde von Osten nach Westen angelegt. An den Ufern bauten die **reichen Kaufleute** Wohnhäuser und angrenzende Lagerhäuser, die mit Waren aus aller Welt bis an den Rand gefüllt waren.

Weniger begüterte Kaufleute und Handwerker zogen in die alten, kleineren Häuser an den alten Grachten. Um noch mehr Wohnraum zu gewinnen, wurde in westlicher Richtung weitergebaut. Die **armen Einwohner** wurden im westlichen Teil der Stadt zwischen dem Grachtengürtel und der neuen Stadtmauer, der Singelgracht, eingepfercht. Das Viertel wurde **Jordaan** genannt, was wahrscheinlich ursprünglich vom französischen *jardin* (Garten) stammt.

Viele Gebäude sind hier bis heute erhalten geblieben, was das einheitliche Erscheinungbild der gesamten Innenstadt erklärt.

Höhepunkte einer Glanzzeit

Amsterdam führte **auf dem ganzen Erdball Handel** und sah sich selbst infolgedessen als den Mittelpunkt der Welt. Aus vielen Ländern kamen Schiffe, um Waren bei den Amsterdamer Händlern feilzubieten, die diese in ihren großen *pakhuizen* (Lagerhäusern) zwischenlagerten *(stapelmarkt)* und wiederum (natürlich nicht ohne einen gehörigen Aufschlag) an andere Händler weiterverkauften. Diese ihrerseits verluden die Ware wieder auf Schiffe und verkauften sie in der ganzen Welt. Der **schwunghafte Import und Export** zog auch einen Aufschwung der Werften nach sich.

Vorteilhaft war auch die Tatsache, dass die vielen Zuwanderer oft auch großes **handwerkliches Können**, insbesondere im Bereich der **Textilherstellung**, mitbrachten. Hugenotten, die aus dem katholischen Frankreich fliehen mussten, machten die feinsten Hüte der Welt, flämischen Stoffen und Spitzen aus Amsterdam konnte niemand das Wasser reichen und die ungarischen Flüchtlinge machten aus Amsterdam ein Modezentrum. Außerdem wurden jetzt in Amsterdam die besten **Atlanten** und **Drucke** hergestellt.

Auch die **Kunst** erlebte eine Blütezeit. Große Namen wie **Rembrandt** und **Vondel** sind auch heute noch bekannt.

Im Friedensjahr 1648 erreichte die Entwicklung Amsterdams einen Höhepunkt. In diesem Jahr wurde der **Grundstein für das Rathaus** auf dem Dam gelegt, das auf sage und schreibe 13.659 Pfählen (die übrigens zu einem Großteil aus dem Schwarzwald stammen) steht!

REZESSION, KRIEGE UND FRANZÖSISCHE BESETZUNG

Neutralitätspolitik

Der Glanz an Reichtum, Kultur und politischer Macht währte nicht so lange, wie es sich so mancher gewünscht hatte. 1672 erklärten England, Frankreich sowie die Bistümer Münster und Köln der Republik der sieben Provinzen den **Krieg**. Zwar konnte Willem III. die Feinde besiegen, doch Amsterdam fürchtete nicht nur den Krieg an sich, sondern vor allem den Verlust seiner Vormachtstellung im Handel, sowohl im indischen Raum als auch in Europa. Man bemühte sich deshalb unter allen Umständen, **Neutralität** zu bewahren, und verweigerte dem Statthalter der Republik, Willem III., eine Beteiligung Amsterdams am Krieg. Man stelle sich vor: Während der Rest der Republik einen Seekrieg mit Frankreich und vor allem England führt, treibt die wichtigste und größte Stadt dieser Republik ganz normal Handel mit dem Feind, so als sei nichts geschehen.

Rückgang des Handels

Immerhin verhalf diese, auf den Handel bzw. auf Profit ausgerichtete Politik Amsterdam noch zu einem weiteren bescheidenen Wachstum. Wenn die fetten Jahre des „goldenen Zeitalters" auch vorbei waren, so ging es Amsterdam im 18. Jahrhundert doch recht gut. Die **Stadt verlor jedoch ihre Vormachtstellung** als Handels- und Umschlagplatz, da Frankreich und England ihre eigenen Märkte immer stärker schützten. Wurden bis zur Mitte des 17. Jahrhunderts in Amsterdam noch ungefähr fünfmal so viel Güter und Waren umgeschlagen wie in London, so war die englische Stadt nur 100 Jahre später bereits der größere Umschlagplatz. An die Stelle der Werften

▶ *Peter Stuyvesant war der letzte Gouverneur von Nieuw Amsterdam, bevor die Stadt in „New York" umgetauft wurde*

und Textilherstellung traten in Amsterdam jetzt vor allem die Tabakverarbeitung und die Diamantschleiferei sowie das Bankengewerbe.

Kolonialzeit

Die Ausbeutung der **Kolonien** (sowohl der Arbeitskräfte als auch der Bodenschätze und Landbaugüter) wurde ein **immer größerer Faktor für den Wohlstand** Amsterdams. Allerdings bargen die Tätigkeiten in diesen fernen Ländern auch **finanzielle Unsicherheiten**. So konnte der Amsterdamer Investor oder Kaufmann weder den Spediteur noch den Landbesitzer vor Ort kontrollieren, sodass letztere den Wert ihrer Besitztümer in den Kolonien oft als zu hoch angaben, um höhere Kredite zu bekommen. Nach schlechten Ernten konnten viele ihren Kreditverpflichtungen nicht mehr nachkommen und somit auch keine Waren mehr einkaufen. Dies führte 1763, als der Schwindel langsam ans Tageslicht kam, zu einem ersten Börsenkrach.

Kriegsfolgen

1780 kam es dann zum **Vierten Englisch-Niederländischen Krieg**, der vier Jahre dauern und der Republik großen Schaden zufügen sollte, da die für die Wirtschaft Amsterdams so wichtige VOC nach diesem Krieg weder genügend Schiffe noch Seeleute zur Verfügung hatte, um noch auf dem Indischen Ozean fahren zu können.

Französische Besetzung

1795 wurde in Amsterdam der Freiheitsbaum der Französischen Revolution aufgestellt, die französischen Patrioten putschten sich an die Macht und die Batavische Republik wurde ausgerufen.

1806 wurde diese zum **Königreich Holland,** mit einem Bruder des französischen Kaisers, Louis Napoléon, an der Spitze. Amsterdam wurde zur Hauptstadt erklärt, büßte allerdings seinen Status als freie Stadt ein. 1810 wurde ganz Holland von Frankreich annektiert.

Unter der französischen Besatzungsmacht erlebte Amsterdam einen **wirtschaftlichen Niedergang**. Die Franzosen verboten den Handel mit England und dessen Kolonien. Dazu kam schließlich gegen Ende des 18. Jahrhunderts der **Verlust der eigenen west- und ostindischen Kolonien**, und damit der Haupteinnahmequelle Amsterdams (mit Ausnahme von Java), an England.

NEUNZEHNTES JAHRHUNDERT

Befreiung und Aufschwung

Im November 1813 befreiten die Kosaken Amsterdam von den Franzosen. Am 30. März 1814 wurde Wilhelm I. in

045am Abb.: bs

Amsterdam als Herrscher des neuen **Königreichs der Vereinten Niederlande** eingesetzt. Amsterdam wurde, für viele überraschend, wieder zur Hauptstadt ernannt. Das Parlament sollte hier allerdings nicht seinen Sitz haben.

England zeigte sich in dieser Phase großzügig und gab **Holland** – wenn auch im eigenen Interesse – seine **Kolonien zurück.** Der Handel mit den west- und ostindischen Kolonien kam allerdings zunächst nur langsam wieder in Gang, da das notwendige Wissen für den Überseehandel in nur ein bis zwei Generationen fast gänzlich verlorengegangen war. 1824 wurde die Nederlandsche Handel Maatschappij, eine **neue Gesellschaft für den Überseehandel,** gegründet, die 1831 ihren Sitz zunächst in Den Haag hatte, ihn später aber nach Amsterdam verlegte. Diese Gesellschaft bekam das Monopolrecht für den Handel mit tropischen Produkten. So wurde Amsterdam wieder zu einem wichtigen **Umschlagplatz für tropische Waren** – insbesondere Kaffee und Tabak – in Europa.

Industrialisierung

Ein großes Problem wurden die immer größeren Schiffe mit ihrem tiefen Seegang. Damit die Stadt überhaupt noch erreicht werden konnte, musste ein riesiger **Kanal** von Den Helder an der Nordwestspitze Hollands bis nach Amsterdam gegraben werden.

Bereits 1814 bekam Amsterdam vom König den Sitz der Nederlandsche Bank

▶ *Die reich ausgestattete portugiesische Synagoge*

zugesprochen, die auch heute noch als **Zentralbank** fungiert.

1839 konnten die Amsterdamer zum ersten Mal mit dem **Zug** fahren – stolze 19 km bis nach Haarlem. Diese Eisenbahnstrecke war nicht nur von Engländern gebaut worden, sondern auch die ersten Lokomotiven, Maschinisten und Lokführer kamen aus England. Amsterdam hatte nicht nur die Vormachtstellung verloren, die es im 17. Jh. innegehabt hatte, sondern war in wirtschaftlicher Hinsicht sogar weit in **Rückstand gegenüber England** geraten, wo die industrielle Revolution fast 100 Jahre Vorsprung hatte.

Erst Mitte des 19. Jahrhunderts kam die Wirtschaft in Amsterdam durch die zunehmende Industrialisierung wieder in Schwung. Durch den Bau einiger Kanäle und die damit verbundene bessere Erreichbarkeit der Stadt für Hochseeschiffe und die Rheinschifffahrt erlebten auch die Werften und die Schiffbauindustrie wieder eine Blütezeit. Auch Druckereien sowie der Zucker- und Diamanthandel lebten wieder auf.

Neuer Reichtum und Armut

Die Stadt wurde wieder wohlhabend und zog Menschen an. Von 1850 bis 1900 stieg die Einwohnerzahl von 245.000 auf 520.000. Es wurde wieder gebaut, einige Grachten wurden trockengelegt und zu Straßen umfunktioniert – auch aus hygienischen Gründen. In den äußerst dicht besiedelten Stadtvierteln (Jordaan) dienten die Grachten nämlich schlicht und ergreifend als Kloaken und Abfallbeseitigungssystem.

Bis genügend Wohnungen gebaut waren, herrschte neben dem neu aufkommenden Reichtum aber auch eine unvorstellbare Armut und die Menschen mussten zum Teil unter unglaublichen und menschenunwürdigen Bedingungen leben. So war es in den ärmeren Vierteln nicht unüblich, dass acht oder sogar bis zu zwölf Personen in einem kleinen Zimmer einquartiert waren.

ZWANZIGSTES JAHRHUNDERT

Erster Weltkrieg bis 1930er-Jahre

Bis ungefähr 1920 blühte die Wirtschaft Amsterdams, und zwar auch während des Ersten Weltkriegs, bei dem sich die Niederlande **neutral** verhielten und darum nicht mit in den Krieg hineingezogen wurden.

Von der **Weltwirtschaftskrise** der 1920er- und 1930er-Jahre blieb aber auch Amsterdam nicht verschont. Die Stadt zählte bereits mehr als 750.000 Einwohner, von denen im Jahre 1931 am Höhepunkt der Wirtschaftskrise offiziell ca. 16 % als arbeitslos registriert waren. Viele große Betriebe zogen aus der Stadt, da die Grachten den immer mehr werdenden Frachtverkehr nicht mehr bewältigen konnten.

Im Jahr 1928 fanden die **Olympischen Spiele** in Amsterdam statt. Erst vier Jahre später gab es die **erste Ampel** in der Stadt. Sie stand auf dem Leidseplein.

Das allgemeine **Wahlrecht** für Männer wurde im Jahr 1917 eingeführt, das für Frauen folgte fünf Jahre später.

Deutscher Überfall

Obwohl die Niederlande sich auch zu Beginn des Zweiten Weltkriegs neutral verhielten, überfielen die Deutschen das Land am 10. Mai 1940 ohne

Kriegserklärung. Dabei wurde **Rotterdam** von der Luft aus **angegriffen** und die Innenstadt zerstört. Die Nazis drohten damit, alle großen Städte gleichermaßen zu bombardieren. Doch dazu kam es nicht mehr. Am 13. Mai flohen die königliche Familie und die Regierung nach London, am 19. Mai **kapitulierte die niederländische Armee**. Auf Amsterdam war glücklicherweise bis zu diesem Zeitpunkt nur eine Bombe gefallen, die allerdings 51 Opfer forderte.

Die *Moffen* (abfällige Bezeichnung für die Deutschen) errichteten neben einer **Militärregierung** auch eine **zivile Regierung**. Alle Parteien mit Ausnahme der **NSB (Nationaal-Socialistische Beweging)** wurden verboten. Diese Partei, unter der Leitung von Anton Mussert, hatte einen nicht gerade geringen Zulauf und organisierte des Öfteren Umzüge und Demonstrationen in der Stadt.

Februarstreik

Während einer solchen Demonstration kam es am 11. Februar 1941 zu einer **Schlägerei** zwischen Juden und Anhängern der NSB, bei der einer der NSB-Anhänger so schwer verletzt wurde, dass er wenige Tage später starb. Als Vergeltung führte die Besatzungsmacht eine großangelegte Razzia im jüdischen Viertel durch. Ein paar Hundert junge jüdische Männer wurden ins Konzentrationslager Mauthausen verschleppt und dort, bis auf zwei, noch im selben Jahr von den Nazis ermordet.

Diese Razzia brachte die Amsterdamer Bevölkerung so auf, dass sich ein Streikaufruf der Kommunisten zum **Generalstreik** ausweitete. Dieser Generalstreik, der einzige Streik gegen das Regime des Nationalsozialismus in einem besetzten Land überhaupt, ging als *februaristaking* in die Geschichtsbücher ein.

Vergeltung der Nazis

Der Aufstand hielt allerdings nicht lange an. Die Anführer des Aufruhrs wurden von den Nazis **zum Tode verurteilt**, der Stadtrat seines Amtes enthoben und die **Deportation fast aller Amsterdamer Juden** nach Auschwitz und Sobibor, über das Zwischenlager Westerbork im Nordosten der Niederlande, begann. Nur wenige konnten untertauchen, da es einige Zeit dauerte, bis eine schlagkräftige Widerstandsbewegung entstand. Zu den wenigen, die sich verstecken konnten, gehörte die Familie von **Anne Frank**. Doch auch sie wurden am Ende verraten und kamen bis auf den Vater alle in Auschwitz um. Durch ihr Tagebuch wurde Anne Frank nach dem Krieg zum wohl bekanntesten Flüchtling Amsterdams.

Vorstoß der Alliierten

Im weiteren Verlauf des Kriegs waren es die Alliierten, die Bomben auf Amsterdam warfen. Sie hatten es v. a. auf die Flugzeugfabrik Fokker im Norden der Stadt abgesehen. Leider fielen aber auch hier wieder Hunderte Menschen aus der Zivilbevölkerung den Bombardements zum Opfer.

Mitte 1944 begann die **Offensive** der alliierten Truppen **zur Befreiung der Niederlande**. Angesichts der drohenden Niederlage zerstörten die Nazis ab Herbst 1944 die Hafenanlagen von Amsterdam. Im September versuchten die alliierten Bodentruppen bei Arnheim, ins Ruhrgebiet vorzustoßen. Der Süden der Niederlande war bereits befreit, der Norden jedoch immer noch besetzt.

Hungerwinter

Das **Scheitern der alliierten Truppen bei Arnheim** hatte für Amsterdam katastrophale Folgen, da durch den Vorstoß die **Versorgungswege abgeschnitten** worden waren. Kaum ein Lebensmitteltransport erreichte noch die Stadt, der Strom wurde abgeschaltet, der öffentliche Verkehr brach zusammen. Der Winter 1944/1945 war bitterkalt. In diesem *hongerwinter* starben Hunderte an **Unterernährung und Kälte.** Daran konnten auch Mehllieferungen aus Schweden und die von den Alliierten organisierten Abwürfe von Lebensmitteln über der Stadt nichts ändern. Das öffentliche Leben war zusammengebrochen, selbst die Notküchen hatten keine Vorräte mehr. Alle kämpften nur noch ums nackte Überleben. So wurden nicht nur Tausende von Bäumen gefällt, sondern auch Möbel aus den frei stehenden Häusern deportierter jüdischer Familien als Brennstoff zweckentfremdet, um die Notöfen heizen zu können.

Zunahme des Naziterrors

Im letzten Jahr vor der Kapitulation der Nazis nahm die Anzahl der **Deportationen** noch einmal zu und **vermeintliche Widerstandskämpfer** wurden auf offener Straße **hingerichtet.** Am Ende der Besatzungszeit zählte man 80.000 deportierte jüdische Einwohner Amsterdams.

Kapitulation

Am 4. Mai 1945 kapitulierten die Nazis in Holland vor der alliierten Armee. Allerdings kam es drei Tage später auf dem Dam noch zu einer Schießerei zwischen Widerstandskämpfern und Deutschen, bei der 19 Menschen getötet und 117 verwundet wurden. Am 8. Mai fuhren schließlich kanadische Truppen in einem Triumphzug in Amsterdam ein. Der Krieg war jetzt wirklich vorbei.

Wiederaufbau

Der **Wohnungsbau** war während der Besetzung durch die Nazis vollkommen zum Erliegen gekommen. Nun holte man Pläne aus den 1930er-Jahren aus den Schubladen und errichtete **neue Stadtteile.** Um den oberhalb des IJ liegenden Nordteil von der Innenstadt aus erreichbar zu machen, wurde 1968 der **IJ-Tunnel** eingeweiht. Fußgänger und Radfahrer fahren auch heute noch mit der Fähre über das IJ.

Schlafstädte wie Hoorn und Alkmaar entstanden und mit der Trockenlegung des südöstlichen Teils des IJsselmeers entstand die **neue Provinz Flevoland** mit den beiden größten Städten Almere und Lelystad (Provinzhauptstadt). Dies trägt heutzutage mit zum verkehrstechnischen Kollaps bei, da Tausende Zugreisende und Autofahrer jeden Tag in Richtung Amsterdam unterwegs sind.

Demokratiebewegungen

Die „Wilden 1960er-Jahre" waren in Amsterdam besonders wild. Am bekanntesten wurden die *kabouters* mit ihren **Happenings** in der Stadt und die *krakers,* die **Hausbesetzer,** die auf eine vollkommen neue Art den Politikern das Wohnungsproblem unter die Nase rieben. Es wurde unruhig in der Stadt. Polizei und Demonstranten lieferten sich des Öfteren wahre **Straßenschlachten** und ein Bürgermeister musste seinen Hut nehmen, da er der Unruhen nicht Herr werden konnte. Die Demonstranten forderten eine demokratischere Politik und mehr Bürgernähe. Ihren Höhepunkt, zumindest bezüglich des Öffentlichkeitsinteresses auch außerhalb der Niederlande, erreichten die **Unruhen bei der Hochzeit** der Prinzessin und Thronerbin Beatrix mit dem deutschen Claus von Amsberg im Jahr 1966. Erstens bestanden (und bestehen zum Teil noch heute) antideutsche Ressentiments, zweitens war die Monarchie bei den demonstrierenden Bevölkerungsschichten zu dieser Zeit nicht gerade *en vogue*. Eine Straßenschlacht zwischen Polizei und Demonstranten führte dazu, dass das Hochzeitspaar in seiner Kutsche auf einem von Rauchbomben ziemlich vernebelten Dam ankam. Unter den Demonstranten war die Losung des Tages: „Kein Haus – kein Claus". Außer durch Rauchbomben wurden die Festlichkeiten jedoch nicht weiter gestört.

Eine wesentlich umfangreichere Demonstration fand erst 1984 statt. Es war Europas größte **Demonstration gegen den Nachrüstungsbeschluss der NATO-Staaten** und wurde zu einem richtigen Volksfest. Vor über 400.000 Leuten traten auf verschiedenen Bühnen die bekanntesten niederländischen Künstler und Musiker auf. Der Tag verlief friedlich – stationiert wurden die Pershing-II-Raketen und Cruise Missiles trotzdem.

Zwei Jahre vorher konnten Bürgermeister, Stadtrat und Stadtverwaltung endlich einen Beschluss in Bezug auf das Rathaus fassen. Nachdem Napoleon das ursprüngliche Rathaus auf dem Dam für sich beansprucht hatte, wodurch es in den Besitz des Königshauses überging, konnte man sich in der ganzen Zeit nicht recht entscheiden, wo denn das neue Rathaus gebaut werden sollte. Schließlich wurde das Gebäude, das auch ein Musiktheater und die Oper beherbergt, am Waterlooplein eröffnet,

direkt neben dem Secondhandmarkt, der für die Atmosphäre dieser Stadt so typisch ist. Das Gebäude erhielt den Namen **Stopera 35**, als Abkürzung für *stadhuis* und *opera*.

Die 1980er- und 1990er-Jahre

Was sich in den 1980er-Jahren zu einem ernsten Problem entwickelt hat, verschärfte sich in den 1990er-Jahren nur noch mehr: **Autos** sind in einer Stadt, die eigentlich für Kutschen und Boote gebaut wurde, einfach fehl am Platz – vor allem in dieser Menge. Zwar versucht die Stadt seitdem, die Leute durch horrende Parkplatzgebühren vom Auto in die öffentlichen Verkehrsmittel zu bewegen, doch dies gelingt offensichtlich nur in geringem Maße. Immerhin wurden eingeschränkte Belieferungszeiten für die Läden in der Innenstadt eingerichtet und DHL bringt seine Päckchen per Boot zu den Empfängern.

Am 4. Oktober 1992 fiel ein kurz zuvor in Schiphol gestartetes **Transportflugzeug der El-Al** über dem Amsterdamer Stadtteil Bijlmermeer ab und riss eine Schneise in einen Hochhauskomplex – viele Menschen starben. Überlebende, Anwohner und Hilfskräfte klagen bis heute über Gesundheitsstörungen, die niemand erklären kann, da man nicht weiß, was wirklich in dem Flugzeug transportiert wurde. El-Al weigert sich, die Frachtpapiere auszuhändigen. Erst 1999 kam es zu einer Sonderkommission des Parlaments, die zwar aufdeckte, dass alle Beteiligten Dreck am Stecken haben, eine vollständige Klärung des Unglücks und befriedigende Antworten für die Anwohner unterblieben aber.

1995 war das **Ajax-Jahr** schlechthin. Der Amsterdamer Fußballklub gewann die Meisterschaft, wurde Champions-League-Sieger und gewann auch noch den Weltpokal. Ein Jahr später wurde Ajax wieder Meister und musste sich in der Champions League erst im Finale geschlagen geben. Die Vereinsbosse versuchten, noch mehr Geld aus den Erfolgen zu schlagen und gingen mit dem Verein an die Börse. Sehr erfolgreich verläuft der Aktienkurs jedoch nicht gerade. Seit Ajax in der Amsterdam ArenA spielt (Spielzeit 1996/97), läuft es einfach nicht mehr so richtig. Bereits Ende der 1990er-Jahre war der Glanz schon ein wenig ab und ein Abonnement auf die Meisterschaft hat Ajax heute nicht mehr.

AUF INS NEUE JAHRTAUSEND

Der 2001 neu ernannte Bürgermeister, Job Cohen, ist traditionsgemäß ein Sozialdemokrat jüdischen Glaubens. 2002 entschlossen sich der **Thronfolger Willem-Alexander** und seine argentinische Braut **Maxima**, sich in der Hauptstadt das Jawort zu geben. Die Stadt wurde daraufhin auf Hochglanz poliert. Es wurde geputzt, Straßen wurden gesäubert, Mauern frisch gestrichen und alle Reklameschilder und -fahnen auf der Strecke, die das Brautpaar zurücklegte, entfernt. Um einen Eklat zu verhindern, distanzierte sich Maxima – wenn auch nicht wirklich von Herzen – von den Taten

ihres Vaters, der dem ehemaligen Militärregime Argentiniens angehört hatte. Die niederländische Regierung entschied, dass Herr Zorreguieta „freiwillig" nur zu Hause am Fernseher zuschauen sollte, wie seine Tochter in die königliche Familie einheiratete.

Zukunftsvisionen

Um der Stadt auch in der Zukunft eine wichtige Rolle in der Region zu erhalten, wurden seit Mitte der 1990er-Jahre einige Milliardenprojekte in Angriff genommen. Da im Süden der Stadt beim Bahnhof Zuid/WTC ein neuer Wirtschafts- und

▶ *Auf dem Weg zu neuen Inseln – moderne Architektur im östlichen Hafengebiet*

Verkehrsknotenpunkt entstehen soll, hat man sich dazu entschlossen, eine neue U-Bahn-Linie (die sogenannte Noord-Zuid-Lijn) anzulegen. Da man dann sowieso mit gigantischen Umbauarbeiten beschäftigt ist, werden auch noch gleich der Bereich des Hauptbahnhofs und das daran angrenzende Hafengebiet gründlich verändert.

Nicht nur die gesamte **Wasserseite** neben dem Hauptbahnhof wird komplett **umgestaltet,** es entstehen auch **neue Stadtviertel** im Wasser. Im Osten der Stadt werden im IJ-Meer verschiedene Inseln angelegt, die den Stadtteil **IJburg** bilden. Eigentlich sollte das ganze, auf Sand gebaute Viertel 2003 bezugsfertig sein, aber durch die schlechte Wirtschaftslage zu Beginn des neuen Jahrtausends ließen sich vor allem die teuren Häuser nicht ganz so schnell verkaufen, wie man es sich erhofft hatte.

All diese Projekte sollen zwischen 2012 und 2014 abgeschlossen werden und erfordern bis zu diesem Zeitpunkt nicht nur eine Menge finanzieller Mittel, sondern auch das Durchhaltevermögen und den Humor der Einwohner und Besucher, da die Stadt an allen Ecken und Enden aufgegraben wird. Am Ende steht die Vision einer Stadt, die besseren Wohnraum, mehr Arbeitsplätze, schnellere Verkehrsverbindungen und ein vielfältigeres kulturelles Leben zu bieten hat.

04Bam Abb.: bs

▶ *Romantische Grachten zu vorgerückter Stunde*

LEBEN IN DER STADT

VERWALTUNG UND AKTUELLE POLITIK

Hauptstadtfrage

Da man in den Niederlanden sehr viel mehr Wert darauf legt, einen gemeinsamen Nenner zu finden, statt nur Prinzipien zu vertreten, konnte man sich in der Hauptstadtfrage auf eine praktische Lösung einigen: **Amsterdam** ist die **Hauptstadt** der Niederlande, der **Regierungssitz** befindet sich hingegen in **Den Haag,** und das funktioniert prima.

Basisdemokratie

Was aus Amsterdam kommt, zählt besonders auf kulturellem Gebiet, aber auch auf politischem Gebiet prägt die Stadt das Gesicht des Landes. Wichtige **basisdemokratische Impulse** haben sich immer wieder in dieser Stadt entwickelt. Schon die Studentenrevolte und Hausbesetzerbewegung Amsterdams forderten mehr Basisdemokratie und Bürgernähe.

In neuester Zeit brachte Amsterdam wieder ein basisdemokratisches Prinzip zur Umsetzung. Die Stadt ist nämlich in verschiedene **Stadtteilräte** aufgeteilt, denen alle kommunalen Aufgaben in den Stadtteilen unterliegen. Initiiert hatte man das Projekt zunächst nur in einigen Stadtteilen, um den Weg zwischen Bürger und Verwaltung zu verkürzen. Man hoffte, Informationen für die Bürger dadurch leichter zugänglich zu machen, und gleichzeitig erwartete man, dass sich Bürger mehr und stärker an der Stadtpolitik beteiligen würden. Das erste Ziel wurde voll erreicht, die Bürger nutzen die Stadtteilbüros gerne als Informationsquelle. Das zweite Ziel konnte jedoch nicht realisiert werden. Zwar zeigten sich die Bürger im Laufe des Projekts interessierter an der Stadtpolitik, ein Vergleich mit den übrigen Stadtteilen zeigte jedoch, dass auch dort das politische Engagement der Bürger gestiegen war. Dennoch entschloss sich die Stadtverwaltung, die gesamte Stadt in Stadtteilräte zu unterteilen.

TOURISMUS

Der Tourismus spielt für Amsterdam eine wichtige Rolle. **Über 7 Mio. Übernachtungen** und **fast 16 Mio. Tagesbesucher** sorgen für gute Einnahmen, ohne die wohl einige der ca. 1250 Restaurants und ebenso vielen Kneipen und Bars nicht überleben könnten. Die vielen Gäste in der Stadt sorgen dafür, dass sich auf kulinarischem Gebiet eine große Vielfalt hält.

Natürlich ist die Stadt auch auf kultureller Ebene für ihre zahllosen Besucher, die zu einem Konzert- oder Theaterabend, einem Museumsbesuch oder für eins der vielen Festivals herkommen, interessant. Das Kulturangebot ist vielseitig und begeistert Jung und Alt. Jeden Tag ist es möglich, Liveauftritte zu erleben oder besondere Ausstellungen zu besuchen.

DIE AMSTERDAMER UND IHR ALLTAG

„DEM VOLK AUFS MAUL GESCHAUT"

Der Schriftsteller **Simon Carmiggelt** hat in unzähligen kleinen Geschichten die Seele der Amsterdamer eingefangen. In seiner Geschichte über den „echten Amsterdamer" erzählt er, wie ein Mann über eine Brücke geht und sieht, dass ein Kind in eine Gracht fällt. Als echter Amsterdamer zieht er sofort seine Jacke aus und springt ins Wasser, um das Kind zu retten. Dann kommt ein zweiter „echter Amsterdamer" dazu. Dieser erkennt die Gunst der Stunde und stiehlt die Jacke.

Damit hat Carmiggelt **wesentliche Charakterzüge** der Amsterdamer eingefangen. Auf der einen Seite sind sie **hilfsbereit**, großherzig, häufig auch vorlaut und witzig, andererseits sind sie aber auch oft **auf den eigenen Vorteil bedacht.** Man besitzt traditionsgemäß ein **großes Selbstvertrauen** und ein gesundes **Misstrauen der Obrigkeit gegenüber.** Beide Eigenschaften waren nötig, um in einer so schwierigen geografischen Lage eine blühende Stadt entstehen zu lassen. Man musste sich selbst helfen und konnte nicht immer auf Hilfe von oben warten.

Amsterdam versteht sich selbst als kulturellen Mittelpunkt der Niederlande und gleichzeitig empfindet man auch eine gewisse Verantwortlichkeit gegenüber der übrigen Welt. Man sieht sich gerne als **moralische Instanz** und hält sich auch mit moralischen Urteilen nicht zurück, denn das Image der toleranten, weltoffenen, freundlichen Stadt stimmt für die meisten Amsterdamer noch immer und sie setzen es täglich in die Tat um. Hier gilt generell, dass jeder nach seiner Auffassung glücklich werden sollte und die Einwohner der Stadt bleiben neugierig und offen, was eine Kontaktaufnahme erleichtert.

VIELVÖLKERSTADT

Inzwischen gibt es viele Einwohner Amsterdams, die ursprünglich aus aller Herren Länder stammen, ein Teil kommt **aus ehemaligen Kolonien,** wie etwa Surinam, Indonesien oder von den Antillen (die heute noch zum Königreich gehören), **Türken** und **Marokkaner** kamen als Gastarbeiter. In der Stadt wohnen jedoch auch jede Menge **Briten** und **Deutsche.**

„Gettobildung" ist vielleicht zu stark ausgedrückt, aber manche Minderheiten konzentrieren sich deutlich in bestimmten Stadtvierteln oder Straßenzügen, weil dort z. B. der Wohnraum zwar in schlechterem Zustand, aber auch viel billiger ist oder in anderen Stadtteilen große Wohnungen zur Verfügung stehen.

Die Ermordung des Politikers Pim Fortuyn (2002) und des Filmemachers Theo van Gogh (2004) haben in den Niederlanden deutlich für einen Rechtsruck in der Politik gesorgt und auch das einfache Zusammenleben der Kulturen ist angespannt. Die Gegensätze und Probleme treten sehr viel schärfer hervor und gute Lösungen, wie die traditionell offene und tolerante Haltung mit extremistischen Entwicklungen in Einklang zu bringen ist, sind noch nicht in Sicht.

RELIGIONEN UND BRAUCHTUM

Ein Niederländer glaubt an Gott, zwei Niederländer gründen eine Kirche und drei spalten diese wieder ... Es gibt in den Niederlanden **eine Menge verschiedene Kirchen** und innerhalb dieser wiederum unzählige Strömungen – vor allem innerhalb der evangelischen Kirche. Aber auch die Katholiken beherrschen das Spalten, weshalb in der Domstadt Utrecht zwei katholische Bischöfe (der römisch-katholische und der altkatholische) residieren.

Versäulung

Im gesellschaftlichen Leben spielte sehr lange das Phänomen der „Versäulung" eine wichtige Rolle. Diesem Prinzip zufolge, ruht die Gesellschaft auf **drei Säulen:** der **reformierten/evangelischen Kirche,** der **katholischen Kirche** und der **sozialistischen/humanistischen Überzeugung.** Früher wurde man in eine dieser Säulen hineingeboren und bewegte sich dann sein **ganzes Leben in bestimmten Kreisen.** Man ging in die katholische Schule, in den reformierten Fußballklub oder schaute sich die Sendungen des sozialdemokratischen Fernsehsenders an, man las die entsprechende Zeitung und brachte sein sauer verdientes Geld zur richtigen Bank.

Das **gesamte gesellschaftliche Leben** gab es in **dreifacher Form:** Schulen, Freizeitveranstaltungen und -gruppierungen (in der niederländischen höchsten

Fußballliga spielt beispielsweise noch immer der römisch-katholische Fußballklub RKC Waalwijk), Arbeitgeber, Gewerkschaften oder Rundfunkanstalten.

Die einzelnen **Rundfunkanstalten** haben Mitglieder und bekommen je nach Mitgliederzahl Sendezeit zugewiesen. So schaute noch in den 1960er- oder 1970er-Jahren kein Reformierter Fernsehen, wenn der katholische Sender ausstrahlte, und es war Katholiken verboten, Mitglied bei der sozialdemokratischen Rundfunkanstalt zu werden.

Auch Zeitungen und Zeitschriften gehörten jeweils einer bestimmten Gruppierung an, ebenso wie **politische Parteien**. Die Christlich Demokratische Allianz (CDA), die niederländische Schwesterpartei der CDU, entstand beispielsweise erst in den 1970er-Jahren durch die Fusion vieler kleiner reformierter/evangelischer und katholischer Parteien. Noch heute gilt bei einer Postenbesetzung ein ungeschriebener Proporz, wonach Parteiposten gleichmäßig an Kandidaten aus den ehemaligen Fusionsparteien verteilt werden.

Entsäulung

Erst seit jüngster Zeit beginnt sich das **Prinzip der Versäulung aufzulösen**. Die Menschen sind nicht mehr auf ihre Säule festgelegt und verschiedene Entwicklungen wie beispielsweise Finanzprobleme machen **Fusionen und Zusammenarbeit** nötig.

Die eintretende „Entsäulung" bringt auch eine **sich verändernde politische Landschaft** mit sich. Parteien mit einem ehemals hohen „Versäulungsgrad" (CDA, PvdA) bekommen wesentlich weniger Zulauf als noch in den 1980er-Jahren, während Parteien, die durch die Entsäulung

überhaupt erst eine Chance bekamen (liberale Parteien), erheblich in der Wählergunst steigen. Die kleineren rechten (fundamentalistischen) reformierten Parteien können sich behaupten, da es für politische Gremien keine Prozenthürde gibt.

VERHÄLTNIS ZWISCHEN DEUTSCHEN UND NIEDERLÄNDERN

Wie Niederländer Deutsche sehen

Das **Verhältnis** zwischen Deutschen und Niederländern ist **teilweise etwas schwierig**. Niederländer stört z. B. häufig, dass viele Deutsche die Niederlande als ein weiteres deutsches Bundesland sehen und der niederländischen Kultur zuweilen wenig Respekt entgegenbringen. Mit Deutschland macht man vielleicht Geschäfte, aber es ist wichtig, durchscheinen zu lassen, dass man deshalb die Deutschen noch lange nicht liebt.

Zum einen sind diese Schwierigkeiten eine Folge des **Zweiten Weltkriegs**, als die deutschen Truppen in einem Blitzkrieg die neutralen Niederlande annektierten. Neben den Greueltaten schmerzt auch hier, dass Hitler einfach davon ausging, dass sich ein arisches Brudervolk mit fliegenden Fahnen auf seine Seite schlagen würde.

Mancher Amsterdamer würde den Deutschen auch heute noch gerne eins auswischen. So kann es durchaus vorkommen, dass man einfach in irgendeine Richtung geschickt wird, wenn man nach dem Weg fragt. Nicht immer, aber häufig spielen dabei die Geschehnisse des Zweiten Weltkriegs eine Rolle. Eine Art späte Genugtuung. Manchmal weiß es der Gefragte aber selbst nicht so genau. Da man jedoch helfen möchte, sagt man einfach mal was. Deshalb ist es immer nützlich, einem zweiten Passanten die gleiche Frage zu stellen.

Manchmal hört man auch den Ausspruch: **„Gib mir mein Fahrrad zurück"** *(Geef mijn fiets terug)*. Im Zweiten Weltkrieg hatten die Deutschen alles einsammeln lassen, was sich für die Weiterverarbeitung in der Stahlindustrie eignete. Zudem hatten vielerorts deutsche Soldaten auf der Flucht vor den alliierten Truppen Fahrräder und alle möglichen fahrbaren Untersätze konfisziert, um nicht selbst in ein Kriegsgefangenenlager zu kommen.

Zum anderen nehmen es die Holländer den Deutschen sehr übel, dass diese 1974 die **Fußballweltmeisterschaft** in München gewonnen haben, obwohl die Holländer doch den „besten und schönsten Fußball der Welt" spielten. Jeder spätere Sieg der Holländer über die Deutschen kann nur zu einem kleinen Teil Wiedergutmachung bedeuten. Eine Ausnahme wäre möglicherweise eine Neuauflage des WM-Finales, allerdings mit umgekehrtem Ergebnis.

Verhalten im Alltag

Normalerweise sind die Holländer und vor allem die Amsterdamer jedoch freundlich und **aufgeschlossen gegenüber Fremden.** Man kommt leicht mit den Menschen ins Gespräch. Niederländer interessieren sich sehr dafür, wie andere das Land sehen, allerdings sollten Ausländer mit Kritik vorsichtig sein.

Spricht man die niederländische **Sprache** nicht, dann wird es als höflich empfunden, wenn man zuerst fragt, ob ein Gesprächspartner Deutsch oder Englisch versteht, anstatt einfach draufloszuquasseln. Die Antwort wird häufig ein Ja sein, wobei Englisch den meisten leichter fällt

als das Deutsche mit diesen „vielen schrecklichen Fällen".

Bei Bekanntschaften, auch auf geschäftlicher Ebene, geht man sehr **schnell vom „Sie" zum „Du"** über, da man diesem äußerlichen Statussymbol keinen Wert beimisst. Das „Du" impliziert für Holländer auch nicht unbedingt eine größere persönliche Nähe. Relativ schnell nach dem ersten Kennenlernen werden Frauen (von Frauen und Männern) auch mit **drei Küsschen** auf die Wangen begrüßt und verabschiedet.

Dahingegen legt man sehr viel Wert darauf, dass sich **niemand in persönliche Angelegenheiten einmischt.** Man sollte niemals zur Essenszeit unangemeldet bei einer niederländischen Familie erscheinen. Man bevorzugt dort eine Einladung zum Kaffee nach dem Essen oder ein Treffen in einer Kneipe. Sollte man doch **zum Essen eingeladen** werden, sind Blumen oder Wein willkommen. Die Blumen werden *nicht* ausgepackt. Geht man zusammen aus, bezahlt man in einer **Kneipe** abwechselnd eine Runde für alle. Wird man zum **Geburtstag** eingeladen, dann gratuliert man nicht nur dem Geburtstagskind, sondern allen Familienmitgliedern.

Ein **Handzeichen** verdient Beachtung: Womit man in Deutschland jemanden als „Arschloch" kennzeichnet, sagt man in den Niederlanden „o.k.", „hervorragend".

AMSTERDAM ENTDECKEN

ALTSTADT

ÜBERBLICK

Das Leben in Amsterdam wurde schon von jeher vom **Wasser** geprägt. Einerseits schuf dieses Element die **Lebensgrundlage für die Fischer,** die sich ungefähr seit dem 12. Jahrhundert an dieser Stelle angesiedelt hatten, andererseits drohte durch das Wasser auch immer **Zerstörung,** denn das **Land** war im wahrsten Sinne des Wortes „dem Wasser abgetrotzt". Manche Straßennamen wie zum Beispiel *Zeedijk* („Seedeich") erinnern noch daran, dass das Land nach und nach durch Deiche und Dämme dem Meer abgerungen wurde.

Auch heute noch bestimmt das Wasser die Struktur der Stadt. Wer könnte sich

050am Abb.: bs

Amsterdam schon ohne seine berühmten **Grachten** vorstellen. Diese dienten ursprünglich als Abwassersystem und als Wasserwege zur Bevorratung der Stadt. Erst mit der Erfindung des Automobils entstand eine ernsthafte Konkurrenz, der viele Grachten zum Opfer fallen sollten: Sie wurden zugeschüttet, um Straßen anlegen zu können.

Entstehung der Altstadt

Die alte Innenstadt entstand **am ehemaligen Hafengebiet** (südlich und östlich des jetzigen Hauptbahnhofs ❶) und dehnte sich zunächst etwas stärker nach Süden und Südosten aus. Die ältesten Grachten, die ungefähr um das Jahr 1340 als **Begrenzung der Stadt** entstanden, sind Oudezijds Voorburgwal und Nieuwezijds Voorburgwal. Um das Jahr 1370 fand eine erneute **Stadterweiterung** statt. Die Grenze bildeten nun Zeedijk, Oudezijds Achterburgwal und Nieuwezijds Achterburgwal. Ungefähr um 1420 umschlossen Kloveniersburgwal, Geldersekade und Singel das Stadtgebiet. Die Lage der Straßen und der vielen kleinen, verwinkelten Gassen in diesem Gebiet geht zum Teil noch auf den mittelalterlichen Stadtplan zurück.

Die **Straßennamen** verweisen häufig auf eine alte Geschichte. Manchmal geben sie Auskunft darüber, wer in dieser Straße gewohnt oder gearbeitet hat, zum Beispiel erinnert *Gebed zonder End* (Gebet ohne Ende) an die Zeit, in der sich in dieser Straße mehrere Klöster nebeneinander befanden. Einige Straßen sind **nach Heiligen** oder **bekannten Personen benannt** wie St. Olof oder Rusland (nach Wieden Ruus). Manche Namen geben aber auch die **Form** oder die **Lage** der Straße wieder, beispielsweise

Hoogstraat (Hochstraße) oder *Oudezijds Armsteeg* (Alte Armgasse). Früher wurden Straßennamen nicht offiziell von der Stadt verliehen, sondern entstanden sozusagen im **Volksmund.** Traf eine Charakterisierung nicht mehr zu, dann wurde auch der Name geändert.

Änderungen im Stadtbild

Verändert hat sich auch das Gesicht dieser Gegend. Ursprünglich gab es sehr viele **Klöster,** diese wurden jedoch aufgelöst, nachdem die Stadt im Achtzigjährigen Krieg (1568–1648) protestantisch geworden war. Die **begüterten Kaufleute,** die anfangs in dieser Gegend gewohnt hatten, zogen im 17. Jahrhundert an die Herengracht, an der sehr viel mehr Platz für große Gebäude (Wohnhaus und Lagerhallen) war. Danach bauten **Handwerker** und weniger Begüterte im alten Stadtteil ihre Häuser. Aus diesem Grund sind hier auch sehr unterschiedliche Baustile zu finden.

In den 1970er-Jahren sollte der Stadtteil weitgehend saniert werden. Die **Baupläne,** die noch aus den 1950er-Jahren stammten, sahen vor, das Gebiet in großem Stil abzureißen und wiederaufzubauen, um **große Verkehrsadern** durch die Stadt anzulegen. Nachdem man schon mit dem Bau begonnen hatte, wurde der **Protest** gegen den umfassenden Abriss jedoch so stark, dass eine vorsichtigere Politik eingeschlagen wurde.

Deshalb konnten doch noch **viele alte Gebäude erhalten werden.** An manchen Stellen hatten die Abrissbirnen jedoch schon ganze Arbeit geleistet, ein weiterer Grund, weshalb in diesem Viertel die unterschiedlichsten Stile nebeneinander existieren. Man versuchte außerdem, alte Gebäude zu erhalten, indem man sie zum Beispiel der Universiteit van Amsterdam (UvA) zur Verfügung stellte.

Prostitution und Kriminalität

Eine Bedrohung für die Altstadt ist das **Prostitutionsgewerbe,** in dessen Schlepptau sich auch Drogenmissbrauch und Drogenhandel breitmachen. Die damit verbundene **Kriminalität** schränkt die Lebensqualität im Viertel stark ein. Die Prostitution hat in diesem Stadtteil allerdings eine **lange Tradition.** Im Hafenviertel, in dem sich die Seeleute aufhielten, arbeiteten Frauen schon immer in diesem Beruf. Polizei und Gemeindepolitiker versuchen nun, die Probleme, die vor allem durch die Drogenszene verursacht werden, einzudämmen. So wurde u. a. versucht, den Zeedijk wieder bewohnbar zu machen, obwohl dies in den 1970er-Jahren die berüchtigtste Drogenzone Amsterdams war. Stadt und Geschäftsleute kauften Häuser auf, es wurde renoviert und Geschäfte wurden angesiedelt, sodass sich die Atmosphäre dort wesentlich verändert hat. Es gibt einige interessante Kneipen und eine ganze Reihe chinesischer Restaurants. Zudem befindet sich dort inzwischen ein buddhistischer Tempel (www.ibps.nl).

In letzter Zeit ist die Stadtverwaltung auch dazu übergegangen, Zimmervermietern und Erotikklubs die **Lizenzen zu entziehen,** und man versucht, andere kleine Unternehmen in diesem Viertel

◀ *Für Aktivurlauber gibt es Tretboote*

DAS ROTLICHTVIERTEL

*„De rosse buurt" oder „de walletjes", wie das Viertel in Amsterdam genannt wird, ist alljährlich für Tausende von **Touristen** eine **Attraktion** und sicherlich einen Umweg wert. Angezogen von Gerüchten über die Freizügigkeit der Holländerinnen, pilgern sie einzeln oder in Gruppen durch das Viertel. Allerdings kann von freizügigen Holländerinnen kaum die Rede sein, schließlich handelt es sich wohl eher um die Freizügigkeit der männlichen Bevölkerung und außerdem stehen vor allem **ausländische Frauen** (Südamerika, Afrika, Osteuropa) hinter den Fenstern. Nicht alle sind legal eingewandert und immer wieder bringen Razzien der Polizei ans Tageslicht, dass es hier teilweise um Menschenhandel geht, bei dem die Frauen mit schönen Versprechungen in den goldenen Westen gelockt wurden. Deren missliche Lage unterscheidet sich nicht wesentlich von der Situation Prostituierter in früheren Jahrhunderten.*

Zu allen Zeiten konnte man hier wie in jedem anderen Hafenviertel der Welt Prostituierte finden. Das Gewerbe hat sich jedoch im Lauf der Zeit immer stärker ausgebreitet. In die Häuser reicher Kaufleute zogen erst die Handwerker und als diese in attraktivere Gebiete der Stadt umzogen, wurden die Häuser unter anderem frei für die Prostitution. In den letzten Jahren ist das Viertel reichlich in Verruf geraten, da unter anderem durch den Drogenhandel die Kriminalitätsrate stark gestiegen ist. Durch die Legalisierung des Prostitutionsgewerbes erhoffte man sich in den Niederlanden zu Beginn des 21. Jh. eine Verbesserung der Situation der Frauen. Die letzten Jahre haben jedoch gezeigt, dass dies in Wirklichkeit nicht der Fall ist. Die Politik mag große Pläne haben, aber in der Realität ist es nicht einfach, ein legales Unternehmen im Prostitutionsgewerbe aufzubauen. Beispielsweise gibt es keine einzige Bank, die damit in Verbindung gebracht werden möchte, und so bleibt das Gewerbe ein Sumpf aus Abhängigkeiten und dunklen Geschäftspraktiken.

Die besondere Art der Prostituierten, sich in den Fenstern zu zeigen, geht auf die Tatsache zurück, dass Prostituierte geduldet wurden, solange sie sich nicht zu auffällig präsentierten. Also saßen die Mädchen erst hinter den Gardinen und wenn die Männer vorbeikamen, tickten sie mit den Fingern und Ringen an die Scheiben, um auf sich aufmerksam zu machen. Die Gardinen sind inzwischen weit geöffnet und lassen kein Geheimnis verhüllt.

*Außer den Prostituierten hat sich hier eine ganze **Industrie** niedergelassen, die*

anzusiedeln. Dies geschieht sehr zum Ärger der Erotikindustrie, die der Meinung ist, dass die größten Probleme durch Drogenkriminalität verursacht werden.

Der **Rotlichtbezirk** (*rosse buurt* oder *de walletjes* genannt) befindet sich heute zwischen Damrak **㉒** und Oudezijds Achterburgwal und reicht im Süden bis etwa zur Oude Hoogstraat. In diesem Gebiet liegen auch einige interessante alte Sehenswürdigkeiten. Am **Vormittag** kann man **einigermaßen ungestört** in diesem Viertel spazieren gehen, der wirkliche Zirkus geht erst gegen Mittag los.

den unterschiedlichen Kunden auch die außergewöhnlichsten Wünsche bezüglich Kleidung, Lektüre, Videokassetten und sonstiger Vorlieben erfüllen möchte.

*An dieser Stelle sei betont, dass von den Prostituierten niemand Wert darauf legt, fotografiert zu werden. Nicht selten führen die Frauen ein Doppelleben und möchten daher nicht von Familienmitgliedern oder (öffentlichen) Einrichtungen auf Fotos erkannt werden. Die **No-Pictures-Aufkleber** in allen Fenstern sind absolut ernst gemeint und die Umstehenden schauen schon mal weg, wenn eine wildgewordene Dame oder ihr muskulöser Beschützer einem Touristen die Kamera entreißt. Ebenso wenig schätzt man es, wenn Touristen in großen Gruppen im Viertel auftauchen und die Männer verscheuchen.*

*Im **Prostitutie Informatie Centrum** (PIC; die Abkürzung ist auch ein informelles Wort für das männliche Geschlechtsteil) kann man Infos über das Prostitutionsgewerbe und Antworten auf all die Fragen erhalten, die man immer schon mal stellen wollte (für Gruppen auf Anfrage), oder eine Führung buchen. Außerdem findet man dort Souvenirs und Geschenkartikel.*

❯ *Enge Kerksteeg 3, Tel. 4207328, www.pic-amsterdam.com*

Die Stadtpolitiker haben es sich zum Ziel gesetzt, in den kommenden Jahren die illegalen Geschäftspraktiken und die Kriminalität in diesem Viertel auszurotten. Dazu werden Genehmigungen bestehender Unternehmen eingezogen und neue erst gar nicht vergeben, wenn der Verdacht besteht, dass diese Unternehmen der Geldwäsche dienen. Gleichzeitig sollen Künstler und andere Unternehmen hier angesiedelt werden, um dem gesamten Bereich eine bessere Ausstrahlung zu geben.

❶ HAUPTBAHNHOF ★ ★   [J4]

Der Hauptbahnhof *(Centraal Station)* ist mit allen öffentlichen Verkehrsmitteln zu erreichen. Entworfen wurde er vom Architekten **P. J. H. Cuypers** (1827–1921), der einer berühmten Architektenfamilie aus der Stadt Limburg entstammte, obwohl derartig funktionelle Gebäude normalerweise von Ingenieuren entworfen wurden. Der Hautbahnhof hatte jedoch einen so hohen Stellenwert, dass ein „echter Architekt" beauftragt wurde.

Der **Bau des Hauptbahnhofs** war aber recht **umstritten.** Der damalige Bürgermeister wollte Amsterdam den Anschluss an das Schienennetz und damit an den Fortschritt sichern. Gegner fanden jedoch, dass dieses Gebäude die Aussicht über das IJ behindert, denn für das 1889 fertiggestellte Gebäude war eigens eine kleine Insel angelegt worden. Dadurch wurde zudem der Zugang zur Hafenanlage und zu den Werften abgeschnitten.

Auch über den Baustil war man sich uneins. Für Cuypers musste eine Verbindung zwischen der Funktion und der Form des Gebäudes bestehen. Er bevorzugte den **französischen, neogotischen Stil.** Die Gotik war für ihn die rationale Bauweise, zudem ermöglichte sie eine ehrliche und handwerkliche Materialnutzung. Von Cuypers stammen auch noch einige andere Gebäude in Amsterdam, wie das **Rijksmuseum** ⓱, die **Vondelkerk**, die **Dominicuskerk** und einige

Häuser in der Vondelstraat. Ein wesentlicher **Kritikpunkt an Cuypers Architektur** bestand darin, dass man seine Bauweise zu kirchlich fand. Man kritisierte, das Rijksmuseum und auch der Hauptbahnhof ähnelten zu stark einem Priesterseminar oder einem Bischofspalast.

Heute zählt der Hauptbahnhof sicherlich zu den schönsten Gebäuden der Stadt. Auch innen (z. B. in der Brasserie 1e Klas, auf Gleis 2b) sind noch Verzierungen und Deckengemälde zu entdecken und blieben an vielen Stellen Originaldetails erhalten, etwa die königliche Wartehalle.

Der Bahnhofsvorplatz ist **einer der belebtesten Plätze in Amsterdam.** Er zieht viele Menschen an, weil hier Züge, U- und S-Bahnen sowie Busse, Taxis und Rundfahrtboote abfahren. Man findet auch immer Straßenmusikanten und Kleinkünstler. Die kostenlose Fähre über das IJ legt hinter dem Bahnhof an.

Dem Haupteingang des Bahnhofs steht das **Noord-Zuidhollands Koffiehuis** (Nord-Südholländisches Kaffeehaus) gegenüber. In diesem Gebäude ist jetzt der **Fremdenverkehrsverein (VVV)** (s. S. 164) untergebracht. Dort erhält man alle touristischen Informationen über Amsterdam und den Rest des Landes. Im unteren Teil des Gebäudes befindet sich ein Café, von dem man eine schöne Aussicht über das Wasser und auf die vorbeifahrenden Rundfahrtboote genießen kann. Bei gutem Wetter kann man sich dort auch auf die Terrasse setzen.

AMSTERDAMMERTJES

Über viele Jahre prägten die Amsterdammertjes, die typischen, rotbraunen Abgrenzungspfähle, die viele als Phallussymbol betrachten, das Straßenbild der Stadt. Angebracht sind sie, um den Straßenverkehr in die richtigen Bahnen zu leiten und zu verhindern, dass Autofahrer auf dem Gehweg parken. Meist sind die Straßen gerade so breit, dass man parken kann und dann noch eine Fahrbahn übrig bleibt, man aber auf keinen Fall sein Auto in zweiter Reihe abstellen kann. Die Amsterdammertjes bieten zwar einigen Schutz für Fußgänger, aber an manchen Stellen wird der Gehweg so schmal, dass Fußgänger doch auf die Fahrbahn gedrängt werden. Da die Stadt inzwischen rigoros gegen Verkehrssünder vorgeht und damit beschäftigt ist, die Straßen der Innenstadt neu zu gestalten, werden die bekannten Pfähle, die auch als Souvenirs oder Schokoladenriegel zu bekommen sind, in den nächsten Jahren aus dem Stadtbild verschwinden.

› *Noch gibt es die Amsterdammertjes allerdings für 110 € zu kaufen: Materiaaldienst, Dienst Amsterdam Beheer; Pieter Braaijweg 10, 1099 DG Amsterdam (Oost/Watergraafsmeer), www.dab.amsterdam.nl/ materiaaldienst, Tel. 5612111*

▶ *In Stein gehauene Vergänglichkeit über dem Eingang der St. Olofskapel*

Gleich neben dem Noord-Zuidhollands Koffiehuis steht ein **Gebäude des städtischen Verkehrsverbunds GVB** (s. S. 191). Hier erhält man alle Arten von Karten für den Stadtverkehr in Amsterdam.

❷ ST. OLOFSKAPEL ⭐ [J5]

Fast ganz am Anfang des Zeedijk liegt die St. Olofskapel. Die Kapelle ist benannt nach dem **norwegischen Schutzheiligen der Seeleute**. Der Handel mit Norwegen hatte 1433 begonnen, deshalb hielten sich regelmäßig norwegische Kaufleute in Amsterdam auf, für die man dieses kleine Gotteshaus baute. Seit 1602 gehört das Gebäude der evangelischen Kirche. Die Kapelle ist trotz eines Brandes im Jahr 1966 erhalten geblieben. Sie wird inzwischen vom Hotel Barbizon als Konferenzsaal genutzt und kann daher leider nicht regulär besichtigt werden.

❯ Zeedijk 2a. U-Bahn (Centraal Station)

❸ OUDEZIJDS KOLK ⭐ [J5]

In der kleinen Straße Oudezijds Kolk kann man noch sehr gut einige **ehemalige Lagerhäuser und Speicherhallen** *(pakhuizen)* sehen. Sie sind an den riesigen Fensterflügeln zu erkennen, durch die früher die Waren über eine Seilwinde am Dach ein- und ausgeladen wurden. In Amsterdam sind sehr viele dieser ehemaligen Lagerhäuser zu Wohn- oder Geschäftshäusern umgebaut worden. Interessant sind in dieser Straße die Häuser Nr. 13, 7, 5 und 3. Beim Haus Nr. 13, D'Blau Hoorn (1720), sind im Vergleich zu den folgenden Häusern aus dem 17. Jahrhundert die Seitenfenster schon etwas höher.

Beim Haus Nr. 7 kann man gut erkennen, dass die Ladefläche so hoch gebaut war, dass man leicht einen Karren beladen konnte. Das Haus Nr. 5, Malaga, ist das älteste datierte *pakhuis* in Amsterdam (1617). Das *pakhuis* Nr. 3, D'Korendrager (der Getreideträger), stammt aus der ersten Hälfte des 18. Jh.

❹ SCHREIERSTOREN ★ [J4]

Am Ende dieser Straße stößt man rechts auf den Schreierstoren. Dieser **Turm** wurde 1484 als **Teil der Befestigungsanlage** der Stadt gebaut. Es gibt zwei unterschiedliche Erklärungen dafür, wie der Turm zu seinem **Namen** kam. Die erste und auch wahrscheinlichere Erklärung lautet, dass der Turm schräg in einem flachen Winkel *(schrijlings in een scraye hoek)* zur Stadtmauer stand. Eine zweite Erklärung im Gedenkstein des Turms besagt, dass hier die Frauen weinend und jammernd den Seeleuten nachgewunken haben. Damals fing das Wasser direkt hinter dem Turm an. Heute befinden sich im Turm ein Café, eine Bar und ein Geschäft für nautische Instrumente und Karten.

❯ Prins Hendrikkade 94/95, Tel. 4288291, www.schreierstoren.nl, täglich 10–18 Uhr. U-Bahn (Centraal Station)

❺ MUSEUM AMSTELKRING ★★★ [J5]

Am Oudezijds Voorburgwal 40 weht die Fahne des Museums Amstelkring, in dem eine **versteckte Kirche**, eine sogenannte *schuilkerk,* zu besichtigen ist. Die Stadt Amsterdam war im Achtzigjährigen Krieg protestantisch geworden. Grundsätzlich war es verboten, öffentlich einen anderen Glauben auszuüben, allerdings wurde anderen Religionen nichts in den Weg gelegt, solange die Glaubensausübung versteckt und hinter geschlossenen Türen stattfand. Es gibt daher in Amsterdam noch einige Kirchen, die von außen nicht direkt als solche zu erkennen sind. Die Kapelle im Kaufmannshaus aus dem 17. Jahrhundert wurde mit den Jahren über die angrenzenden Häuser zu einer Kirche erweitert. Die Gottesdienste wurden im oberen Stockwerk gehalten, daher der Name „Unser Lieber Herr auf dem Speicher" *(Onze Lieve Heer op Zolder).* Der Priester konnte zur Not durch eine kleine Luke flüchten. Auch das eigentliche Kaufmannshaus mit seiner für das 17. Jahrhundert typischen Einrichtung ist zu besichtigen.

❯ Oudezijds Voorburgwal 40, Tel. 6246604, www.museumamstelkring.nl, Mo.–Sa. 10–17 Uhr, So. und Feiertage 13–17 Uhr, Eintritt 7 €, Kinder bis 18 Jahre 1 €. Straßenbahn (Dam) 4, 9, 16, 24, 25, U-Bahn (Nieuwmarkt oder Centraal Station)

052am Abb.: bs

◀ *Der Schreierstoren war Teil der Befestigungsanlage der Stadt*

❻ OUDE KERK ★ ★ ★　　　　　[H5]

Nur ein kleines Stück weiter erhebt sich die Oude Kerk (Alte Kirche), die zu den ältesten Gebäuden der Stadt gehört. Ihre Ursprünge stammen ungefähr aus dem Jahr 1300. 1369 wurde die Kirche Sint Nicolaas, dem Schutzheiligen der Seeleute und Bäcker, geweiht.

Die **Kapelle,** die hier ursprünglich stand, wurde zunächst in eine gotische Hallenkirche mit drei gleichen Schiffen umgebaut, dann jedoch auch aus Platzgründen ständig **erweitert** und ausgebaut. Es entstanden ein neuer Chor, mehrere Kapellen und das Südportal. Das heutige gotische Bauwerk hat die Form einer Kreuzkirche.

Schon damals gab es **Sponsoren:** So wurde die sogenannte „Hamburgerkapelle" beispielsweise von Bierkaufleuten aus Hamburg gestiftet. Sie konnte im Jahr 1512 fertiggestellt werden. Überhaupt diente die Kirche nicht nur der Gottesverehrung, sondern war gleichzeitig auch Treffpunkt für Händler und Handwerker und Zufluchtsort für Obdachlose. Hier wurden Geschäfte gemacht, Ideen ausgetauscht oder man flanierte während des Orgelspiels durch die Kirche. So hatte die Kirche auch den Namen „Wohnzimmer Amsterdams".

Im 16. Jahrhundert erhöhte man das Mittelschiff, weshalb die Konstruktion mit Holzbalken verstärkt werden musste. Diese **Holzbauweise** ist typisch für die Oude Kerk. Man entschied sich trotz

der Brandgefahr hierfür (die Kirche überstand zwei verheerende Stadtbrände), da das Gebäude ansonsten zu schwer für den Boden gewesen wäre.

In der Oude Kerk sind viele berühmte Amsterdamer **begraben,** unter ihnen Saskia van Uylenburg (gestorben 1642), die **erste Frau Rembrandts.**

Ursprünglich war die Oude Kerk eine katholische Kirche, sie ging aber nach der Machtübernahme durch die **Calvinisten** in deren Besitz über. Durch den Bildersturm und die Neuerungen der Calvinisten veränderte sich das Aussehen der Kirche radikal. So wurden alle Zeichen des Katholizismus (Altäre, Gemälde, Kanzeln, Bildhauerwerke, Orgeln) in der Kirche und in den Kapellen herausgerissen, da für die Calvinisten nur die Verkündigung des Wortes im Vordergrund stand.

Lange Zeit **stritten** die Pfarrgemeinden der **Oude Kerk** und der **Nieuwe Kerk** ㉔ darüber, welche Kirche denn nun die

▶ *Ein imposantes Gebäude:*
die Oude Kerk

wichtigste in Amsterdam sei. Nachdem aber auf dem Dam das heutige **Koninklijke Paleis** ㉕ als Rathaus gebaut wurde, war dieser Streit zugunsten der Nieuwe Kerk entschieden.

Besonderheiten der Oude Kerk sind die Gewölbegemälde und die Holzfiguren vom Ende des 15. Jahrhunderts, die Maria-Kapelle mit ihren Glasmalereifenstern von 1555, die holzgeschnitzten Chorbänke und die Vater-Müller-Orgel von 1724.

❯ Oudekerksplein 23, Tel. 6258284, www.oudekerk.nl, Mo.–Sa. 11–17 Uhr, So. und Feiertage 13–17 Uhr, Eintritt 7 €, Kinder bis 12 Jahre 5 €. Straßenbahn (Dam) 4, 9, 16, 24, 25, U-Bahn (Nieuwmarkt oder Centraal Station)

❼ WAAGGEBOUW ★★ [J6]

Das Waaggebouw (die Waage) aus dem Jahr 1488 gehörte ursprünglich als „St. Antoniespoort" (St. Antoniustor) zur **Stadtbefestigungsanlage.** Nachdem die Stadtmauer jedoch wieder verschoben und die alte Mauer zwischen 1603 und 1613 abgerissen worden war, erhielt das Gebäude 1618 andere Funktionen, unter anderem als **Stadtwaage** für schwere Gegenstände wie Schiffsanker oder Kanonen.

Zudem bot das Gebäude Räumlichkeiten für verschiedene **Zünfte.** Jede Zunft hatte einen eigenen Eingang, der durch einen Fassadenstein verziert wurde. Diese Fassadensteine sind noch zu sehen. Schmiede und Steinmetze sind an ihren typischen Arbeitsgeräten zu erkennen. Die Chirurgen hielten seit 1691 in ihrem Operationszimmer, dem **Theatrum Anatomicum,** öffentlich zugänglichen Unterricht ab. Von Rembrandt gibt es das bekannte Gemälde „De anatomische les van

professor Tulp". Die Anatomiestunde von Professor Tulp trägt sich an diesem Ort zu. Die Maler schmückten ihren Fassadenstein mit dem Schutzheiligen St. Lucas.

1819 stellte die Waage ihre Funktion ein. Seither hat das Gebäude unter anderem als Räumlichkeit für **Museen** gedient. Heute befindet sich hier das Restaurant und Café In de Waag.

❯ In de Waag, Nieuwmarkt 4, Tel. 4227772, www.indewaag.nl, täglich 10–1 Uhr. U-Bahn (Nieuwmarkt)

❽ NIEUWMARKT ★ [J6]

Die Häuserfront Nieuwmarkt 8–20 bietet einen schönen Überblick über die **unterschiedlichen Giebelformen** in Amsterdam. Besonders hervorzuheben sind: Nr. 8 mit einem Glockengiebel vom Ende des 17. Jahrhunderts, der mit Schmuckmotiven in Form von Blumengirlanden und gebogenen Giebeldreiecken versehen ist; Nr. 16 mit einem Halsengiebel (ebenfalls Ende des 17. Jahrhunderts); Nr. 18 mit einem Glockengiebel im Louis-XV.-Stil (Mitte 18. Jahrhundert) und auch das Doppelhaus Nr. 20–22 mit seinem Treppengiebel aus dem Jahr 1605.

Der Platz um die Waage wurde bereits **1614 angelegt** und entwickelte sich zu einem wichtigen und lebendigen Marktplatz. Damals war der Platz in Segmente für jedes Produkt, das dort verkauft wurde, unterteilt. Heute stehen hier noch täglich ein paar Marktleute und im Sommer findet sonntags ein Trödel- und Antikmarkt statt.

Bei den **Sanierungsarbeiten** in diesem Stadtteil wäre der gesamte Nieuwmarkt beinahe den Modernisierungsplänen der Stadt zum Opfer gefallen, denn an dieser Stelle sollte nach dem Willen

■ CHINESISCHES VIERTEL

Zwischen Binnen Bantammerstraat und Geldersekade sowie am Zeedijk und am Nieuwmarkt ❽ *stößt man auf unzählige* **chinesische Restaurants,** *die die angebotenen Gerichte im Schaufenster ausstellen. Die Düfte vermischen sich in den kleinen Läden mit dem Geruch verschiedenster exotischer Lebensmittel.* **Chinesische Ärzte** *und* **Heilpraktiker** *bieten Heilung von allen erdenklichen Qualen und auch wer chinesische Drucksachen herstellen lassen möchte, ist hier richtig. Zahlreiche Händler haben alles im Angebot, was der chinesische Markt exportiert.*

Die **ersten Chinesen** *kamen zu Beginn des 20. Jh. als Arbeitskräfte mit den Passagierschiffen der großen Linien. Dort arbeiteten sie als Heizer oder in der Wäscherei. Zudem eröffneten Händler kleine Restaurants und Wäschereien in Amsterdam. In den Krisenjahren hielten sie sich mit dem Verkauf von Erdnüssen über Wasser, da*

sie als Ausländer kein Recht auf Sozialleistungen hatten. Nach dem Krieg wurde die chinesische Küche immer beliebter und die chinesische Gemeinschaft konnte wachsen, wodurch das lebendige chinesische Viertel rund um den Nieuwmarkt entstand.

Die chinesische Gemeinschaft führt ein recht **geschlossenes Leben,** *Kontakte mit der übrigen Bevölkerung beschränken sich häufig auf ein Minimum. Sicherlich tragen Kommunikationsschwierigkeiten dazu bei. Gerade ältere Chinesen haben große Schwierigkeiten mit der niederländischen Sprache, weshalb sie Kontakte vermeiden und kaum auf Ämter gehen oder andere Dienste in Anspruch nehmen.*

Einmal im Jahr jedoch machen die Chinesen lautstark auf sich aufmerksam, wenn nämlich Ende Januar oder Anfang Februar das neue chinesische Jahr mit Drachentanz, Musik und Feuerwerk eingeleitet wird.

der Stadtplaner eine breite Straße angelegt werden. Doch durch die vehementen Proteste der Anwohner konnte der Platz erhalten bleiben. Ein paar Fotos dieser Protestzeiten hängen im U-Bahnhof.

❾ KOESTRAAT ★ [J6]

Der Name der „Kuhstraße" entstand, da die Schwestern des Bethanienklosters hier einen Kuhstall hatten. Die Häuser Nr. 7, 9 und 11 haben **renovierte Fassaden,** in denen die Fassadensteine (allerdings lediglich Kopien der Originale) sehr schön herausgearbeitet wurden. Sie symbolisieren Glaube, Hoffnung

und Liebe. Genau gegenüber bei Haus Nr. 10–12 steht das Portal der Weinhändlerzunft aus dem Jahr 1633. Fassadensteine dienten anstelle von Hausnummern zur Markierung der einzelnen Häuser. Gerade in diesem Stadtteil sind davon noch einige schöne Exemplare zu finden.

❿ TRIPPENHAUS UND KLEINES TRIPPENHAUS ★ ★ [J6]

Das Haus Nr. 26 auf dem Kloveniersburgwal trägt den Namen Kleines Trippenhaus. Das eigentliche **Trippenhaus** sieht man gegenüber auf der linken

054am Abb.: bs

Straßenseite, es trägt die Hausnummer 29. Die Gebrüder Louis und Hendrik Trip, die das Wohnhaus 1660 bis 1664 von Justus Vingboons zum Preis von 250.000 Gulden bauen ließen, besaßen in Schweden Eisen- und Kupferminen, Schmelzöfen und Gießereien.

Besonders auffällig sind die korinthischen Säulen an der Vorderfront. Ursprünglich war diese Form fürstlichen Palästen vorbehalten. Und so zeugt dieser Baustil von dem **gewachsenen Selbstvertrauen des Bürgertums** dieser Zeit. Man wollte seinen **Reichtum zur Schau stellen,** und zwar möglichst protzig, auch wenn man dafür ab und zu ein wenig schummeln musste. In Wahrheit handelt es sich bei diesem Gebäude nämlich um ein Doppelhaus, das hinter einer einzigen Fassade versteckt wurde, um dem Ganzen einen monumentaleren Charakter zu verleihen.

Die **klassizistische Bildhauerkunst** an Fassade und Giebel stellt dar, wie wichtig man den Handel für Frieden und Wohlstand hielt. Die Schornsteine haben zum Beispiel die Form von Mörsern.

Das **Kleine Trippenhaus** wurde angeblich von einem der Brüder Trip gebaut. Man erzählt sich, dies sei geschehen,

▲ *Das Oostindisch Huis war die Verwaltungszentrale der Vereenigde Oostindische Compagnie*

SEELEUTE BEI DEN HANDELSKOMPANIEN

*Sich finanziell an einer Handelskompanie zu beteiligen, war eine Art Glücksspiel. Nur ein Teil der Schiffe kam tatsächlich wieder von einer Seereise in eine der damaligen Kolonien zurück. War dies der Fall, dann bedeutete dies Reichtum und Glück für die Kaufleute. Für die Seeleute war es jedoch die Hölle auf Erden und so mussten diese **mit** allen erdenklichen und teilweise **fiesen Tricks zum Anheuern gebracht** werden.*

*Das leichteste Spiel hatte man mit Personen, die **Schulden** hatten. Mit diesem Druckmittel konnte manch einer zur Seefahrt gezwungen werden. Ein Teil des Lohns wurde vorab ausbezahlt, womit eventuelle Schulden beglichen werden konnten.*

*Seeleute wurden aber auch **regelrecht hereingelegt**, etwa wenn sie von einer längeren Reise zurückgekommen waren. Man lockte sie in Gasthäuser und bediente sie so überschwänglich, dass ihr Lohn in kürzester Zeit aufgebraucht war. Bevor sie sich versahen, hatten sie beim Gastwirt bereits wieder so hohe Schulden, dass ihnen nichts anderes übrig blieb, als erneut anzuheuern. Die Seeleute wurden dabei im Suff dazu gebracht, die entsprechenden Verträge zu unterzeichnen, und ehe sie wieder vollständig nüchtern waren, wurden sie auf die Handelsschiffe verfrachtet, sodass sie sich bereits auf hoher See befanden, wenn sie wieder zu sich kamen.*

Von allen Seeleuten, die auf große Fahrt gingen, kam nur etwa ein Drittel zurück! Der Rest starb an Unterernährung, Krankheiten oder ging mitsamt dem Schiff unter.

---

nachdem ein Bediensteter gesagt habe, ihm genüge schon ein Haus, das so breit wäre wie die Eingangstür zum Trippenhaus.

⓫ OOSTINDISCH HUIS ★ [H6]

In der Oude Hoogstraat 24 gelangt man durch ein Tor in den Innenhof des Oostindisch Huis. 1602 wurde die **Vereenigde Oostindische Compagnie** gegründet. Die Handelskompanie (eigentlich ein Zusammenschluss konkurrierender Handelskompanien) beherrschte mit dem **Handelsmonopol** für den südostasiatischen Raum den Markt für **Gewürze** (unter anderem Pfeffer), **Porzellan**, **Zucker**, **Gummi und Opium**. Im Niederländischen gibt es beispielsweise noch den Ausdruck *peperduur* (gepfefferte Preise), der aus dieser Zeit stammt. Handelsleute konnten sich in die Kompanie einkaufen und wurden dann anteilmäßig an den Gewinnen der Schiffsladungen beteiligt, falls diese wieder wohlbehalten zurückkamen. Lange Zeit konnten in dieser und auch in anderen Handelsgesellschaften große Gewinne erwirtschaftet werden. Im Jahre 1798 musste die zu diesem Zeitpunkt bereits zahlungsunfähige Gesellschaft allerdings vom Staat übernommen werden.

Die Südseite des Gebäudes (dem Tor gegenüber) entstand 1603. Auch ein Teil des Westflügels wurde schon zu dieser Zeit gebaut. Damals konnte jedoch noch nicht bis an die Oude Hoogstraat herangebaut werden, da an dieser Straße noch weitere Gebäude standen. 1633 wurde der Flügel schließlich an die Straße angeschlossen und auch die Front vollendet. Der ursprüngliche Ostflügel des Gebäudes wurde 1890 abgerissen.

❯ Oude Hoogstraat 24, Mo.–Fr. 9–19.30 Uhr, Fr. 9–17 Uhr. Straßenbahn (Dam) 4, 9, 16, 24, 25, U-Bahn (Nieuwmarkt)

⑫ SPINHUIS ★ [H6]

Vom Kloveniersburgwal biegt der Spinhuissteeg ab. An dessen Ende (bei Nr. 1) steht das Eingangsportal zum ehemaligen Spinhuis (Spinnhaus), das seit 1595 als **Zucht- und Arbeitshaus für Bettlerinnen, Prostituierte und Diebinnen** diente.

Die Darstellung über dem Eingang zeigt das Wappen mit der Jahreszahl 1645, eine Zuchtmeisterin in der Mitte, die eine Rute schwingt, links ist ein spinnendes Mädchen mit einer Katze (dem Sinnbild für die weibliche Libido) zu sehen und rechts ein Mädchen mit einem Netz. Den Spruch darüber hat Pieter Cornelis Hooft gedichtet: *Schrik niet. Ik wreeck geen quaat maar dwing tot goet, straf is mijn hand maar lieflijk mijn gemoet.* („Erschrick nicht. Ich räche nicht das Böse, sondern zwinge zum Guten. Streng ist meine Hand, doch lieblich mein Gemüt.") Die Frauen sollten durch Zucht und harte Arbeit in der Spinnerei und Weberei wieder auf den Pfad der Tugend geführt werden.

Um ins Spinhuis zu kommen, musste man **nicht unbedingt schwere Verbrechen** begangen haben. Es reichte schon, wenn ein Dienstherr sein Dienstmädchen unverschämten Verhaltens bezichtigte oder wenn die liebe Familie

unangenehme Familienmitglieder aus dem Weg räumen wollte.

1643 brannte das Gebäude ab, aber schon 1645 konnte das neue Spinnhaus bezogen werden. Dort war auch Platz für **Pensionärinnen**, die von ihren Familien gegen Bezahlung eingewiesen werden konnten. Diese hatten jedoch keinen Kontakt mit den „Verbrecherinnen".

Eine wichtige Einnahmequelle war im Übrigen das **Eintrittsgeld**, das man von Zuschauern, die das Haus als Attraktion besuchten, einnahm.

1782 wurde diese Anstalt in das *Nieuwe Werkhuis* (neues Arbeitshaus) in der Roeterstraat verlegt.

❯ Spinhuissteeg 1. Straßenbahn (Dam) 4, 9, 16, 24, 25, U-Bahn (Nieuwmarkt)

⑬ HAUS AN DEN DREI GRACHTEN ★ [H7]

Wo Oudezijds Voorburgwal, Grimburgwal und Oudezijds Achterburgwal zusammenkommen, steht das Haus an den drei Grachten *(Huis aan de Drie Grachten)*. Im Jahr 1407 schenkte Jan de Zale das Haus dem **Kloster der alten Nonnen.** Seit der Auflösung des Klosters im Jahr 1578 wurde das Gebäude immer wieder vermietet. Es ist mit seinen drei Treppengiebeln ein schönes Beispiel der **holländischen Renaissance.**

❯ Oudezijds Voorburgwal 249. Straßenbahn (Muntplein) 4, 9, 16, 24-26, U-Bahn (Nieuwmarkt oder Waterlooplein)

⑭ OUDE TURFMARKT ★ [G7]

An einem Ende des Oude Turfmarkt steht das sogenannte **Amazonenstandbild von Königin Wilhelmina.** Hier war der Platz, an dem Torf (ein wichtiger

Brennstoff) gehandelt wurde. In Haus Nr. 127 befindet sich das **Allard Pierson Museum** (s. S. 22). Ursprünglich standen hier zwischen Haus Nr. 127 und Nr. 137 neun Häuser des Architekten Vingboons. 1814 ließ sich die **Nederlandsche Bank**, die Niederländische Zentralbank, in diesen Gebäuden nieder. Aus Platzgründen musste umgebaut werden. Der Architekt Froger entwarf, da aus wirtschaftlichen Gründen möglichst viele alte Teile erhalten bleiben sollten, eine Fassade mit einem Mittelteil und einer Tempelfront.

In der Binnengasthuisstraat befindet man sich dann auf dem **Gelände der ehemaligen Krankenhausanlage**. Überall standen Gebäude, die zu diesem Komplex gehörten. Zunächst hatte man dazu das aufgelöste Nonnenkloster umgebaut, denn das Kloster war, nachdem die Stadt protestantisch geworden war, in den Besitz der Stadt übergegangen. Später ergänzte man das Spital dann um weitere Gebäude.

⑮ OUDEMANHUISPOORT ★ [H7]

Am Ende der Binnengasthuisstraat stößt man wieder auf den Oudezijds Achterburgwal. Gleich rechts gibt es einen Durchgang zur **Mensa der Universität von Amsterdam (UvA)**, ein kleines Stückchen weiter findet man ein Tor, das ehemalige **Gasthuispoort** (die Krankenhauspforte), aus dem Jahr 1603. Auf dem Relief sind zwei Patienten zu sehen, die sich auf das Wappen von Amsterdam stützen. Der kleine Platz vor der Pforte wird **De Bleyde Hoek** („die frohe Ecke") genannt.

Zwei Häuser weiter steht das **Oudemanhuispoort**. Von 1601 bis 1840 bildete es den Zugang zu einem Altenheim. Die Brille im Portal ist also ein Symbol für

das Alter. Durch dieses Tor gelangt man in den **Innenhof der Universität**, die seit 1876 hier ansässig ist. Im überdachten Durchgang haben sich Händler mit antiquarischen Büchern angesiedelt. Während der Vorlesungszeit beleben die Studentinnen und Studenten das Gebäude.

⑯ SAAIHAL ★ [H7]

Bei Staalstraat Nr. 3–7 steht die **Saaihal**. Das Gebäude gehörte im 17. Jahrhundert zu einem größeren Gebäudekomplex. Die Saaihal diente unter anderem als Versammlungsraum für die Sergearbeiter (Serge ist ein Kleider- oder Futterstoff). Seit dem 19. Jahrhundert wird das Gebäude für unterschiedliche Zwecke genutzt. 1919/1920 wurde es restauriert und die alte Pracht wieder herausgearbeitet. Auf dem Dach ist die Krone des Habsburgers Maximilian mit dem Reichsapfel und dem Kreuz zu sehen.

⑰ ZUIDERKERK ★ [J6]

Die Zuiderkerk ist die **erste Kirche**, die **nach der Reformation** gebaut wurde. Sie entstand in den Jahren 1603–1611 unter dem Baumeister Hendrick de Keyser im holländischen Renaissancestil. Der **Turm**, dessen viereckiger Unterbau in einen achteckigen Teil übergeht, wurde 1614 fertiggestellt. Im Turm gibt es eine Glocke aus dem Jahr 1511, die Salvatorglocke aus der **Oude Kerk** und zwei weitere Glocken aus dem Jahr 1659. 1929 wurde der letzte Gottesdienst in der Kirche abgehalten. Inzwischen beherbergt das Gebäude eine **Ausstellung über die Entwicklung der Stadt**. Dort kann man sich auf Bildern, Zeichnungen und Karten ansehen, wie stark

Schräg gegenüber vom Kircheneingang befindet sich ein Tor, das früher den Eingang zum Friedhof bildete, daher zeigt es einen Totenkopf und eine Tragbahre.

❯ Zuiderkerk, Zuiderkerkhof 72, Mo.–Fr. 9–16 Uhr, Sa. 12–16 Uhr, www.zuiderkerk.amsterdam.nl, Eintritt frei. U-Bahn-Station Waterlooplein oder Nieuwmarkt

⑱ PINTOHAUS ★★ [J7]

Wenn man durch das oben erwähnte Tor den Kirchplatz an der **Zuiderkerk** ⑰ verlässt, sieht man gegenüber das Pintohaus. Isaac de Pinto war ein wohlhabender portugiesisch-jüdischer Kaufmann im 17. Jh., der aus einem Geschlecht von wohlhabenden Kaufleuten und Bankiers stammte. Glücklicherweise blieb sein **reich ausgestaltetes Haus**, das **eines der wenigen klassizistischen Gebäude Amsterdams** ist, erhalten, obwohl es einer Verbreiterung der Straße im Zuge der Stadtsanierung buchstäblich im Weg stand. Heute ist dort eine recht kleine **öffentliche Bibliothek** eingerichtet, die dank des Engagements der Bewohner und des Stadtteilrates erhalten bleiben kann. Es lohnt sich sicherlich, hineinzugehen und sich im Lesesaal die farbenfrohen Wand- und Deckengemälde anzusehen.

❯ St. Antoniesbreestraat 69, Tel. 6243184, Mo., Mi. 14–20 Uhr, Fr. 14–17 Uhr, Sa. 11–16 Uhr, Eintritt frei. U-Bahn-Station Waterlooplein oder Nieuwmarkt

sich das Gebiet um die alte Innenstadt im Laufe der Zeit verändert hat. Zudem werden Bauvorhaben und städtebauliche Entwicklungen der näheren Zukunft dargestellt und mit Modellen, Dias, Zeichnungen und Fotos veranschaulicht. Die Ausstellung wird mit niederländischen und englischen Begleittexten erläutert.

Der Platz um die Zuiderkerk ist ein **lebendiges Beispiel für die tiefgreifenden Veränderungen**, die das Viertel erlebt hat. Da 1975 die U-Bahn angelegt wurde, mussten hier alle Häuser abgerissen werden. Um die Schwingungen der U-Bahn auszugleichen, wurden zudem spezielle Fundamente mit dazwischengeschobenen Gummilagen konstruiert. Der Großteil der Gebäude am Zuiderkerkhof stammt aus dem Jahr 1983.

◀ *Klassizistisches Ambiente für eine öffentliche Bibliothek*

⑲ LEPRAPFORTE ★ [J7]

Wo die Antonies Breestraat in die Joden-breestraat übergeht, befindet sich ein kleiner Platz. Besonders interessant ist hier die Leprapforte *(Leprozenpoortje):* ein kleines **Portal** aus dem Jahr 1610, durch das **Leprakranke** Zugang zum Pfle-geheim bekamen. Unter dem Wappen sind ein leprakranker Mann und eine lepra-kranke Frau zu erkennen. Lepra-kranke durften sich wegen der Anste-ckungsgefahr nicht innerhalb der Stadt-tore aufhalten und sich deshalb auch nicht im Krankenhaus innerhalb der Stadtmauer melden. Um Hilfe zu bekom-men, mussten sie an dieser Pforte vorsprechen.

⑳ MONTAELBAANSTOREN ★ [K6]

An der Oudeschans kann man dann gemütlich am Wasser entlanggehen. Auf der gegenüberliegenden Seite sind einige sehr schöne **Lagerhäuser** zu sehen. Die Straße führt zum Montaelbaanstoren. Dieser **Turm** wurde 1512 gebaut und diente ursprünglich zur Verteidigung der Quartiere der Zimmerleute und Schiff-bauer, doch schon nach 1591 erfüllte er keine militärischen Aufgaben mehr. 1606 wurde auf Wunsch der anliegen-den Bewohner eine Uhr mit Schlagwerk am Turm angebracht. Seit 1878 wird von hier aus die nächtliche Durchspülung und der Wasserstand der Grachten gere-gelt. Für diese Aufgabe ist heutzutage

das Stedelijk Waterkantoor (Städtisches Wasseramt) verantwortlich.

Ganz in der Nähe, an der Binnenkant, liegen eine ganze Reihe von **Wohnboo-ten.** Ursprünglich waren diese Boote eine Möglichkeit, die Wohnungsnot auf eine kreative Art und Weise zu bekämpfen. Grundsätzlich ist eine Erlaubnis für einen Liegeplatz notwendig, für den auch Lie-gegeld bezahlt werden muss. Auf einem Wohnboot zu leben, bedeutet einen Le-bensstil, der auch ein gewisses Maß an Freiheit der Bewohnerinnen und Bewoh-ner signalisieren soll. Die meisten Schif-fe werden liebevoll gepflegt, um ihre See-tüchtigkeit zu erhalten. Es vermittelt das Gefühl, als würde man gleich morgen zur Weltumseglung aufbrechen. Aber mal ganz ehrlich, wer würde schon einen Lie-geplatz in Amsterdam aufgeben?

㉑ SCHEEPVAARTHUIS ★★ [K5]

Der verantwortliche Architekt für das „Schifffahrtshaus" an der Ecke Binnen-kant und Prins Hendrikkade war Johan Melchior van der Mey, der einer der wich-tigsten Vertreter der Amsterdamse School (1910–1928) ist. Das Haus war als **Büro-gebäude** geplant, in dem die **wichtigsten**

056am Abb.: bs

► *Amsterdamse School: das Scheepvaarthuis*

Schifffahrtsgesellschaften ihren Sitz hatten. 1913 bis 1916 entstand der Bau, den die Gesellschaften ICJL, KNSM, KPM, KWIM, NRM und SMN in Auftrag gegeben hatten, wie auf der Außenmauer immer noch eingemeißelt zu lesen ist.

Für die Vertreter der **Architekturrichtung Amsterdamse School** stand im Vordergrund, wichtige gesellschaftliche Errungenschaften intuitiv wahrzunehmen und ihnen architektonisch Ausdruck zu verleihen. Plastische Formgebung wurde durch das Formenspiel herausragender und einspringender Fassaden erreicht. Weiche und kantige Formen sollten miteinander verwoben werden. Die Architekten bevorzugten als Material niederländische Backsteine.

Das Scheepvaarthuis sollte den Ruhm der **niederländischen Schifffahrtstradition** widerspiegeln. Die Verzierungen beziehen sich daher auf die Geschichte der niederländischen Seefahrt auf den Weltmeeren, die auch alle hier abgebildet sind. Die aus der Mauer hervorstehenden Blöcke auf der Seite der Binnenkant stellen Begründer der Seefahrt, Gelehrte, Kaufleute, Entdeckungsreisende und Gouverneure von Indonesien dar. Ihre Namen sind jeweils auf der Unterseite der Steine zu finden.

Einen **Gesamtüberblick** über das Gebäude erhält man, wenn man über die Brücke auf der Prins Hendrikkade geht. Im Gebäude ist inzwischen das Grand Hotel Amrâth Amsterdam untergekommen, weshalb das Innere teilweise zugänglich ist. Restaurant und Bar sind mit viel Respekt für die ursprünglichen Stilelemente eingerichtet.

> Prins Hendrikkade 108. U-Bahn (Centraal Station). Eine Führung für Gruppen kann man bei Museum Het Schip buchen (s. S. 180).

INNENSTADT

In diesem Gebiet der Stadt sind die meisten **Einkaufsmöglichkeiten** geboten. Einerseits findet man hier die Filialen und Geschäfte der niederländischen Ketten und international bekannter Marken (Damrak, Rokin und Kalverstraat), andererseits bieten die kleinen Sträßchen zwischen den Grachten viele kleine und besondere Geschäfte.

Zusätzlich befinden sich in diesem Bereich eine Menge der Orte und Sehenswürdigkeiten, die man typischerweise mit Amsterdam verbindet. Die **bekanntesten Grachten** (Heren-, Keizers- und Prinsengracht), der zentrale Platz der Stadt (**Dam**), die **wichtigsten Museen**, der **Blumenmarkt** ❸❷ sowie **Rembrandtplein** ❸❹ und **Leidseplein**. Vom Hauptbahnhof aus strömen Besucher und Bewohner in die Innenstadt und es ist immer so viel los, dass man sich ab und zu fragt, ob denn hier eigentlich niemand arbeiten gehen muss. Man hört zwar die verschiedenen Sprachen der zahlreichen Touristen, aber es sind auch immer viele Einheimische in der Stadt unterwegs.

Da in der Innenstadt viele Leute Geschäfte und Sehenswürdigkeiten besuchen, gibt es natürlich auch ausreichend Gelegenheit, sich in **Imbissstuben, Cafés** oder **Restaurants** mit einem schnellen Imbiss zwischendurch zu versorgen oder eine ausgiebige Mahlzeit zu genießen.

▶ *Krumm und schief – aber diese Häuser stehen schon lange auf dem Singel*

㉒ DAMRAK UND ALTER BINNENHAFEN ★   [H5]

Hier befand sich früher der **alte Binnenhafen**, als der Zugang zum Wasser noch nicht durch die für den Bahnhof angelegten Inseln versperrt wurde. Heute sind davon nur noch die **Bootsstege der Rundfahrtschiffe** übrig geblieben. Von den Bootsstegen blickt man auf die ursprünglichen Lagerhallen, die vom Wasser aus beladen wurden. An die alten Zeiten erinnern nur noch die Namen mancher Seitenstraßen, die darauf verweisen, was dort geladen und gelöscht wurde, zum Beispiel die Salzgasse *(Zoutsteeg),* wo die Salzschiffe aus Curaçao oder Venezuela anlegten. Damals waren die kleinen Straßen auch noch Wasserwege und noch nicht zugeschüttet.

Die Straße endet auf dem **Dam,** einem zentralen Platz, an dem sich das **Nationaldenkmal**, die **Nieuwe Kerk ㉔** und das **Koninklijk Paleis ㉕** befinden.

㉓ BÖRSE ★★   [H5]

Die von Berlage entworfene Börse *(Beurs)* konnte 1903 in Dienst genommen werden. Das Gebäude war zu Beginn als architektonisches Werk nicht besonders geschätzt, denn es zeichnet sich vor allem durch seine Schlichtheit und Harmonie aus, wobei Material und Konstruktion sichtbar bleiben. Die **Brunnen** vor dem Gebäude (Pferdetränken) und die **schmiedeeisernen Laternen** gehören mit zum Gesamtentwurf. Nachdem die Börse in den 1970er-Jahren beinahe abgerissen worden wäre, u. a. weil die Fundamente abgesackt waren, dient sie nach einer gründlichen Renovierung heute als **Konzert- und Kulturzentrum**.

Ein neu gestaltetes **Café** fügt sich in den Raum mit den besonderen, aus Fliesen hergestellten Gemälden von Jan Toorop ein. Die meisten Räume der Börse sind nur für geschlossene Gesellschaften oder im Rahmen einer Ausstellung zugänglich, das Café ist aber täglich geöffnet.

❯ Börse: Damrak 277, Tel. 6383914, www.beursvanberlage.nl. Straßenbahn (Dam) 4, 9, 16, 24, 25
❯ Café: Beursplein 1, Tel. 6383914, www.beursvanberlage.nl, Mo.–Sa. 10–18 Uhr, So. 11–18 Uhr

057am Abb.: bs

BERLAGE – DER RADIKALE ERNEUERER DER ARCHITEKTUR

*Der Architekt Berlage gehört untrennbar zu Amsterdam. Ihm hat die Stadt **eine neue Blütezeit** zu verdanken, nachdem der Architektur Amsterdams jahrelang keine Beachtung geschenkt worden war. Berlage hat einen neuen Impuls gegeben und nachkommende Architektengenerationen wesentlich geprägt. Seine Börse ㉓ sorgte auch für internationales Interesse. Obwohl er heute nicht mehr aus der Stadtentwicklung wegzudenken ist, war das Verhältnis zwischen dem Stadtrat und Berlage häufig recht gespannt.*

*Berlages **Architektenlaufbahn** begann 1881 bei einem Ingenieur, der sich auf Stadtplanung spezialisiert hatte. In den 1890er-Jahren waren seine stadtplanerischen Kenntnisse für ihn von großem Nutzen. Ab 1885 erschütterte eine Krise das Baugewerbe und 1889 machte Berlage sich selbstständig, nachdem das Büro seines Arbeitgebers aufgelöst worden war.*

*In den darauffolgenden Jahren versuchte er, sich als Architekt einen Namen zu machen. Zunächst konnte er sich aller-dings nur halten, weil er über Beziehungen der Familie seiner Frau **Aufträge** erhielt. Er nahm an mehreren Ausschreibungen der Stadt teil und schickte Entwürfe ein. Bis Mitte der 1890er-Jahre entwarf er mehrere Probelokale für den Spirituosenhersteller Bols und einige Gebäude für eine Versicherungsgesellschaft, die als Geldanlage dienen sollten. In dieser Zeit erhielt er auch den Auftrag für die Börse ㉓, da er nach Meinung der sozialdemokratischen Stadtpolitiker deren Vorstellungen mit seinen radikalen Ideen am besten umsetzen konnte. Zwischen 1897 und 1899 entwickelte er auf Wunsch Henri Polaks auch den Hauptsitz des Niederländischen Diamantschleiferbundes.*

*Berlage grenzte sich mit seinen **Ansichten zur niederländischen Architektur** deutlich gegen die herrschende Meinung ab. Er fürchtete nämlich um deren Status, da seiner Meinung nach die Fantasie durch die zunehmende Bürokratisierung, die sich unter anderem in der Erlassung einer Unmenge neuer Bauverordnungen*

㉔ NIEUWE KERK ★ ★   [G5]

1408 erteilte der Bischof die Erlaubnis zum Bau einer weiteren Kirche, da die **Oude Kerk** ❻ mit der rasant wachsenden Gemeinde vollkommen überlastet war. Ein Jahr später wurde die der **heiligen Katharina** geweihte Kirche in Gebrauch genommen. Im Volksmund erhielten die beiden Kirchen zur Unterscheidung danach die Namen *Nieuwe Kerk* (Neue Kirche) und *Oude Kerk* (Alte Kirche). Das spätgotische Bauwerk

wurde **dreimal von verheerenden Bränden heimgesucht,** die im Inneren große Schäden anrichteten. Die reiche katholische Innenausstattung fiel zudem auch dem Bildersturm zum Opfer. Nach dem letzten Brand 1645 wurde mit umfangreichen Restaurierungsarbeiten begonnen und die Kirche erhielt ihre heutige Form und Ausstattung.

Das Gotteshaus diente schon immer als Kirche, Begräbnisstätte, kultureller Treffpunkt und Repräsentationsraum. Auch heute noch wird sie als **Kirche**

äußerte, sowie durch Zeitdruck und Geldmangel bedroht wurde. Desweiteren plädierte er für einfache, klare Linien, deren Pracht sich durch Zurückhaltung von der Betriebsamkeit und Hektik auf den Straßen abheben sollte. Er war gegen die sogenannten Neo-Stile und fand, dass „ehrliche" Materialnutzung und funktionale Dekoration wieder eine Verbindung zwischen Architektur und den angewandten Künsten herstellen sollten. Für das Bauvorhaben der Börse ㉓ *engagierte er deshalb auch bekannte Künstler für die Ausgestaltung und entwarf selbst die Inneneinrichtung. Das Gebäude - das er im Übrigen so gestaltete, dass die Räume auch noch nutzbar waren, sollte der internationale Börsenhandel durch den Sozialismus abgeschafft werden - wurde ihm allerdings nicht in Dank abgenommen. Letztendlich durfte er, obwohl er inzwischen Stadtarchitekt geworden war, nur noch seine bereits begonnenen Projekte abschließen, jedoch keine neuen Bauvorhaben mehr in Angriff nehmen.*

*Berlage hatte zu allen Zeiten nicht nur Entwürfe für Aufträge oder Wettbewerbe gezeichnet, sondern auch eine ganze Reihe von **Plänen für verschiedenste Gebiete der Stadt** entwickelt, die nach seiner Vorstellung verändert werden sollten. Den konservativen Stadtpolitikern ging dies jedoch häufig zu weit. Berlage vertrat nämlich unter anderem die Meinung, dass es durchaus sinnvoll wäre, statt immer wieder neue Gebäude in leere Räume zwischen andere zu flicken, ganze Häuserfronten abzureißen und neu zu errichten, um ein einheitliches Bild zu schaffen. Dies fanden viele nicht nur in Hinsicht auf den finanziellen Aufwand übertrieben. Da sich seit 1905 auch die wirtschaftliche Situation verschlechterte, ging Berlage 1913 schließlich nach Den Haag. Unter dem Stadtratsmitglied Wibaut, der für den sozialen Wohnungsbau zuständig war, wurde in Amsterdam ab 1914 doch noch der von Berlage entworfene **Plan Zuid** mit seinen Erweiterungen realisiert.*

sowie als **Ausstellungs- und Kulturzentrum** genutzt. Hier finden große und publikumswirksame Wechselausstellungen zu den unterschiedlichsten Themen statt. So war es möglich, das Gebäude nach umfangreichen Renovierungsarbeiten zwischen 1959 und 1980 für die Öffentlichkeit zu erhalten. Seit 1814 wurden alle **Könige und Königinnen** hier gekrönt.

Besondere Höhepunkte der Kirche sind die prunkvolle, **holzgeschnitzte Kanzel** von Albert Vinckenbrinck, die

Hauptorgel (1655) mit einem Umbau von Jacob van Campen und **steinernen Ornamenten** von Artus Quellinus, das **Prachtgrab von Admiral Michiel de Ruyter** (1681), die **Herrenbänke** (verziertes Chorgestühl, das den Bürgern von Rang und Namen vorenthalten war) und das gelbkupferne Gitterwerk, das den Chorraum abtrennt.

❯ Dam, Tel. 6386909, www.nieuwekerk.nl, unregelmäßige Öffnungszeiten. Der Eintrittspreis für die Ausstellungen variiert. Straßenbahn (Dam) 1, 2, 4, 5, 9, 14, 16, 17, 24, 25

058am Abb.: bs

㉕ KONINKLIJK PALEIS ★★ [G6]

Der **Königspalast** auf dem Dam, der manchmal auch *Paleis op de Dam* heißt, wurde in den Jahren 1648 bis 1655 durch Jacob van Campen zunächst als Rathaus gebaut. Dazu mussten **13.659 Pfähle** in den Boden geschlagen werden, um ausreichende Stabilität zu erreichen. Die verwendeten Steine waren ursprünglich **strahlend weiß** und das Gebäude muss außergewöhnlich eindrucksvoll gewesen sein. Mit diesem Palast sollte deutlich gemacht werden, welch wichtige Stellung die Stadt erreicht hatte, denn nach dem Ende des Achtzigjährigen Kriegs sah man mit viel Zuversicht in die Zukunft.

Auf der **Fassade** erkennt man eine Reihe von Seeungeheuern und allegorischen Figuren, die die Friedensgöttin verehren. Besonders beeindruckend war in der damaligen Zeit der **Bürgersaal**. Ludwig Napoleon, der Bruder des französischen Kaisers, machte das Gebäude im Jahre 1808 zu seiner Residenz und hinterließ eine einzigartige **Sammlung von Möbeln im Empirestil**. Inzwischen gehört das Koninklijk Paleis offiziell dem Staat, steht der königlichen Familie jedoch zur Verfügung und dient von Zeit zu Zeit repräsentativen Zwecken, etwa bei Staatsbesuchen, offiziellen Empfängen der Königin oder Preisverleihungen.

Zurzeit wird hier renoviert, daher ist der Palast erst im Laufe des Jahres 2009 wieder zu besichtigen.

❭ Dam, Tel. 6204060, www.koninklijkhuis.nl. Straßenbahn (Dam) 1, 2, 4, 5, 9, 14, 16, 17, 24, 25

26 SINT LUCIËNSTEEG ★★   [G6]

Am Seitenausgang St. Luciënsteeg der Schuttersgalerij im **Amsterdams Historisch Museum 27** hängt eine Sammlung von **Fassadensteinen** aus der ganzen Stadt. Fassadensteine sind eine Art **Visitenkarte eines Gebäudes.** Früher hatten die Häuser der Stadt nämlich keine Hausnummern, sondern waren nach dem Besitzer bzw. dessen Beruf, ihrer Bestimmung oder einem besonderen Merkmal benannt. Beispiele sind: der Kornträger, das Milchmädchen, die Standhaftigkeit, der Storch.

Hausnummern wurden erstmals nach 1795 verwendet. Der Dozent Van Swinden erhielt damals die Aufgabe, eine Volkszählung vorzunehmen. Zu diesem Zweck wurden in allen Straßen Schilder mit dem Straßennamen angebracht und die Häuser wurden fortlaufend nummeriert. An der einen Straßenseite begonnen, wurde auf dem Rückweg an der anderen Straßenseite weitergezählt, sodass sich die niedrigste und die höchste Nummer gegenüberlagen.

1852 entschied man sich jedoch für ein **anderes System**, bei dem jedem Wohnviertel eine Buchstabenkombination zugeteilt wurde, der die Nummer des Hauses folgte, wodurch in einer Straße die gleiche Hausnummer, allerdings dann mit unterschiedlicher Wohnviertelkennzeichnung, vorkommen konnte.

❯ St. Luciënsteeg, www.amsterdamsegevelstenen.nl. Straßenbahn (Spui) 1, 2, 4, 5, 9, 14, 16, 24, 25

◀ *Koninklijk Paleis (links)
und Nieuwe Kerk auf dem Dam*

27 AMSTERDAMS HISTORISCH MUSEUM ★★★   [G7]

Vom St. Luciënsteeg kommt man in die **Kalverstraat**, die heutzutage **eine der wichtigsten Einkaufsstraßen** der Stadt ist. Hier findet man einfach alles: von Kleidung und Büchern bis zu Schreibwaren, Lebensmitteln und Drogerieartikeln.

Abends werden alle Läden geschlossen und da man Randalierer fürchtet, wird alles mit Metallrollläden verbarrikadiert. Wenn man nach 19 Uhr durch die Straße geht, wirkt sie wie ausgestorben und bildet einen krassen Gegensatz zum lebendigen Treiben tagsüber.

Wer sich nicht durch die Neonwerbung blenden lässt, wird feststellen, dass es auch in dieser Straße einige sehr schöne und interessante **Hausfassaden** gibt. Also Augen auf und nach oben geguckt.

In der Kalverstraat befindet sich im **ehemaligen Waisenhaus** der Stadt das **Amsterdams Historisch Museum.** Die für sich selbst sprechende Ausgestaltung des Eingangs zum Waisenhaus sollte zu großzügigen Gaben in den Opferstock vor der Tür ermutigen. Geht man durch diesen Eingang, so sieht man an der linken Seite den Innenhof für die Knaben und die kleinen Schränke, in denen sie ihre persönlichen Dinge aufbewahren konnten. Hinter dem folgenden Durchgang liegt der ehemalige Innenhof für die Mädchen mit dem Haupteingang zum Museum, das eine reichhaltige Sammlung von Werken beherbergt, die die Amsterdamer Stadtgeschichte vom 13. bis zum 20. Jahrhundert illustrieren. Frei zugänglich sind der Innenhof des Waisenhauses und die **Schuttersgalerij**, in der 16 große Gemälde von **Schützengilden** aus dem 17. Jh. hängen. Schützengilden waren eine Art Bürgerwacht, die in Krisensituationen zusammengetrommelt wurde. Da man seine Uniform selbst bezahlen musste, konnte es sich nicht jeder Bürger leisten, Mitglied einer Gilde zu sein. Das berühmteste Gemälde einer Schützengilde, die „**Nachtwache**" von **Rembrandt**, ist allerdings nur im **Rijksmuseum** 47 zu besichtigen.

❯ Kalverstraat 92, Tel. 5231822, www.ahm.nl, Mo.–Fr. 10–17 Uhr, Sa., So. und Feiertage 11–17 Uhr, Eintritt 6 €, Kinder bis 16 Jahre 3 €. Straßenbahn (Spui) 1, 2, 4, 5, 9, 14, 16, 24, 25.

28 BEGIJNHOF ★★★ [G7]

Den Begijnhof erreicht man entweder über den Durchgang beim **Amsterdams Historisch Museum** 47 oder, wenn dieser geschlossen sein sollte, vom **Spui** 29 (durch das rote Haus gegenüber vom Maagdenhuis) aus. Diese **Oase der Ruhe** lädt mit ihren kleinen Gärten, der Wiese und den Bäumen zum Verweilen ein. Obwohl man sich mitten in der hektischen Innenstadt befindet, herrscht hier eine beschauliche Atmosphäre.

Gebaut wurde der Hof im 14. Jahrhundert als Wohnmöglichkeit für Frauen, die ihr Leben dem Glauben widmen, aber nicht ins Kloster eintreten wollten. Sie konnten sich hier ein Haus kaufen. Auch die **mittelalterliche Kirche** kann besichtigt werden.

In diesem Innenhof steht außerdem ein **Holzhaus** aus dem Jahr 1475. Es gehört somit zu den ältesten Gebäuden Amsterdams und ist eines der wenigen erhaltenen Holzhäuser (ein weiteres steht am Zeedijk und auch die **Oude Kerk** 6 besitzt ein Holzgerüst). Das Bauen mit Holz war nämlich 1521 nach

einigen verheerenden Bränden für die Innenstadt verboten worden.

❯ Eingang Gedempte Begijnensloot oder Spui, www.begijnhofamsterdam.nl, täglich 9–17 Uhr, Eintritt frei. Abends ist die Kapelle zu Gottesdiensten nur über das Spui zu erreichen. Die Öffnungszeiten können sich ändern, da der Begijnhof in Privatbesitz ist. Straßenbahn (Spui) 1, 2, 4, 5, 9, 14, 16, 24, 25

29 SPUI ★ [G7]

Auch das Spui ist ein Beispiel für all jene Plätze, die ursprünglich sehr großzügig angelegt waren, deren Größe allerdings dem Fortschrittsdenken des 19. Jahrhunderts zum Opfer fiel. Im 15. Jahrhundert markierte das Spui ein Stück der Stadtgrenze, allerdings wurde Amsterdam schon gegen Ende desselben Jahrhunderts an dieser Stelle erweitert. Erst nach und nach wurden Teile des Platzes bebaut.

Lange war jedoch das **Maagdenhuis** (Nr. 21), das von 1783 bis 1787 gebaut wurde, das überragende Gebäude auf dem Platz. Bis ins Jahr 1953 befand sich hier das Waisenhaus für Mädchen, das schon 1570 eingerichtet worden war. Das Maagdenhuis kam an die Stelle des früheren Waisenhauses. Bekannt wurde das Gebäude allerdings 1969. Seit 1961 ist es nämlich im Besitz der Universiteit van Amsterdam, die dort einen Teil ihrer Verwaltung untergebracht hat. Im Mai 1969 besetzten Studenten das Haus, um von hier ihrer Forderung nach mehr Demokratie Nachdruck zu verleihen.

Eine ebenso aktive Geschichte hat das **Standbild Het Lieverdje** vor der Buchhandlung Athenaeum. Das Geschenk der Zigarettenfabrik Hunter wurde 1961

EXTRATIPP

Junge Mode
> **Individuals Statement Store** (s. S. 34), Spui 23. Hier stellen Studentinnen und Studenten des Amsterdam Fashion Instituts ihre kreative Sicht auf zukünftige Trends und Designs vor.

enthüllt. Im Frühjahr 1964 versuchte der grafische Künstler Aat Veldhoen, erotische Drucke von einem Lieferrad aus, das er vom prominenten „Antiraucher" Grootveld geliehen hatte, zu verkaufen. (Grootveld hatte ungefähr 1962 damit angefangen, magische Zusammenkünfte gegen das Rauchen durchzuführen und für ihn war das Geschenk einer Zigarettenfabrik ein Symbol für die Verkommerzialisierung der Gesellschaft.) Die Polizei beschlagnahmte einige der Drucke Veldhoens als sittenwidrig. Von diesem Augenblick an wurde Het Lieverdje das **Zentrum des Widerstands gegen die Obrigkeit.** Diese ließ sich ihrerseits durch die witzigen Aktionen der unterschiedlichen Bewegungen, die zu Beginn samstagnachts stattfanden, zu hartem Durchgreifen provozieren, sodass aus recht harmlosen Einzelaktionen ein richtiger Aufruhr entstand. Es kam zu Verhaftungen und Gefängnisstrafen. Die Niederlande befanden sich mitten in der Studentenrevolte.

㉚ RASPHUIS ★ [G7]

Das Rasphuis war die **Zuchtanstalt für „männliche Verbrecher und asoziale Elemente".** Ende des 16. Jh. kam die Überzeugung auf, dass es besser sei, junge Straffällige zu einem anständigen Leben zu erziehen, statt diese zum Tode zu verurteilen, also wurde ein Zuchthaus eröffnet, um die jungen Männer mit Strenge und Religionsunterricht zu einem arbeitsamen Leben zu führen. Da sich die Institution aber durch die Arbeit der Gefangenen selbst unterhalten musste, wurden die großen Ziele bald aufgegeben und das Zuchthaus letztendlich zu einer Anstalt, in der die Gefangenen **Zwangsarbeit** zu verrichten hatten.

Der Name „Rasphuis" entstand, weil die Männer Tropenholz raspelten, das für die Färbeindustrie gebraucht wurde. Wie aus dem **Portal** hervorgeht, wurden die Einsitzenden mit wilden Tieren verglichen, die man züchtigen und zähmen musste. Es zeigt einen Wagen, der durch von der Peitsche gezähmte Löwen gezogen wird, darüber sitzt auf einem

EXTRATIPP

De Negen Straatjes [F6/F7]
Die neun kleinen Straßen, die **Heren-, Keizers-** und **Prinsengracht** miteinander verbinden, heißen Gasthuismolensteeg, Hartenstraat, Reestraat, Oude Spiegelstraat, Wolvenstraat, Berenstraat, Wijde Heisteeg, Huidenstraat und Runstraat. Diese neun Straßen vereinigen auf engstem Raum die schönen Seiten Amsterdams. Da die Ladenflächen viel zu klein für die großen Ketten sind, finden sich hier viele kleine und besondere Geschäfte für Kleidung, Schmuck, Lifestyleprodukte, Kosmetika und vieles mehr. Von billigem Krimskrams bis zu echten Sammlerstücken wird dem Besucher eine große Auswahl geboten. Außerdem gibt es Restaurants, Bars und Cafés, wodurch dieses Stück der Grachten beliebt und voller Leben ist.
> www.de9straatjes.nl

VON PROVOS, KRAKERS UND KABOUTERS

*Wie auch in anderen Städten im Europa der 1960er-Jahre konnte man in Amsterdam nicht von einer einheitlichen **Demokratiebewegung** sprechen. Es handelte sich vielmehr um **mehrere Gruppierungen,** die zeitweise ihre Aktionen bündelten, um gemeinsame Ziele zu erreichen. So schlossen sich beispielsweise Studenten und Provos anlässlich der Hochzeit von Prinzessin Beatrix und Prinz Claus zu einem Aktionskomitee zusammen.*

*Die sogenannten **Provos** (deren Name sich von „provozieren" ableitet) waren eigentlich nur ein recht kleiner Klub mit relativ wenigen Mitgliedern im harten Kern. Da sie aber mit ihrer Kritik einen Nerv der Zeit berührten und sie sehr wohl etwas davon verstanden, sich im richtigen Moment in Szene zu setzen, sollten sie das Gesicht der Zeit wesentlich mitprägen. Die Gruppe hat es immer wieder verstanden, die Polizei zu übertrieben strenger und scharfer Vorgehensweise zu bringen, wodurch sie Medienaufmerksamkeit und Sympathie von Seiten der Bevölkerung gewinnen konnte.*

*Die Provos fühlten sich als **moralische Instanz der Nation,** wobei sie einerseits dagegen stritten, dass die Veränderungen und der Wohlstand, die nach dem Krieg erreicht wurden, nicht begleitet waren von einer konsumkritischen Haltung, die diesen neuen Entwicklungen entsprach, und andererseits gegen eine Einstellung, die dem Fortschritt im Wege stand.*

*Sie entwickelten eine Reihe von sogenannten „Weißen Plänen", von denen vor allem der **witte fietsen plan (der weiße Fahrradplan)** bekannt wurde. Um die Innenstadt für Autos zu schließen, sollten überall weiße Fahrräder zur Verfügung gestellt werden. Jeder Bürger sollte die Räder zu einer Fahrt nutzen und dann am Ende der Fahrt wieder abstellen können. Ein abgestelltes Fahrrad hätte so danach wieder von einer anderen Person benutzt werden können. Die ersten 50 Fahrräder, die die Provos für diesen Plan zur Verfügung stellen wollten, wurden sofort aus dem Grund beschlagnahmt, dass dies Leute dazu ermutigen würde zu stehlen. Heute stehen viele der Ideen, die damals noch eine echte Provokation darstellten, wie etwa autofreie Innenstädte, Kampf gegen die Umweltverschmutzung, kostenlose Kinderbetreuung und medizinische Versorgung und Probleme durch Häuserspekulanten wieder ganz oben auf der politischen Agenda.*

*Auch gründeten Mitglieder der Provos das „Buro de Kraker", das sich zu einer flächendeckenden Hausbesetzerszene auswachsen sollte. Inzwischen gibt es in allen größeren Städten **Hausbesetzerbüros,** bei denen man sich darüber informieren kann, ob es sinnvoll ist, ein bestimmtes Haus zu besetzen. Besetzungen werden durch die Stadtverwaltungen eventuell geduldet, wenn Gebäude mindestens ein Jahr leer stehen und es für die nächste Zeit keine Pläne gibt, um diese wieder in Gebrauch zu nehmen.*

*Regelmäßig führten **Räumungen** in Amsterdam zu größeren **Krawallen,** bei denen die Polizei mit großem Aufgebot anrückte, um die Besetzer zu entfernen, die sich in den Häusern verschanzt hatten.*

*1980 erreichte die Bewegung dann ihren traurigen Höhepunkt, als der **Haus-***

besetzer Hans Kok in einer Zelle ver-
starb, weil er ein Röhrchen Tabletten ge-
schluckt hatte. Wahrscheinlich hätte er
eine Überlebenschance gehabt, wenn sich
die Polizei oder ein Arzt in dieser Nacht
um ihn gekümmert hätten. Hans Kok
wurde somit zum Märtyrer der Hausbeset-
zerbewegung, da er das Opfer von staatli-
cher Gewalt und Willkür geworden war.
Dieses Ereignis führte zu einem erneuten
Auflodern der Gewalt.

Die Bewegung, die für Wohnraum für
alle gekämpft hatte, hatte sich zu diesem
Zeitpunkt wegen teilweise gewalttätiger
*Aktionen etwas ins **gesellschaftliche Ab-***
***seits** manövriert und wurde nicht mehr*
von ganz so breiter Sympathie getragen.

Noch heute sind Häuserspekulationen
ein heißes Eisen in der Stadt, allerdings
gibt es inzwischen mehrere Arten, damit
umzugehen. Die Hausbesetzerszene ist
noch immer springlebendig und aktiv.
Immobilieneigentümer schützen sich mit
„Anti-Hausbesetzungsbewohnern", indem
sie die Objekte für relativ geringe Preise
vermieten. Diese Bewohner haben aller-
dings nicht die normalen Rechte von Mie-
tern und können nur so lange bleiben bis
deutlich ist, was mit einer Immobilie ge-
schehen soll.

Aus der basisdemokratischen Bewegun-
gen heraus entstand auch eine politische
Partei. 1970 machte Roel van Duijn sei-
nen Plan einer alternativen Stadt in Ams-
terdam bekannt. Seine neu gegründete
***Partei Amsterdam Kabouterstad** (Ams-*
terdam Zwergenstadt) erlangte im Stadt-
rat sofort fünf Sitze, existiert heute aller-
dings nicht mehr.

Sockel eine Frau mit dem Stadtwappen
von Amsterdam („Züchtigung"), neben
ihr zwei Gefangene in Lendentüchern.

Übrig geblieben ist von dem Gebäude
nur das **Eingangstor** vom Ende des 16.
oder Beginn des 17. Jh., das jetzt einen
der Eingänge in das **Einkaufszentrum De
Kalvertoren** (s. S. 33) bildet.

❯ Heiligeweg 19. Straßenbahn (Spui) 1, 2, 4,
5, 9, 14, 16, 24, 25

㉛ MUNTTOREN ⭐ **[G8]**

Bis zum 16. Jahrhundert war das **Rokin**
ausschließlich eine **Wasserstraße**. An
der Westseite standen die Häuser mit
ihrer Rückseite direkt am Wasser, während die Ostseite noch nicht bebaut war,
denn das Gelände gehörte verschiedenen Klöstern.

Ein Großteil der früheren Gracht ist **inzwischen zugeschüttet** und durch das
hohe Verkehrsaufkommen macht diese
Straße, obwohl die Gehwege breit angelegt sind, einen hektischen Eindruck.

Schon früh stand das Rokin für das **finanzielle Zentrum** der Stadt. Auch heute noch sind viele wichtige Adressen
wie die Optionsbörse, das Auktions-
haus Sotheby's, der Effektenhandel sowie verschiedene Banken auf dem Rokin. Die Straße mündet auf den Muntplein, bei dem es sich eigentlich nicht
um einen Platz, sondern um eine breite **Brücke über die Amstel** handelt, an
der Rokin, Kalverstraat, Singel, Vijzelstraat, Reguliersbreestraat und Amstel
aufeinandertreffen.

Der **Münzturm** (Munttoren) aus dem
Jahr 1620 war ursprünglich einmal Teil
der Stadtbefestigung. Den Namen Münzturm erhielt er, da seit 1672 in einem
Gebäude neben diesem Turm Gold- und

Silbermünzen geprägt wurden. Zunächst sollte der Munttoren durch seine Höhe den Platz dominieren, der damals noch an einer viel schmaleren Brücke lag. Da die Brücke allerdings 1915 und 1939 wesentlich verbreitet wurde und am Singel 16 m und an der Vijzelstraat 21 m hoch gebaut werden durfte, kann der Turm inzwischen nicht mehr die Silhouette bestimmen.

Berlage hätte den gesamten Platz gerne neu gestaltet, erhielt dazu jedoch keine Möglichkeit. Der Platz gehört heute zu den Verkehrsknotenpunkten der Stadt.

32 BLUMENMARKT ★★★ [G8]

Der Blumenmarkt am Singel verbindet Muntplein und Koningsplein und gehört zu den viel besuchten Orten der Stadt. Touristen werden angelockt durch die Unmengen von **Blumen in prächtigen Formen und Farben**, die beliebte Fotomotive darstellen. Blumenzwiebeln, Pflanzen und Accessoires sind aber auch gern gekaufte Mitbringsel von einem Amsterdambesuch. Die Einheimischen kaufen hier Blumen und Pflanzen, denn große Blumensträuße gehören in den Niederlanden zum Grundbedarf eines jeden Haushalts.

Die **Verkaufsstände** liegen **im Wasser**, aber tagsüber werden die Blumen und Pflanzen so ausgestellt, dass sich die Verkaufsfläche auf das Doppelte oder Dreifache vergrößert.

❯ Singel, Mo.–Sa. 9–17.30 Uhr, So. 11–17 Uhr. Straßenbahn (Herengracht) 1, 2, 5, (Muntplein) 4, 9, 14, 16, 24, 25

33 TUSCHINSKITHEATER ★★ [H8]

Dieses Kino gehört sicherlich zu den außergewöhnlichsten in Amsterdam. Der Auftraggeber, Abraham Tuschinski, wollte seine Gäste in eine andere Welt entführen und dafür war ihm nur das Beste gut genug. Bei der Eröffnung 1921

059am Abb.: bs

erregte die **extravagante Inneneinrichtung** dann auch einiges Aufsehen. Wollteppiche, elektrische Lampen, unterschiedliche Marmorsorten, bleigefasste Fenster, Kunstgegenstände und die Kombination unterschiedlicher Stile wie Jugendstil, Art déco und Amsterdamse School fielen ins Auge.

❯ Reguliersbreestraat 26–34. Neben dem aktuellen Programm (Tel. 09001458) gibt es auch **Spezialangebote:** Filmklassiker, spezielle Love-Seat-Arrangements (Tel. 4281060), Führungen; www.tuschinski.nl. Straßenbahn (Muntplein) 4, 9, 14, 16, 24, 25, (Rembrandtplein) 4, 9, 14

㉞ REMBRANDTPLEIN ★ ★ ★   [H8]

In seinen Anfängen diente der Rembrandtplein als **Wagenpark,** der Platz lag nämlich direkt außerhalb der Stadtmauer. Da man mit den Pferdewagen nicht in die Stadt hineinfahren durfte, mussten die Wagen hier geparkt werden.

Nach der Stadterweiterung 1662 lag der Platz dann allerdings innerhalb der Stadtmauern. Fortan nutzte man ihn als **Marktplatz,** wodurch auch der alte Name „Buttermarkt" entstand. Man muss sich vorstellen, dass zu dieser Zeit der Platz einen monumentalen Eindruck machte, weil nicht alles drumherum zugebaut war.

Es gab recht unterschiedliche Pläne, was mit der freien Fläche geschehen sollte – zum Beispiel sollte eine enorme Kirche gebaut werden. 1876 wurde das **Standbild von Rembrandt** in die Mitte des Platzes gestellt, wodurch er seinen endgültigen Namen erhielt. Um das Standbild hat man eine kleine Grünfläche angelegt. Nach und nach entstanden die großen Hotels und Cafés, die

nun den Platz umsäumen. Inzwischen ist auch eine **3-D-Version der „Nachtwache"** hinzugekommen, wodurch man zwischen den einzelnen Bronzefiguren aus dem Gemälde herumlaufen und Fotos schießen kann.

In den 1920er-Jahren war vor allem das Café Schiller Treffpunkt für Künstler. Der Platz ist bis heute einer der wichtigsten Treffpunkte, wenn man ausgehen und sich amüsieren möchte.

Der **Thorbeckeplein** schließt direkt an den Rembrandtplein an und bildet die Verbindung zwischen Rembrandtplein und Reguliersgracht. Leider sind heute viele der sehenswerten Fassaden hinter den Reklameschildern und Neonbeleuchtungen der Nachtklubs und Bars versteckt, die sich hier angesiedelt haben.

Die Brücke über die Herengracht heißt übrigens die **„Brücke der 15 Brücken",** denn überquert man die Brücke über die Herengracht, dann sieht man nach vorne, nach rechts und nach links die Brücken über die Reguliersgracht und Herengracht. Und man muss die Brücke, auf der man steht, natürlich auch mit dazurechnen.

㉟ MUZIEKTHEATER/ STADHUIS ★ ★   [J7]

Die Kurzform für das zweifach genutzte Gebäude lautet **Stopera** (von *stadhuis en opera* bzw. für die Gegner des Baus *stop de opera,* also „Stoppt die Oper"). Entworfen wurde dieses multifunktionale

Der Blumenmarkt: Anziehungspunkt für Einheimische wie Touristen

Bauwerk von Wilhelm Holzbauer und Cees van Dam. Seit es im Jahre 1987 in Gebrauch genommen wurde, gehört es sicherlich zu den umstrittensten Bauten der Stadt.

Seit Louis Napoleon das bisherige Rathaus auf dem Dam im Jahre 1808 für sich gefordert hatte, war der Stadtrat immer nur vorübergehend an verschiedenen Orten untergebracht. Mehrmals wurden Pläne gemacht und Architektenwettbewerbe für ein **neues Rathaus** ausgeschrieben. Der Stadtrat konnte oder wollte jedoch nie eine Entscheidung treffen, entweder hatte man kein Geld oder es wurde ein anderer Ort angewiesen, an dem das Rathaus entstehen sollte. 1969 wurde Wilhelm Holzbauer die Ausarbeitung eines endgültigen Plans zugewiesen.

Im Jahr 1971 entstand zudem die Idee, ein **neues Opernhaus** zu bauen. Jedoch fehlte auch hierzu wieder einmal das Geld.

060am Abb.: bs

1979 machte Holzbauer schließlich den Vorschlag, **beides in einem Gebäude** unterzubringen, sodass die Räumlichkeiten teilweise doppelt benutzt werden konnten. Er konnte den Stadtrat letztendlich mit der erwarteten Ersparnis von 80 Millionen Gulden überzeugen. 1981 wurden die Pläne bewilligt.

Die Meinungen über den **architektonischen Wert des Bauwerks** sind geteilt. Kritiker finden, dass sich das Gebäude nicht in seine Umgebung einfügt. Auch stehen die abendlichen Opernbesucher im vollen Rampenlicht, da man von außen leicht in die beleuchteten Fenster sehen kann. Andere halten den Bau für eine gelungene Kombination und Besucher genießen den Ausblick über das Wasser.

Wie man diesen Bau auch finden mag, auf jeden Fall werden im Opernhaus Aufführungen von Weltrang geboten. Im Rathaus befindet sich ein Informationszentrum der Stadt und man kann dort den **Normal-Nullpunkt des Wasserspiegels** besichtigen. Ein Bronzeknopf zeigt exakt an, wie hoch das **Normaal Amsterdams Peil (NAP)** liegt. In den meisten europäischen Ländern werden Höhenangaben auf diesen Normal-Null-Punkt bezogen. Zwei der drei zur Schau gestellten Wassersäulen geben den aktuellen Wasserstand von IJmuiden und Vlissingen wieder. Der Wasserstand der dritten Säule kann bis auf beinahe 5 m steigen und zeigt somit den Höchstwasserstand während der Flutkatastrophe in Zeeland (1953) an.

An der Wand ist mit Mosaiksteinen aus Glas ein Querschnitt zwischen dem IJsselmeer und der Nordsee ausgestaltet, in dem auch der Wasserhaushalt der Niederlande erläutert wird.

AMSTERDAMS GRACHTEN

*Wer an Amsterdam denkt, denkt an Grachten. Sie bestimmen zu einem Großteil das Gesicht der Stadt. Die **drei größten und wichtigsten Grachten** (Heren-, Keizers- und Prinsengracht) umschließen in drei Halbkreisen die Innenstadt. Die **Reihenfolge der Namen** sagt durchaus etwas über die Wertigkeit der Personen aus, nach denen man die Grachten benannte. Die wichtigste Gracht, die Herengracht, an der auch die schönsten Gebäude zu finden sind, haben die durch den Handel zu Reichtum gekommenen Bürger der Stadt sich selbst gewidmet. Denn die wichtigsten Bürger in Amsterdam nannten sich „heren" (Herren), um sich deutlich vom Adel abzusetzen. Die zweite Gracht ist nach Kaiser Maximilian I. benannt, der die Stadt unter seinen persönlichen Schutz stellte, daher durfte man im Stadtwappen die kaiserliche Krone tragen. Die geringste Affinität hatte man zum Hause Oranien, weshalb deren Prinzen erst an dritter Stelle standen.*

*Glücklicherweise sind nicht alle Grachten **dem Verkehr zum Opfer gefallen**. Es gab in den 1960er- und 1970er-Jahren nämlich Pläne, einen Großteil der Grachten zuzuschütten, um den Verkehr leichter durch die Stadt fließen lassen zu können. Amsterdam wäre sicherlich ein gutes Stück öder ohne die Grachten mit ihren Baumalleen und ohne seine chaotischen Verkehrsverhältnisse. Inzwischen gibt es sogar Pläne, zugeschüttete Grachten wieder offen zu legen. Aber auch dieses Vorhaben ist sehr umstritten.*

Beim Bau der U-Bahn führte das Absenken des Wasserspiegels zu wesentlichen Problemen, da die Holzbalken, auf denen die Stadt gebaut ist, Jahrhunderte überstehen können, solange sie luftdicht abgeschlossen im Wasser stehen, jedoch sofort morsch werden, wenn sie der Luft ausgesetzt sind. Die Pfähle mussten durch Betonpfeiler ersetzt werden, sonst wäre die halbe Stadt abgesackt.

❯ Waterlooplein 22, Tel. 5518117, www.muziektheater.nl. U-Bahn (Waterlooplein)

㊱ MAGERE BRUG ★ ★ ★ [J9]

Diese Brücke, die die Kerkstraat mit der Nieuwe Kerkstraat ㊿ verbindet, ist eines der berühmtesten Fotomotive der Stadt. Die **Holzbrücke** wurde 1672 über die Amstel gebaut und kann noch mit der Hand bedient werden, wobei sie dann nach oben aufklappt. Während der Touristensaison ist die Brücke nachts beleuchtet.

Es gibt mehrere Erklärungsversuche dafür, wie die Bezeichnung **„mager"** entstanden sein soll. Demnach soll die Brücke nach den Schwestern Mager benannt sein. Diese ließen die Brücke angeblich bauen, um sich leichter besuchen zu können, da sie zu beiden Seiten der Amstel wohnten. Weniger romantisch ist die Erklärung, dass die Brücke zu Beginn so schmal war, dass zwei Leute kaum aneinander vorbeigehen konnten. Inzwischen wurde die Brücke verbreitert, sodass dies keinerlei Schwierigkeiten mehr bereitet.

◀ *Stadhuis („Rathaus") und Opera („Oper") = Stopera*

EXTRATIPP

Herengracht [G8]

An der Herengracht sind erneut einige ganz besondere Gebäude zu bestaunen. So z. B. das **Haus Nr. 380–382**, das wegen seiner Überfülle an Bildhauerarbeiten auch „der Palast" genannt wird. 1890 wurde das von Jacob Nienhuys in Auftrag gegebene Gebäude fertiggestellt. In dieser Zeit waren die sogenannten **Neo-Stile** beliebt, wobei auf alte Stilrichtungen zurückgegriffen wurde. Hier dienten als Vorbild zwei schöne Loire-Schlösser der französischen Renaissance des 16. Jh.

Bei **Herengracht Nr. 390–392** sind an den gegenüberliegenden Seiten der Halsengiebel in **holländischem Klassizismus** ein Mann und eine Frau in der traditionellen Kleidung des 17. Jahrhunderts zu sehen. Sie stellen den Herrn und die Dame des Hauses dar, die mit einem Seil verbunden sind. Die Legende besagt, dass bei Nr. 392 das Seil weggehackt wurde, als die Ehe zerbrochen war.

Bei **Herengracht Nr. 502** befindet sich ist die **Dienstwohnung des Bürgermeisters**. Das Erdgeschoss und den ersten Stock nehmen die Räumlichkeiten für Repräsentationszwecke ein, im zweiten Stock liegen die Gästezimmer und die Wohnung des Hausmeisters, im dritten Stock befinden sich dann die Privatgemächer des Bürgermeisters. Der kleine Balkon über dem Eingang wird von zwei Säulen getragen. Ursprünglich befanden sich hier zu beiden Seiten des Eingangs große Lagerhallentüren (der erste Besitzer war Leiter der Westindischen Handelskompanie), diese wurden jedoch im Jahre 1791 entfernt.

③⑦ BARTOLOTTIHAUS ★★   [F5]

Dieses Haus wurde um 1617 für den Bierbrauer und Händler **Willem van den Heuvel** gebaut und ist nun Teil des **Theaterinstituts**. Van den Heuvel war zu seiner Zeit einer der reichsten Amsterdamer und wie es damals Mode war, veränderte er seinen Namen ins Italienische und es wurde Guillemo Bartolotti daraus. An dem Haus ist zu sehen, wie er seinen großen Reichtum erworben hat: durch Vernunft und unermüdlichen Fleiß einerseits und Gottesfurcht und Rechtschaffenheit andererseits. Der Entwurf des Hauses wird dem Architekten Hendrick de Keyser zugeschrieben, die Ausführung seinem Sohn Pieter. Der Treppengiebel ist reich verziert mit unterschiedlichen Figuren und Ornamenten und ein Beispiel für den barocken Amsterdamer Renaissancestil.

> ❯ Herengracht 168, Tel. 5513300, www.tin.nl, Mo.–Fr. 11–17 Uhr, Sa., So. 13–17 Uhr, Eintritt 4,50 €. Straßenbahn (Westermarkt) 13, 14, 17

③⑧ GOUDEN BOCHT ★   [G8]

Gouden Bocht (Goldene Kurve) heißt das Stück Herengracht zwischen Leidsestraat/Koningsplein und Vijzelstraat, da die Häuser hier besonders groß und reich gestaltet sind.

Im 17. Jahrhundert entstand eine **Finanzelite**, die nicht mehr selbst im Warenhandel tätig war und sich daher von den eigentlichen Kaufleuten absetzen wollte. Der neu erreichte Status sollte mit **Häusern aristokratischer Ausmaße** dargestellt werden. Geld konnte jetzt in Amsterdam in luxuriösen Gebäuden und Grundstücken angelegt werden.

Wer an dieser Stelle der Herengracht wohnen wollte, war aus Statusgründen zu Investitionen, die selbst die Reichsten nicht so einfach aufbringen konnten, verpflichtet.

Wer ausreichende Reichtümer erwirtschaftet hatte, erstand hier nicht ein, sondern **zwei Grundstücke**. Wobei an der Vorderseite die großartigen Herrenhäuser entstanden und am dahinterliegenden Grundstück, das von der Keizersgracht aus erreichbar war, Kutschhäuser, Stallungen und kleinere Wohngebäude. Aus diesem Grund ist dieses Stück der Keizersgracht weniger attraktiv.

Das **einheitlichste Bild** ergibt sich an der Südseite der Herengracht (also bei den geraden Nummern), denn hier konnte man erst ab 1664 mit dem Bau beginnen und große monumentale Gebäude errichten, während an der Nordseite bereits einige Gebäude vorhanden waren. An der Südseite sieht man dann auch sehr viele Doppelhäuser. Das **teuerste Grundstück,** weil es die Mittelachse dieses Teilstückes bildet, lag, wo heute das Haus Nr. 450 steht. Zu den beiden Seiten hin wurden die Preise etwas niedriger.

Die unterschiedlichen Gebäude signalisieren einen **neuen Baustil** in Amsterdam, der geprägt wurde von strengen, klaren Linien. Üppige Ausschmückungen an den Häuserwänden waren aus der Mode geraten, stattdessen bestimmten gerade Linien und leere Flächen das Bild. Man strebte nach Symmetrie im Bau, der Treppenaufgang wurde daher in die Mitte gesetzt, mit zwei Treppen in beide Richtungen und einem zentralen Eingang. Dadurch konnte man auch eine ungerade Zahl von Fenstern einsetzen.

Die **Außenverzierung** der Häuser war in dieser Zeit normalerweise sehr schlicht.

▲ *Zwei „Berühmtheiten" der Stadt: die Magere Brug und das Koninklijk Theater Carré*

▲ *Das Bartolottihaus beherbergt heute das Theater Instituut Nederland*

Man verwendete vor allem verschiedene Sorten Naturstein, die häufig von sehr weit her importiert werden mussten. Die Inneneinrichtung dagegen war oft prunkvoll.

39 BIJBELS MUSEUM ★ ★ [F7]

Mithilfe von Modellen von Ausgrabungsfunden und Tempelanlagen aus Ägypten und dem Mittleren Osten wird in dem prächtigen Grachtenhaus versucht, die **Zeit des Alten Testaments** lebendig werden zu lassen. Ausführlich wird dabei auf die **Bibelübersetzung** eingegangen, die beim Zustandekommen einer einheitlichen niederländischen Sprache eine wesentliche Rolle gespielt hat. Allerdings werden nur die wichtigsten Dinge auch in englischer Sprache kommentiert.

Der **Fassadenstein** des Museums, in dem ein Stück krummes Holz zu sehen ist, verweist auf den ersten Bewohner Jacob Cromhout (Krummholz), der dieses Symbol anbringen ließ. Die vier Cromhout-Häuser, die zwischen 1660 und 1662 entstanden, wurden von Philip Vingboons im Stil des **holländischen Klassizismus**

BESONDERHEITEN AMSTERDAMER WOHNHÄUSER

*An den Fenstern kann man erkennen, dass die **Räume** in den meisten Häusern **nach oben hin niedriger** werden. Früher wohnten nämlich oben die Angestellten oder man benutzte die Räumlichkeiten als Lagerplatz, weshalb man es nicht für nötig hielt, diese Räume ebenso hoch zu bauen oder zahlreiche Fenster einzusetzen. Die Berechnung der Steuern nach der Zahl der Fenster und der **Breite der Häuser** führte mit dazu, dass Häuser recht schmal, dafür aber sehr tief sind.*

*Typisch für die Amsterdamer Häuser sind zudem die **Flaschenzüge an der Spitze der Giebel.** Da die Treppenaufgänge in den Häusern meistens sehr schmal und steil ausfallen, müssen alle größeren Möbelstücke über Flaschenzüge in die oberen Stockwerke befördert werden. So wie man früher die Lasten auf die Speicher hievte.*

*Zu dem Zweck stehen die Häuserfronten auch leicht vornübergebeugt, damit die Lasten nicht gegen die Wand schlagen. Übrigens gibt es noch eine andere Erklärung für den **Neigungswinkel der Häuservorderseiten.** So bewirken die leicht gekippten Wände nämlich, dass der Betrachter in vollen Zügen die Architektur der Grachten genießen kann, da die Gebäude sich optisch nicht nach oben verjüngen, sondern alle Linien gerade bleiben, obwohl der Betrachter nach oben blickt. Ob allerdings ästhetische Motive zwingender als praktische Gründe waren, sei dahingestellt.*

*Ein weiteres typisches Merkmal Amsterdams sind die **Treppenaufgänge,** die außen an die Eingangstüren angebaut sind. Vielfach bieten sie einen doppelseitigen Aufgang zur eigentlichen Eingangstür und zusätzlich einen Zugang zum ausgebauten Keller oder Souterrain. Natürlich konnte man mit der Größe der Treppe wieder den eigenen Reichtum zur Schau stellen. Da man aber nach und nach immer mehr Raum von den Bürgersteigen abzwackte, also von Grund und Boden, der rechtlich Eigentum der Stadt war, musste schließlich im Zuge der Stadterweiterungen im 17. Jahrhundert rechtlich festgelegt werden, wie breit eine solche Treppe sein durfte und wie viel Platz für den Bürgersteig übrig bleiben musste.*

063am Abb.: bs

entworfen. Warum die Giebel der Häuser mit den Nummern 368 bis 370 kleiner ausfallen, ist nicht eindeutig geklärt.

Im **Bibelmuseum** sind noch Teile des Originalinterieurs zu besichtigen, etwa die zwei Küchen aus dem 17. Jh., die reich verzierte Holztreppe und Deckengemälde von Jacob de Wit.

❯ Herengracht 366, Tel. 6242436, www.bijbelsmuseum.nl, Mo.–Sa. 10–17 Uhr, So. und Feiertage 11–17 Uhr, Eintritt 7,50 €, Kinder bis 18 Jahre 3,75 € (bis 12 Jahre frei). Straßenbahn (Spui) 1, 2, 5

㊵ HAUS MIT DEN KÖPFEN ★ [F4]

Das Haus an der Keizersgracht Nr. 123 mit dem prächtig verzierten **Renaissancegiebel** wird dem Architekten Hendrick de Keyser zugeschrieben, wobei sein Sohn Pieter de Keyser wahrscheinlich für den eigentlichen Bau verantwortlich zeichnete. Die geschickte Ausführung und reiche Ausgestaltung verdeckt das eigentliche Dach, wodurch das Haus größer wirkt, als es in Wirklichkeit ist. Es trägt den Namen *Huis met de Hoofden*, da von links nach rechts die folgenden **Götterbilder** angebracht sind: Apollo, Ceres, Mars, Minerva, Bacchus und Diana.

㊶ HAUS MIT DER GOLDKETTE ★ [F6]

Um das Haus mit der Goldkette *(Huis met de Gouden Ketting)* an der Keizersgracht Nr. 268 ranken sich **viele Geschichten**, wie diese Kette an das Haus kam.

▲ *Das Haus mit den Köpfen*

Einer **Erzählung** zufolge wurde das Haus von einem Kapitän zur See bewohnt, der, nachdem sein Vermögen aufgebraucht war, wieder zur See musste. Er schwor, eine Goldkette mitzubringen, wenn das Glück ihm hold sein sollte, und eine Eisenkette, sollte dies nicht der Fall sein. Wie die Kette beweist, hatte er Glück, was er verdeutlichte, indem er die Kette vor seinem Haus aufhing.

Eine **zweite Geschichte** erzählt von einem Tuchhändler, der um 1615 mehrere Ballen Tuch auf die Reise schickte, von denen allerdings nur einer (mit einer Eisenkette versehen) in Amsterdam ankam.

Eine **dritte Legende** will es, dass ein Dienstmädchen entlassen wurde, weil sie verdächtigt wurde, ihrer Herrin eine goldene Kette gestohlen zu haben.

Nachdem allerdings die Dachrinne repariert werden musste, wurde das gute Stück wiedergefunden.

Tatsache ist jedenfalls, dass die Kette bereits 1643 an diesem Haus hing, weil ein Goldschmied dort wohnte.

42 EINRICHTUNGSHAUS
METZ & CO. ★★ [F8]

Es ist sicherlich etwas eigentümlich, ein Einrichtungshaus zu den Sehenswürdigkeiten zu zählen, Metz & Co. ist jedoch etwas Besonderes.

Gegründet wurde das Unternehmen im 18. Jahrhundert von einem jüdischen Seidenhändler. Ein Jahrhundert später, das Unternehmen war inzwischen in die Kalverstraat umgezogen, machte Joseph van Leeuw es zum **führenden Geschäft** auf dem Gebiet des „Lifestyle". Geld verdiente man hauptsächlich mit dem Verkauf von englischen Liberty-Stoffen und in der **Couture-Abteilung**. Die Mode drückte Kreativität und progressive Gesinnung aus, etwas, das man auch in der Möbelabteilung anstrebte. Im Gegensatz zu den Möbeln von Rietveld, Breuer und Stam, die sich durch strenge, klare und sachliche Formgebung (**Neue Sachlichkeit**) auszeichneten, fanden die Couture-Modelle sehr wohl Käufer. In der gesamten Periode, in der man für die gewagten und modernen Entwürfe bekannt war, stellte die Möbelabteilung einen Verlustposten dar.

064am Abb.: bs

◄ *Die Goldkette aus den Legenden*

► *Die Westerkerk, deren Glocken Anne Frank hörte*

Im Jahre 1973 musste das Unternehmen schließlich verkauft werden. Geblieben ist die von **Rietveld** für die Wohnabteilung entworfene **Glaskuppel** im obersten Stockwerk, in der sich jetzt ein Café befindet. Da man in Amsterdam nur wenige Möglichkeiten hat, einen Blick über die Stadt zu werfen, sollte man hier diese Gelegenheit nutzen.

❭ Keizersgracht/Ecke Leidsestraat 34–36, Tel. 5207020, www.metzenco.nl, Mo. 11–18 Uhr, Di.–Sa. 9.30–18 Uhr, So. 12–17 Uhr. Straßenbahn (Keizersgracht) 1, 2, 5

㊸ BÜROGEBÄUDE DER NEDERLANDSCHE HANDEL-MAATSCHAPPIJ ★ [G9]

An der Ecke von Keizersgracht und Vijzelstraat drängt sich unübersehbar das Bürogebäude der *Nederlandsche Handel-Maatschappij* (Niederländische Handelsgesellschaft) ins Bild, das im Jahr 1926 fertiggestellt wurde und jetzt Sitz der ABN-AMRO-Bank ist.

Die Grundkonstruktion besteht aus einem **Betonskelett**, das allerdings nach außen hin nicht sichtbar ist. Die Hauptfront an der Vijzelstraat wird durch fünf hervorstehende Blöcke unterbrochen, während die Schmalseiten diese Unterbrechungen nicht aufweisen. Da auch die Fenster schmal und hoch sind, erhält das Gebäude einen vertikalen Charakter.

Da der Auftraggeber in der Bauphase ständig mehr Platz haben wollte, entschied man sich schließlich, die letzten beiden Stockwerke terrassenförmig nach hinten versetzt zu bauen, sodass die Silhouette nicht zu hoch würde. Der ursprüngliche Entwurf war niedriger, da zu Beginn nur eine maximale

065am Abb.: bs

Bauhöhe von 21 m zugelassen war. Backstein und Naturstein ergeben abwechselnd geschichtet das Muster der Außenwände.

Der Architekt De Bazel machte bei seinem Entwurf von **einem ausgeklügelten Proportionensystem** Gebrauch. Der Grundriss ist vollständig unterteilt in **Rechtecke** von 3,20 x 3,60 m. Die Unterteilung an der Vorderseite und den Seitenwänden basiert jeweils auf der Grundeinheit von 90 bzw. 80 cm.

Die beiden Figuren am Haupteingang stellen Asien und Europa dar.

❭ Vijzelstraat 30–34. Straßenbahn (Keizersgracht) 4

㊹ WESTERKERK ★ ★ [F5]

Hendrick de Keyser ist der Architekt der 1630 fertiggestellten Westerkerk, deren 85 m hoher **Turm** weithin sichtbar ist. Die Krone, die über dorischen, ionischen und korinthischen Säulen schwebt, stellt die **Krone von Kaiser Maximilian von Österreich** dar, der der Stadt Amsterdam im Jahr 1489 das Recht verlieh, die Krone im Stadtwappen zu führen. Dies bedeutete, dass die Stadt von nun an unter kaiserlichem Schutz stand. Erst in jüngster Zeit wurden der Turm und die Kuppel in ihren Originalfarben restauriert, was viele Einwohner jedoch als viel zu übertrieben empfinden.

Die Kirche ist in der Stadt das eindrücklichste Beispiel für die **holländische Renaissance**. Im Inneren bestimmen Kreuzgewölbe aus Holz und Stein sowie die großen Fenster das Aussehen. Eine Besonderheit sind die von Gerard de Lairesse bemalten **Flügel der Orgel**. 1669 wurde **Rembrandt** hier in einem Armengrab beerdigt.

> Ecke Prinsengracht/Rozengracht, www.westerkerk.nl, Apr.–Sept. Mo.–Fr. 11–15 Uhr, Juli–Aug. Mo.–Sa. 11–15 Uhr, Gruppen auch nach Vereinbarung, gratis Orgelkonzert Apr.–Okt. freitags 13 Uhr, Eintritt frei. Straßenbahn (Westermarkt) 13, 14, 17

45 HOMOMONUMENT ★ [F5]

Das Denkmal von Karin Daan bei der **Westerkerk** 44 wurde 1987 eingeweiht. Die drei übereinandergelegten rosa Dreiecke reichen bis ins Wasser der Keizersgracht hinein. In der Nazizeit mussten schwule und lesbische Häftlinge der Konzentrationslager rosa Dreiecke tragen. Das Denkmal erinnert an die **Verfolgung und Unterdrückung von Schwulen und Lesben** und macht deutlich, dass auch heute noch Diskriminierung stattfindet.

> Gleich daneben steht der **Pink-Point-Kiosk** mit Souvenirs, Ansichtskarten und Infomaterial zum Homomonument und über die Gay-Scene Amsterdams. Mo.–So. 10–18 Uhr, www.pinkpoint.org. Straßenbahn (Westermarkt) 13, 14, 17

46 MUSEUMPLEIN ★★ [E11]

So ganz allmählich entsteht das Gefühl, dass es sich hier um einen zusammenhängenden Platz handelt, an dem das **Rijksmuseum** 47, das **Van Gogh Museum** 48 und das **Stedelijk Museum** (s. S. 27) liegen. Tatsächlich ist die Gestaltung dieses Platzes bereits seit 130 Jahren ein strittiges Thema. Die Stadt hätte den Raum schon immer gern für eine intensive Bebauung mit Wohnhäusern genutzt, sie konnte sich damit allerdings nie gegen die Proteste

066am Abb.: bs

der Bürger durchsetzen. Da man sich eigentlich zu keinem Zeitpunkt richtig darauf einigen konnte, was mit dem Platz geschehen sollte, wurde die umliegende Bebauung realisiert, ohne diese in einen Gesamtzusammenhang bringen zu können.

Nach dem Zweiten Weltkrieg befand sich der Platz in einem erbärmlichen Zustand, da er wegen des langen und strengen Hungerwinters vollständig abgeholzt worden war. 1951 wurde er deshalb neu gestaltet. Es wurden   Bäume gepflanzt, die Museumstraat, die unter dem Rijksmuseum hindurchführte, sollte den

▲ *Das Rijksmuseum bleibt auch während der Restaurierungsarbeiten geöffnet*

Autoverkehr zügig in die Innenstadt leiten und an verschiedenen Stellen befanden sich Bushaltestellen. Auf dem Platz wurde auch das **Ehrenmal für die Opfer des Konzentrationslagers Ravensbrück** eingerichtet, an dem in jedem Jahr eine Gedenkfeier von Überlebenden und Angehörigen stattfindet.

Anfang der 1990er-Jahre machte man sich erneut Gedanken über die Gestaltung des Platzes. Zwar diente er für Großveranstaltungen, aber außer zu diesen Gelegenheiten wurde er recht wenig genutzt. Schließlich setzt sich niemand zwischen parkende Autos und Busse an eine verkehrsreiche Straße, um den Nachmittag zu genießen. Nachdem jedoch deutlich geworden war, dass für die Neugestaltungspläne des Schweden Sven-Ingvar Andersson eine ganze Reihe von alten Bäumen gefällt werden mussten, führte dies zu einem Sturm von Protesten der Anwohner. Die Umgestaltung wurde aber dennoch in Angriff genommen.

Die wichtigsten Argumente für die **Neugestaltung** waren, dass es ein **Park** werden sollte, den die umliegenden Anwohner gerne nutzen, zudem sollte das ganze Gebiet einheitlicher gestaltet werden. Die Zweiteilung des Platzes durch die Museumstraat wurde aufgehoben. Der Platz bleibt offen und großräumig, sodass er sich auch weiterhin für **Großveranstaltungen** nutzen lässt. Eine Tiefgarage wurde angelegt und das Van Gogh Museum erhielt einen Erweiterungsbau. Für Jugendliche stehen einige **Sportfelder** zur Verfügung. Optisch wird die Längsachse durch eine Linie aus Lichtern verstärkt. An der Ostseite befinden sich ein **Lichtkreis** sowie eine Art **Blumengarten**. Die Blumen sind in langen Betonkästen angepflanzt und dazwischen gibt es Sitzgelegenheiten.

47 RIJKSMUSEUM ★ ★ ★ [F10]

Unübersehbar beherrscht das Rijksmuseum, das zwischen 1877 und 1885 nach einem Entwurf von P. J. H. Cuypers (von ihm stammt auch der **Hauptbahnhof ❶**) fertiggestellt wurde, den Kopf des **Museumplein ㊺**.

Der **Grundriss** des Rijksmuseums besteht aus zwei Quadraten, die jeweils einen Innenhof umschließen. Verbunden sind die beiden Quadrate in der Mitte durch einen überdachten Zwischengang.

Als Vorgabe war Cuypers auferlegt worden, dass das Gebäude den Inhalt der Gemäldekollektion aus dem 16. und 17. Jahrhundert widerspiegeln sollte. Er

konnte die Stadtväter davon überzeugen, dass eine **gotische Konstruktion** mit **Verzierungen aus der Renaissance** die beste Lösung sei. Sein **Entwurf** war allerdings recht **umstritten**, da vielen Protestanten der Entwurf „zu katholisch" war (man behauptete, das Museum ähnelte einem Bischofspalast). Dies schien vielen unpassend für das Nationaldenkmal einer protestantischen Nation.

Bis einschließlich 2009 wird das **Hauptgebäude** des Rijksmuseums gründlich **umgebaut**. Dabei sollen auch die Innenhöfe wieder zugänglich gemacht werden. Der **Philipsflügel** bleibt während dieser Zeit geöffnet und dort sind ca. 400 Topstücke des 17. Jahrhunderts (u. a. Werke von Rembrandt, Vermeer, Hals, Steen, Delfter Keramik, „Die Nachtwache", „Das Puppenhaus") zu sehen. Im Garten des Museums ist ein Informationszentrum eröffnet worden, in dem sich die Besucher über den Stand und die Pläne der Renovierungs- und Neubauarbeiten informieren können (Di.–So. 11–16 Uhr).

› Jan Luijkenstraat 1, Tel. 6747000, www.rijksmuseum.nl, täglich 9–18 Uhr, Fr. bis 22 Uhr, Eintritt 10 €, Kinder bis 19 Jahre frei. Straßenbahn 2, 5 (Hobbemastraat), 7, 10 (Spiegelgracht), 3, 12, 16, 24 (Museumplein)

48 VAN GOGH MUSEUM ★ ★ ★ [E11]

1973 wurde das von Gerrit Rietveld entworfene Gebäude eröffnet und die Sammlung von **200 Gemälden, ca. 500 Zeichnungen** und **Skizzen** sowie **Briefen** hat sich zu **einem der beliebtesten Museen der Stadt** entwickelt. Daher wurde 1999 ein Erweiterungsbau von Kisho Kurokawa der Öffentlichkeit übergeben, sodass die

JORDAAN

ÜBERBLICK

Das Gebiet westlich des Hauptbahnhofs ❶ zwischen der Brouwersgracht im Norden, der Lijnbaansgracht im Westen, der Leidsegracht im Süden und der Prinsengracht im Osten gehört sicherlich zu den bekanntesten und am meisten verkitschten Stadtteilen Amsterdams.

Jordaanschnulzen

In unendlich vielen *smartlappen,* herzzerreißenden Schnulzen, wobei die Sängerin oder der Sänger möglichst viel Herzschmerz und vor allem Vibrato in die

Werke Van Goghs und anderer Künstler des 19. Jahrhunderts wie z. B. **Toulouse-Lautrec, Gauguin, Monet, Bernard** und **Montecelli** noch mehr zu ihrem Recht kommen.
❯ Paulus Potterstraat 7, Tel. 5705200, www.vangoghmuseum.nl, täglich 10–18 Uhr, Fr. bis 22 Uhr, Eintritt 12,50 €, Kinder bis 18 Jahre 2,50 € (bis 13 Jahre frei). Straßenbahn 2, 3, 5, 12 (Van Baerlestraat), 16, 24 (Museumplein)

067am Abb.: bs

► *Marco Alexander van Vliet und Hannie Pastor verschönern den Johnny Jordaan Plein*

Stimme legt, wird der Stadtteil Jordaan und das **besondere Zusammengehörigkeitsgefühl seiner Bewohner** besungen. Auch junge Niederländer haben ein ungebrochenes Verhältnis zu diesen Heimatschnulzen und so hört man diese in einigen der typischen braunen Cafés (vor allem im Jordaanviertel) nicht nur aus dem Lautsprecher, sondern auch aus den gut geschmierten Kehlen der Kneipenbesucher oder vielleicht sogar der Stars selbst. Dann kommt genau die Atmosphäre auf, die einen Kneipenbesuch in Amsterdam zu einem richtigen Erlebnis werden lässt.

❯ www.jordaaninfo.nl (niederländisch, englisch), www.jordaanweb.nl (niederländisch)

Namensgebung

Ursprünglich hieß dieses Stadtviertel **Het nieuwe Werk (die neue Arbeit)**, bereits im 18. Jahrhundert kam aber die Bezeichnung **Jordaan** auf. Woher diese heute offizielle Bezeichnung eigentlich stammt, weiß niemand so recht. Die beiden diesbezüglich am weitesten verbreiteten Geschichten gehen wie folgt:

1685 wurde in Frankreich ein bis dahin geltender Schutz der katholischen Machthaber für die reformierte Minderheit aufgegeben. Ein großer Teil des daraufhin einsetzenden Flüchtlingsstroms ließ sich im calvinistischen Amsterdam nieder. Und da in dem Stadtviertel, in dem sich viele **französische Hugenotten** ansiedelten, viele Straßen nach Blumen benannt waren, nannten sie dieses Gebiet *jardin* (**Garten**). Dieses Wort wurde schließlich im Lauf der Zeit durch die Amsterdamer Mundart verballhornt zu *Jordaan*.

Die zweite Erklärung meint, dass die bibelfeste Bevölkerung der drei alten Grachten diesen Gürtel auch als das Ende des geordneten Stadtlebens empfand und alles, was sich hinter der Prinsengracht abspielte, für so anarchisch und chaotisch hielt, dass dieses Leben ihrer nicht würdig sei. Wenn jemand in dieses Viertel ging, dann sprachen sie davon, dass **jemand über den Jordan** (Jordaan) **ging**. Ein altes niederländisches Sprichwort, mit dem man eigentlich andeutet, dass jemand gestorben ist. So gab der Name Jordaan also die deutliche Trennung der Klassen an, das Diesseits der Bürgerlichen und das Jenseits der ausgestoßenen Arbeiter und Handwerker.

Entstehung des Viertels

Zu Beginn des 17. Jahrhunderts wurde die Stadt nach Westen hin erweitert und so lag der Stadtteil Jordaan gemeinsam mit dem ältesten Teil des Grachtengürtels von nun an innerhalb der Stadtmauern. Ein Blick auf die Karte macht aber bereits deutlich, dass hier von vornherein eine andere Schicht gewohnt haben muss als an den Grachten, an denen große stattliche Häuser auf riesigen Grundstücken stehen, denn im Gegensatz dazu herrschte im Stadtteil Jordaan **städtebauliche Anarchie**. Da man nicht genug Geld hatte und Raum schaffen musste für unterschiedliche **Gewerbebetriebe**, die niemand mitten in der Stadt haben wollte (wer setzt sich schon freiwillig dem Gestank einer Gerberei aus), wurden hier die Bauvorschriften recht großzügig interpretiert. Man verzichtete darauf, einen Straßenplan umzusetzen. Die **Straßen und Gassen** ergaben sich einfach von selbst aus den Wegen und Schleichwegen, auf denen die Eigentümer auch früher ihre Grundstücke erreicht hatten.

Auch war der Wasserstand in den Grachten im Jordaanviertel ein anderer als der in den übrigen Grachten der Stadt.

Die Investoren versuchten, mit einem Minimum an Investitionen ein Maximum an Gewinn herauszuziehen. Also wurden **billige, schlechte Häuser möglichst dicht aneinander** gebaut, sodass man sehr viel mehr Wohnraum zu vermieten hatte als in anderen Teilen der Stadt. Berüchtigt war das Gebiet dafür, dass man hier Häuser „Rücken an Rücken" errichtete, alle Innenhöfe vollbaute und außerdem jede Menge **Kellerwohnungen** einrichtete. Im 17. und 18. Jahrhundert waren diese noch bewohnbar und sogar gesucht. Da sich der Grundwasserspiegel mit der Zeit jedoch anhob, konnte man ein Durchdringen des Wassers nur verhindern, indem man den Boden ständig erhöhte. Natürlich war dies nur eine begrenzte Zeit möglich. Da auch die Straßen erhöht werden mussten, lagen die Kellerwohnungen mit ihren Fenstern, in die bald kein Licht mehr kam, buchstäblich im Dunkeln.

Mit der **Industrialisierung** im 19. Jahrhundert wurde die **Armut**, die im Stadtteil Jordaan schon immer herrschte, da hier vor allem Immigranten wohnten, noch schlimmer. Die brandgefährdeten, stinkenden, lärmenden, mit ungesunden Stoffen hantierenden Betriebe, das Fehlen von Wasserleitungen und vor allem einer Abwasserkanalisation, das fast stillstehende Wasser in den Grachten und die große Bevölkerungsdichte führten dazu, dass Kinder hier buchstäblich zwischen den Ratten spielten, sich alle möglichen **Krankheiten** schnell verbreiteten und viele die Situation nur im Suff ertragen konnten. Aus medizinischen Gründen wurden deshalb einige

der stinkenden, verschmutzten Grachten zugeschüttet. So kommt es auch, dass es heute Straßen gibt, die „Gracht" heißen, obwohl kein Wasser durch sie fließt (z. B. die Lindengracht).

Der **Zusammenhalt der Menschen** und die *gezelligheid* des Viertels, die heute in den Jordaanschnulzen so gerne besungen werden, haben in diesen erbärmlichen Umständen ihren Ursprung. Die Menschen lebten so dicht aufeinander, und da es an Wohnraum fehlte auch wortwörtlich auf der Straße, dass es schlicht und ergreifend keinen Raum für Privatsphäre gab. Ein gemeinsames Schicksal und ein von Unbill durchtränktes Leben führten zu einem starken Zusammengehörigkeitsgefühl und „Familieninstinkt". Mit Musik und Festivitäten versuchte man, so gut es ging, den Zuständen zu trotzen und das Leben so angenehm *(gezellig)* wie nur eben möglich zu machen.

Erst in der zweiten Hälfte des 19. Jahrhunderts interessierten sich **aufgeschlossene Bürger für die Situation der Armen** in diesem Stadtviertel. Dabei spielten eigene Interessen eine nicht unwichtige Rolle, da man fürchtete, es könnte durch die Zustände zu einem Aufruhr kommen. Daneben meinte man, der heruntergekommenen Arbeiterschaft Zivilisation und Kultur bringen zu müssen. Mehrere **philantropische Baugesellschaften** entstanden, die auch der armen Bevölkerung menschenwürdigen Wohnraum ermöglichen wollten. So sorgte man dafür, dass von zwei Seiten Licht in die Häuser eindringen konnte, dass es im Innenhof eine Wasserpumpe gab, dass Wäsche getrocknet werden konnte und, um den Gesundheitszustand der Bevölkerung zu heben, dass die Häuser

068am Abb.: bs

eine Toilette besaßen und nicht nur einen Eimer, der in der Küche stand. Aber obwohl diese Baugesellschaften keinen Gewinn abwerfen mussten, konnten sich nur wenige der Arbeiter derartige Wohnungen leisten.

Seit dem Zweiten Weltkrieg hat das Viertel **drastische Veränderungen** durchgemacht. Nach einigem Hin und Her entschlossen sich die Stadtväter letztendlich, Jordaan unter Beibehaltung seines ursprünglichen Charakters zu renovieren und zu **sanieren.**

Hier trat allerdings der gleiche Effekt ein wie schon bei den gutgemeinten Versuchen der philantropischen Baugesellschaften. Die Arbeiter und ursprünglichen **Bewohner** der Stadt zogen weg, unter anderem in die neu gegründeten Städte am IJsselmeer. In das Viertel kamen Intellektuelle, Künstler, Lebenskünstler

und „Freaks". Heute hat Jordaan ungefähr ein Fünftel (!) der Einwohnerzahl wie noch vor rund 100 Jahren.

Das **echte Jordaan-Gefühl** ist mit der Zeit verloren gegangen. Bleibt nur noch die verklärende Erinnerung in den Liedern und Geschichten. Beim Stadtrat für das Zentrum Amsterdams gab es 2004 Bestrebungen, eine zugeschüttete Gracht im Jordaan-Viertel wieder aufzugraben und an das Wassernetz anzuschließen. Im Gespräch waren **Westerstraat** 52 (früher Anjeliersgracht) oder Elandsgracht. Die Pläne wurden jedoch verworfen.

▲ *Das Suykerhofje ist eine der vielen Grünflächen in den Hinterhöfen*

DE PALINGOPROER ("DER AALAUFSTAND")

*Das **Aalziehen** war von jeher ein Brauch, mit dem sich die Bewohner im Jordaanviertel amüsierten. Dazu wurde ein lebendiger Aal mit Seife eingerieben und an einem Seil befestigt, das über die Gracht gespannt wurde. Männer versuchten nun aus fahrenden Booten heraus, ein möglichst großes Stück von dem zappelnden, glitschigen Aal zu erhaschen.*

*Im Juli 1886 verlustierten sich mal wieder einige Menschen mit dem "palingtrekken", obwohl das Aalziehen bereits seit einiger Zeit **verboten** war. Ein herbeigeeilter Polizist befahl den Beteiligten daher auch, dass sie sofort damit aufhören sollten. Da sich aber niemand um diese **Anweisung** kümmerte, forderte er Verstärkung von der Dienststelle am Noordermarkt an. Der Polizist schnitt daraufhin das Seil über der Lindengracht durch. Das Seil traf nun einen der Umstehenden am Kopf, woraufhin dieser den Polizisten angriff und ihn mit Unterstützung anderer Umstehender verprügelte. Da jetzt aber auch die Verstärkung anrückte, entwickelte sich eine große **Straßenschlacht**, bei der den Polizisten Pflastersteine, Ziegel usw. entgegenflogen. Letztendlich konnte erst die Armee den Aufruhr nach zwei langen Tagen bezwingen. Bis zu diesem Zeitpunkt hatte es bereits 26 Tote und einige Hundert Verletzte gegeben.*

Sehenswertes

Im Stadtteil Jordaan gibt es viele nette, kleine Straßen mit einer ganzen Reihe von Spezialgeschäften, dazwischen liegen Kneipen, Cafés und Restaurants. Alte Häuser stehen zwischen Neubauten, Fassadensteine, interessante Häuserfronten und Häusergiebel sind zu entdecken. Man sollte auf jeden Fall einfach mal mit offenen Augen drauflos laufen. Wenn man nur ganz wenig Zeit hat, kann man am Noordermarkt beginnen, ein Stück die Westerstraat entlanggehen und dann über die 2e Anjeliersdwarsstraat, 2e Tuindwarsstraat und 2e Egelantiersdwarsstraat zurückgehen.

Angrenzend an das Jordaanviertel bieten sich Haarlemmerstraat und Haarlemmerdijk [F2/G3] mit vielen Spezialgeschäften für einen Einkaufsbummel an.

㊾ WESTINDISCH HUIS ★   [G3]

Die **Brouwersgracht**, die ihren Namen den vielen **ehemaligen Brauereien** verdankt, die dort ansässig waren, gehört mit den alten Häusern noch immer zu den schönsten Grachtenstücken der Stadt. Bier war durch den Gärungsprozess wesentlich gesünder als Wasser, allerdings hatte das damalige Bier nur wenig Alkohol.

EXTRATIPP

Schach und Go

› **Het Paard** (s. S. 36), Haarlemmerdijk 173. In diesem Schach- und Go-Geschäft findet man von Figuren und Brettern bis zu (teils deutschsprachiger) Literatur und Kuriosem alles, was bei Liebhabern die Herzen höherschlagen lässt.

An der Ecke Brouwersgracht und Herengracht steht auf dem Herenmarkt das **Westindisch Huis,** das Stammsitz der Westindischen Compagnie war. 1621 gegründet, lief über diese Gesellschaft der Handel mit Westindien, dem heutigen Surinam und den Antillen. 1624 beschloss man bei der Compagnie, auf der Insel Manhattan im Hudson River den Handelsposten **Neu Amsterdam** zu gründen, der sich zu einer der größten Städte, dem heutigen New York, entwickeln sollte. Übrig geblieben sind dort noch einige Namen von Stadtteilen wie Harlem oder Brooklyn, die von Orten in der Nähe Amsterdams (Haarlem, Breukelen) abgeleitet sind. Im Innenhof des Hauses (Herenmarkt 93/99, vor dem Spielplatz rechts in die Straße abbiegen) steht ein Brunnen mit einem Standbild des ersten Gouverneurs von Neu Amsterdam: **Peter Stuyvesant.** Der Hof ist Privatbesitz und daher nur manchmal offen, man kann ihn aber für Feste und Hochzeiten mieten.

Die Brouwersgracht führt bis in den letzten Zipfel des Stadtteils Jordaan. Allerdings ist hier von der alten Bebauung nicht viel übrig. Sie stößt hier auf die **Lijnbaansgracht,** in der die **Seilmacher** lebten. Diese brauchten lange und gerade Strecken, um ihre Seile drehen zu können.

50 PALMGRACHT ★★   [E3]

In der Palmgracht sind noch zwei Reihen *hofjes* („Höfchen") erhalten geblieben: das **Bossche Hofje** (Nr. 20–26) und das **Raepenhofje** (Nr. 28–38), die beide aus dem Jahr 1648 stammen und einen gemeinschaftlichen Innenhof umschließen. Normalerweise kann man sich die

EXTRATIPP

> *Hofkonzerte*
> Auf der Webseite www.jordaanweb.nl findet man unter dem Menüpunkt „Hofjesconcerten" Informationen zu kleinen Konzerten, die über die Sommermonate in den verschiedenen Innenhöfen im Jordaan veranstaltet werden. Die Webseite ist zwar auf Niederländisch, aber auch ohne Kenntnisse der Sprache lassen sich Zeit und Ort der Konzerte relativ leicht herausfinden.

Höfe unter Rücksichtnahme auf die Bewohner auch von innen ansehen. Es kommt allerdings doch manchmal vor, dass die Zugangstüren geschlossen sind und das sollte man dann respektieren.

51 KARTHUIZERSTRAAT ★   [E4]

Die Karthuizersstraat verweist auf das Kloster, das hier 1394 gegründet wurde. Es ist etwas schwierig vorstellbar, aber im Mittelalter lag der **Klosterkomplex** ein gutes Stück außerhalb der Stadt. So wurde es im 16. Jahrhundert auch von den Geusen verwüstet. Das Gelände der Anlage reichte von der Goudsbloemstraat bis an die Westerstraat. In der Karthuizerstraat stehen bei Nr. 13–19 die **Häuser mit den Namen der Jahreszeiten.**

52 WESTERSTRAAT ★★   [E4]

Durch das Zuschütten der Gracht ist die Westerstraat optisch etwas aus der Fasson geraten, denn die Straße ist dadurch etwas zu breit geworden. Die Gesamtkomposition mit den Häusern wirkte harmonischer, als die Gracht noch hier durchführte und es noch Bäume gab.

SOZIALER WOHNUNGSBAU ANNO DAZUMAL

Eine Art der **Sozialfürsorge** waren „hofjes" (wörtlich übersetzt „Höfchen"). Reiche Leute bauten eine Reihe von kleinen Häusern um einen Innenhof, die **Armen und Alten frei als Wohnraum zur Verfügung gestellt** wurden. Manchmal waren an diese Unterkunft **Bedingungen** geknüpft, beispielsweise bestimmte Tätigkeiten, die man noch zu verrichten hatte, dass man keine Personen des anderen Geschlechts einladen durfte oder dass man einen guten Ruf haben musste. Teilweise bauten begüterte Bürger diese Wohnungen auch als Altersruhesitz für ihre ehemaligen Bediensteten. Der Kauf von „hofjes" im Jordaanviertel war beliebt, da die Grundstückspreise hier wesentlich niedriger lagen als in anderen Teilen der Stadt.

Die Willemsstraat war eine der ersten Straßen, die von den **philantropischen Wohnungsbaugesellschaften** als Projekt ausgewählt wurde. Auch in der Palmstraat und in der Goudsbloemstraat waren diese Gesellschaften tätig, um Arbeitern **einfachen, jedoch qualitativ guten Wohnraum** zur Verfügung stellen zu können. Da man kein Geld zu verschwenden hatte, fielen die Häuserfronten in ihrer Formgebung meist auch recht einfach aus. Für heutige Ansprüche mussten bei Renovierungsarbeiten allerdings einige Anpassungen wie größere Fenster, größerer Wohnraum o. Ä. vorgenommen werden.

Nach dem Jahr 1880 stellte die Stadt etwas mehr Geld zur Verfügung, sodass die **Wohnsituation auch für die Ärms-**ten der Armen verbessert** werden konnte. Louise Went (die später mit dem Architekten Van der Pek verheiratet war) und Hélène Mercier setzten sich in der „Bouwonderneming Jordaan" für diese Ziele ein. Van der Pek wurde auch für die Realisierung von Bauplänen herangezogen, wobei die Gestaltung des Wohnraums am tatsächlichen Leben und den Bedürfnissen der Menschen dort orientiert war (Goudsbloemstraat 125-139). Allerdings waren auch diese Wohnungen für die meisten ehemaligen Mieter wieder zu teuer.

Johanna ter Meulen gründete die „Bouwmaatschappij Oud Amsterdam". Als Direktorin der Wohnungsbaugesellschaft sorgte sie dafür, dass neue und gute Arbeiterwohnungen gebaut wurden und diese dem Zweck entsprechend genutzt wurden. Desweiteren unterhielt sie eine Beratungsstelle für die Anwohner. Heute würde man sie wohl als Sozialarbeiterin bezeichnen. Ihr Büro hatte sie in der Anjelierstraat 149.

In der **Lindengracht** (206-220) entwarf Van der Pek Häuser, die gleichzeitig als Geschäft und Lagerhalle genutzt werden konnten. Diese waren teurer und daher auch vielfältiger ausgestaltet. Durch die Reliefs und in Schriftzügen sind verschiedene Baugewerbe abgebildet. Diesen Häusern gegenüber (bei Nr. 149-163) liegt das **Suykerhofje**, das nach seinem Stifter Pieter Jansz. Suykerhoff benannt ist. In der entgegengesetzten Richtung, bei Nr. 94-110, ist das **Lindenhofje** aus dem Jahr 1614 zu sehen.

Die Westerstraat endet im Osten auf dem **Noordermarkt.** An Markttagen stehen die Verkaufsstände bis auf die Straße. Zwischen 1620 und 1623 wurde die **Noorderkerk** gebaut. Die Kirche war nötig geworden, da die Bevölkerung in diesem Stadtteil rasend schnell zunahm. Der Entwurf in Form eines griechischen Kreuzes stammt von Hendrick de Keyser, dessen Werk nach seinem Tod durch seinen Sohn Pieter weitergeführt wurde. Durch ihren Grundriss, die klassischen Ornamente und die Verzierung stellt sich De Keyser als Handwerksmann in die Tradition des Mittelalters. Leider ist die Kirche nicht hoch genug, als dass man sie von verschiedenen Punkten des Viertels aus sehen könnte. Die Gebäude rund um die Kirche herum sind allerdings sehr schön anzusehen.

Bei Haus Nr. 9 ist noch ein **Trinkwasseranschluss** der Stadt zu entdecken. Da das Grachtenwasser für den Verzehr unbrauchbar war, musste das gesamte Frischwasser mit Booten herangeführt werden. Da man allerdings Belagerungen zu fürchten hatte, legte die Stadt mehrere Frischwasserreservoirs an.

› Noorderkerk, Noordermarkt 48, geöffnet (falls nicht anderweitig besetzt) Mo. 10.30–15 Uhr, Do., Sa. 11–13 Uhr, Apr.–Okt. auch Mi. 10.30–15 Uhr, So. 13.30–17.30 Uhr, Eintritt frei, www.noorderkerk.org

(53) EGELANTIERSSTRAAT ★★ [F4]

Von der Westerstraat führt die 1e Anjeliersdwarsstraat über die 1e Tuindwarsstraat in die 1e Egelantiersdwarsstraat, wo man (recht unscheinbar) den Zugang zum **Claes Claesz. Anslo Hofje,** die Wohnhäuser um einen Innenhof, die von einem Tuchhändler aus Norwegen gebaut wurden, entdecken kann.

An der Egelantiersstraat Nr. 52 ist im Giebel eine Hand zu sehen, die mit einer Feder schreibt. Der Fassadenstein ist eine Kopie eines berühmten Werks von Cornelis Anthonisz, gestorben 1554, der damals so berühmt war, dass er von Kaiser Karl V. den Auftrag erhielt, Amsterdam zu malen. Dieses sehr detaillierte Gemälde des damals noch wesentlich kleineren Amsterdam hängt heute im **Amsterdams Historisch Museum** ㉗. Den **Fassadenstein mit der schreibenden Hand** gab im 17. Jahrhundert ein Lehrer namens Wient in Auftrag. Er war Eigentümer dieses Hauses und verdiente mit dem Schreiben und Vorlesen von Schriftstücken sein Geld. Die Giebelzeichnung diente wohl, außer zur üblichen Namensgebung für ein Haus (die Häuser hatten damals keine Nummern sondern Namen), auch als Reklameschild – schließlich musste jedem Vorbeigänger deutlich werden, dass in diesem Haus ein Schriftgelehrter seiner Arbeit nachging.

Auf der Egelantiersgracht begann bei **Café 't Smalle** die Brennerlaufbahn von Pieter Hoppe. Hoppe-Jenever ist auch heute noch sehr bekannt. (Jenever ist der niederländische Wacholderbranntwein und gleichzeitig das Nationalgetränk.)

› Café 't Smalle, Egelantiersgracht 12

(54) BLOEMGRACHT ★ [E5]

Die 2e Leliedwarsstraat, in der bei Nr. 17 ein Haus in holländischem Renaissancestil von Berlage steht, führt zur Bloemgracht. Die Bloemgracht und Rozengracht gehörten im 17. und 18. Jahrhundert zu den angeseheneren Adressen im

069am Abb.: bs

Stadtteil Jordaan. In der Bloemgracht steht noch eine ganze Reihe dieser Häuser. Bei Nr. 87–91 stehen die **Häuser Stadtmann, Landmann und Seemann,** die von der Stiftung Hendrik de

Bummeln an der Prinsengracht
Die Prinsengracht bildet die Ostgrenze des Jordaan. Entlang der Prinsengracht findet man viele **schöne, alte Häuser,** einladende **Cafés, Kneipen oder Restaurants** und interessante **Geschäfte.** In der Seifenmacherei **La Savonnerie** (s. S. 35) in der Prinsengracht 294/Ecke Elandsgracht wird z. B. fast täglich Seife hergestellt. Wenn man sich früh genug meldet, kann man auch Seife mit dem eigenen Namen oder Logo machen lassen.

Keyser renoviert und wieder vermietet wurden. Allerdings haben die Mieter jede Menge Auflagen bekommen, da an dem ursprünglichen Zustand der Häuser (auch innen) nichts verändert werden darf. Die Klappen an den unteren Fenstern dienten früher als Verkaufstheke.

55 ANNE FRANK HUIS ★ ★ ★ [F5]

Bei Prinsengracht Nr. 263 steht das **Anne-Frank-Haus.** Von 1942 bis 1944 versteckten sich hier die aus Frankfurt am Main geflüchtete Familie Frank,

▲ *Vor dem Anne-Frank-Haus bilden sich oft lange Warteschlangen*

Elandsgracht [E7]

Die zugeschüttete Elandsgracht bietet einige **kleine Geschäfte**. Wo diese auf die Prinsengracht stößt, wurde ein Teil als **Johnny Jordaanplein** eingerichtet. Johnny Jordaan (1924–1989) war die Verkörperung des Jordaanliedes schlechthin. Aufgewachsen und geprägt von schwierigen und erbärmlichen Verhältnissen, verlieh er in seinen Liedern der armen Bevölkerung eine Stimme. Anfangs weigerten sich sogar fast alle Radiosender, seine Platten zu spielen, da ihnen der Kulturgehalt zu niedrig erschien. Rau, doch kitschig und mit viel Vibrato gesungen, prägen seine Interpretationen des sogenannten „Amsterdamer Lebensliedes" auch heute noch dieses Genre, das sich immer einer treuen Hörerschaft versichert weiß.

die Familie Van Pels (im Tagebuch „Van Daan") und Fritz Pfeffer (im Tagebuch „Herr Van Dussel") vor den Nationalsozialisten. Der Aufgang zum Versteck auf dem Dachboden war hinter einem Bücherschrank verborgen, doch im August 1944 wurde das Versteck verraten. Das **Tagebuch**, das Anne Frank in dieser Zeit führte, ist erhalten geblieben und weltberühmt geworden.

1957 ging das Haus durch eine Schenkung an die **Anne-Frank-Stiftung** über, die hier seither ein Museum und Informationszentrum unterhält. Außer dem Versteck beherbergt das **Museum** wechselnde Ausstellungen rund um die Themen Faschismus, Rassismus und Krieg. Das Gebäude ist auch schon von Weitem an den langen Warteschlangen zu

erkennen, denn noch immer übt die Geschichte Anne Franks eine große Anziehungskraft aus.

> Prinsengracht 267, Tel. 5567105, www.annefrankhuis.nl, Mo.–So. 9–19 Uhr, 15. März bis 14. Sept. 9–21 Uhr, Eintritt 7,50 €, Kinter bis 17 Jahre 3,50 € (bis 10 Jahre frei). Straßenbahn (Westermarkt) 13, 14, 17

EHEMALIGES JUDENVIERTEL

ÜBERBLICK

Ein Rundgang durch das jüdische Viertel ist genau genommen eigentlich nicht möglich, da es **so nicht mehr existiert**, denn während der Besatzungszeit im Zweiten Weltkrieg wurden aus Amsterdam beinahe alle Juden in **Konzentrationslager** abtransportiert und nur ein sehr kleiner Teil überlebte. Das ehemalige jüdische Viertel wurde bei den Wiederaufbauarbeiten nach dem Krieg grundlegend verändert. Dennoch sind bei genauerem Hinsehen noch **Spuren der reichen und vielfältigen jüdischen Kultur** zu entdecken.

Das ehemalige Judenviertel erstreckt sich zwischen Oude Schans und Amstel im Westen über die Sarphatistraat im Süden und Osten und die Prins Hendrikkade, Kattenburgergracht und Wittenburgergracht.

Die Juden in Amsterdam

Die ersten jüdischen Einwanderer kamen wohl **um das Jahr 1600 aus Portugal** nach Amsterdam. Als in Europa die Auseinandersetzungen mit den Spaniern zunahmen, hatte das einen wahren Strom jüdischer Einwanderer zur Folge. Zunächst aus Portugal und Spanien geflüchtet, verließ bei der Besetzung Antwerpens der Großteil der (jüdischen) Einwohner die Stadt, da die Spanier die Bevölkerung zwangen, zum katholischen Glauben überzutreten.

Viele jüdische Kaufleute kamen nach Amsterdam und **verhalfen der Stadt zu Wohlstand und Ansehen.** Zwar hatte man bei der Union von Utrecht (1579) beschlossen, dass niemand wegen seines Glaubens verfolgt werden durfte, aber auch hier bestanden starke Vorbehalte gegen Juden. Letztendlich siegte jedoch der Handelsgeist, da man einsah, dass die portugiesischen Juden mit ihrem **Reichtum** und ihren **Handelskontakten** in die ganze Welt ihren Teil dazu beitragen konnten, Amsterdam einen wichtigen Platz auf dem Weltmarkt zu erobern.

Die meisten portugiesischen Juden hatten einen hohen Bildungsstand, waren in Kultur und Kunst bewandert, beherrschten mehrere Sprachen, unterhielten Handelskontakte zu anderen jüdischen Niederlassungen in Venedig, Saloniki, Konstantinopel und Amerika und waren ihrer nichtjüdischen Umgebung ebenbürtig.

Außer der kleinen Gruppe mehrheitlich begüterter, portugiesischer Juden lebte in Amsterdam auch eine sehr viel größere, ebenfalls im siebzehnten Jahrhundert zugewanderte Gruppe **aschkenasischer Juden aus Mittel- und Osteuropa (Polen, Litauen, Deutschland),** die im Gegensatz zu den Portugiesen sehr **arm** waren. Aus den Steuereintragungen von 1674 geht hervor, dass das Pro-Kopf-Vermögen bei der aschkenasischen Gemeinde bei 3,48 Gulden und bei der portugiesischen Gemeinde bei 1448,72 Gulden lag. Erst Ende des 18. Jahrhunderts erreichten einige wenige reiche aschkenasische Juden einen Lebensstandard, der mit dem der portugiesischen Juden vergleichbar war.

Ein weiterer Unterschied war, dass die portugiesischen Juden durch Vertreibung und Scheinübertritte zum Katholizismus mit der hebräischen Sprache und den **jüdischen Gebräuchen** nicht so gut **vertraut** waren wie die aschkenasischen Juden, deren Umgangssprache Jiddisch war.

Wirtschaftslage

Die reichen Juden profitierten wie die übrigen Amsterdamer im 17. Jh. vom Aufschwung der Stadt. Während der daran anschließenden wirtschaftlichen Flaute zehrte ganz Amsterdam über ein Jahrhundert lang von den Reichtümern, die man im „Goldenen Jahrhundert" angesammelt hatte.

Die **armen Juden** blieben im Gegensatz dazu auch während der Blütezeit arm und lebten jahrhundertelang am Rande des Existenzminimums. Dass die Juden als Gesamtgruppe **zu den ärmsten Teilen der Bevölkerung gehörten,** ist auch daran sichtbar, dass 1795, als es mit der Amsterdamer Wirtschaft sehr schlecht stand, 36,7 % der Amsterdamer auf eine Unterstützung der Stadt angewiesen waren, bei den portugiesischen Juden waren dies jedoch 54 % und bei den aschkenasischen Juden sogar 87 %.

Rechte und Pflichten

Obwohl in Amsterdam **relative Glaubensfreiheit** herrschte und die Juden nicht gezwungen waren, in einem Getto zu leben oder Erkennungszeichen zu tragen, die sie als Juden auswiesen, waren

070am Abb.: bs

sie auch hier **bei ihren wirtschaftlichen Betätigungen Einschränkungen unterworfen.** So konnten sie nicht Mitglied einer Zunft werden und durften keinen Laden besitzen. Übrig blieben daher der Straßenhandel und nicht geregelte Tätigkeiten wie die Diamantverarbeitung, die Seiden, Tabak und Zucker verarbeitende Industrie und das Druckhandwerk, da man in Amsterdam in der Herstellung hebräischer Bücher keine Konkurrenz fürchtete.

Des Weiteren hatten Juden **keine Bürgerrechte.** Diese konnten zwar einzelnen Personen verliehen werden, aber die Bürgerrechte wurden nicht in die nächste Generation vererbt. Erst 1796 wurden Juden diese Rechte zuerkannt.

Beide jüdischen Gemeinden hatten **Selbstverwaltungsorgane,** die juristische Befugnisse über die eigene Gemeinde hatten. Die Armensorge war eine der Hauptaufgaben dieser Organe. Für die jüdischen Bewohner bedeutete dies, dass sie ihren eigenen Regeln und Gesetzen entsprechend leben und weiterhin ihre eigene Sprache sprechen konnten. Auch zogen es die meisten Juden vor, in Gebieten zu leben, in denen auch andere Juden wohnten.

Die Stadterweiterungen von 1592 und 1662

Bei den Stadterweiterungen von 1592 und 1662 entstand das Gebiet, in dem sich später die Juden ansiedelten.

Da die an der Oude Schans angesiedelten **Schiffsbau- und Industriebetriebe mehr Platz benötigten,** entschloss man sich 1591, die Stadt **nach Osten hin zu erweitern.** Siebzig Jahre später verschob man die Betriebe nochmals von den Inseln Uilenburg, Marken und Rapenburg ein weiteres Stück nach Osten, sodass sie sich schließlich auf den östlichen Inseln Kattenburg, Wittenburg und Oosterburg einrichteten. Heute macht man sich häufig nicht mehr klar, dass all diese Gebiete im Grunde genommen **kleine Inseln** sind, die zum Teil nur an wenigen Stellen mit dem Rest verbunden waren oder sind. (Manche Grachten wurden für den immer wichtiger werdenden Straßenverkehr zugeschüttet.) Sieht man sich jedoch die Karte an, so kann man dies noch genau erkennen. Auch das Gebiet, auf dem heute das Musiktheater und das Rathaus 🖲 liegen, war ursprünglich eine solche Insel. Mit der zweiten Stadterweiterung hatte die Stadt ihre charakteristische halbrunde Form erhalten.

56 BLAUWBRUG ★ [J8]

Die blaue Brücke über die Amstel erhielt ihren Namen, da das Holz der ersten Brücke blau gestrichen war. Die **jetzige Überführung** ist **angelehnt an** die großartigen **Brücken in London, Wien oder Paris.** Die Brücke bildete den wichtigsten Zugang zum Judenviertel, denn die zur Bewohnung freigegebenen Inseln waren hauptsächlich für arme Bewohner bestimmt. Vor allem die aschkenasischen Juden konzentrierten sich in diesen Stadtteilen. Die Wohnverhältnisse waren größtenteils so erbärmlich, dass sich die Stadt einige Male gezwungen sah, ganze Viertel abzureißen und das Gelände neu zu bebauen.

57 EHEMALIGES JUNGENWAISENHAUS ★ [J8]

Von der Blauwbrug hat man einen guten Blick auf den Rundbogen des **Muziektheaters 35**, das im Kapitel „Innenstadt" beschrieben ist.

Rechts vom Theatereingang sieht man in den Boden eingelassen die **Umrisse des Jungenwaisenhauses Megadle Jethomiem.** Dieses konnte Mitte des 19. Jahrhunderts durch eine Schenkung eröffnet werden. Im März 1943 wurden alle Kinder ins Konzentrationslager Sobibor abtransportiert.

▶ *Markante Leuchte auf der Blauwbrug*

◀ *Das Denkmal des „Dokwerker" erinnert an den einzigen Streik, der je gegen die Nazis geführt wurde*

58 OUDEZIJDS HUISZITTENHUIS ★ [K7]

An der Ostseite des **Muziektheaters 35** bei Haus Nr. 211 stößt man auf das Oudezijds Huiszittenhuis von 1654, von wo aus hauptsächlich **alte Menschen,** die zwar noch ein Dach über dem Kopf hatten, sich jedoch nicht mehr selbst versorgen konnten, eine Art **Sozialhilfe** erhielten. Auch **Saisonarbeiter,** die im Winter keine Einkünfte mehr hatten, konnten diese Unterstützung in Anspruch nehmen. Allerdings musste man dem exzessiven Trinken abschwören, man durfte nicht fremdgehen und musste sich um Arbeit bemühen, um die Unterstützung zu erhalten. Spenden wurden auf dem Hinterhof ausgeteilt. Das Grundstück war über eine Pforte an der Nieuwe Amstelstraat erreichbar.

❯ Waterlooplein 211. U-Bahn (Waterlooplein)

071am Abb.: bs

59 MOSES-UND-AARON-KIRCHE ★ [K7]

Wo Nord- und Ostseite des **Rathauskomplexes** 35 aufeinandertreffen, trifft man auf die Moses-und-Aaron-Kirche. Man sieht es der reich gestalteten Außenfassade nicht mehr an, dass auch diese Kirche einst aus einer *schuilkerk* (versteckte Kirche) entstanden ist.

Die **Franziskaner**, die diese Kirche zunächst betreuten, durften ihren Glauben zwar behalten, jedoch musste dies in einer Form geschehen, die nach außen nicht sichtbar war. Mitte des 17. Jahrhunderts hielt man seine Gottesdienste zunächst im Haus Moses an der Jodenbreestraat ab. Später konnte dann das danebenliegende Haus Aaron dazuerworben werden.

1686 begann man mit dem **Bau der großen Kirche**. Die heutige Kirche entstand zwischen 1837 und 1841. Da man seit dieser Zeit die Straßenführung wesentlich verändert hat, steht das Gebäude etwas verloren am Ende des Waterloopleinmarktes. Auch machen die fehlenden Verzierungen an der rechten Seite deutlich, dass die Kirche ursprünglich zwischen zwei Gebäuden stand.

Das Vorhandensein dieser **christlichen Kirche** mit dem heiligen Franziskus über dem Eingang mitten im Judenviertel beweist, dass das Wohnviertel nie ausschließlich für Juden bestimmt und nur von ihnen bewohnt war.

Der **Waterloopleinmarkt** war seit 1886 der Marktplatz des jüdischen Viertels. Hier spielte sich der gesamte Handel der Juden ab, da es ihnen – wie bereits erwähnt – nicht erlaubt war, einen Laden zu besitzen. Der Markt auf dem Waterlooplein löste den Markt auf der St. Antoniesbreestraat und der Jodenbreestraat ab, da die Gemeinde in dieser Zeit beschlossen hatte, die Breestraat zu einer breiten Straße zu erweitern, um den Verkehr in die Stadt zu leiten.

❯ Waterlooplein 205, Tel. 6221305, www.mozeshuis.nl. U-Bahn (Waterlooplein)

60 REMBRANDTHAUS ★ ★ ★ [J7]

An der Jodenbreestraat 4–6 steht das Rembrandthaus, in dem der Künstler von 1639 bis 1658 lebte und arbeitete. In den verschiedenen Zimmern des Hauses sind beinahe alle **Radierungen** Rembrandts zu besichtigen und es finden wechselnde **Ausstellungen** über seinen Lehrmeister, seine Zeitgenossen und Schüler statt. Im ehemaligen Nachbarhaus (Nr. 2) wohnte von 1627 bis 1647 der Kunsthändler Hendrick Uylenburgh, dessen Tochter Saskia Rembrandt später heiratete. Im Rembrandthaus wurde der gemeinsame Sohn Titus geboren und Saskia starb hier. Durch Rembrandt weiß man, dass es zwischen jüdischen und christlichen Künstlern auch einen regen Austausch gab. Er porträtierte beispielsweise die Bewohner des Wohnviertels und fertigte Radierungen zu jüdischen Büchern an.

Schräg gegenüber vom Rembrandthaus findet man die **Leprapforte** 19, auf der Kranke abgebildet sind und ein Stück weiter, in der St. Antoniesbreestraat (Nr. 69) steht das **Pintohaus** 18, in dem man die Wand- und Deckenmalereien im Innern des Hauses bewundern kann.

❯ Jodenbreestraat 4–6, Tel. 5200400, www.rembrandthuis.nl, täglich 10–17 Uhr, Eintritt 8 €, Kinder bis 16 Jahre 1,50 € (bis 6 Jahre frei). Straßenbahn (Mr. Visserplein) 9, 14, U-Bahn (Waterlooplein)

(61) DIAMANTSCHLEIFEREI GASSAN DIAMONDS BV. ★ [K7]

Von der Jodenbreestraat geht der Uilenbursteeg ab, der in die Nieuwe Uilenburgerstraat übergeht.

Uilenburg war eine der **Inseln,** die zur **Lagerung von Schiffsladungen** dienten. Ursprünglich verliefen zwei Straßen in Längsrichtung auf der Insel, an denen vor allem Speicherhallen und Schiffswerften zu finden waren. Was sich dort an **Wohnungen** befand, war jedoch in einem solch **schlechten Zustand,** dass sich die Stadt zu Beginn des 20. Jahrhunderts gezwungen sah, das Gebiet zu beschlagnahmen. Bei über einem Drittel der Wohnungen war auch durch Renovieren keine Verbesserung der Wohnsituation möglich. Teilweise lebten hier Familien mit acht oder mehr Kindern in einem Zimmer, in dem nicht nur gelebt und geschlafen, sondern sogar noch gearbeitet werden musste.

Das gesamte Gebiet wurde **abgerissen.** Beim **Wiederaufbau** machte man aus den beiden schmalen Straßen eine breite. Die Wohnblöcke mit den geraden Nummern stammen noch aus dieser Zeit des Neuaufbaus.

Eine Besichtigung wert ist die **Diamantschleiferei Gassan Diamonds BV.** Diese hat ihren Sitz in einem Gebäude, das zwischen 1876 und 1878 für die Gebrüder Boas gebaut wurde. Die ursprüngliche Diamantschleiferei der Brüder, deren Vater Schuhmacher gewesen war, war durch eine Blüte des Diamanthandels zu groß für die vorhandenen Gebäude geworden, sodass man die neue Fabrik in Auftrag gegeben hatte.

Das **Gebäude** wurde absichtlich außen so verziert, dass es nicht direkt den Eindruck einer Fabrik weckt. Der Bau ist zudem auffallend breit, aber nicht sehr tief, da Tageslicht für die Schleifarbeiten von größter Wichtigkeit ist. Das Unternehmen bot mehreren Hundert Diamantschleifern einen gut bezahlten Arbeitsplatz und sicherte somit das Überleben vieler jüdischer Familien.

Bereits Ende des 19. Jahrhunderts war man dazu übergegangen, nicht mehr selbst Rohdiamanten einzukaufen und die geschliffenen Edelsteine wieder zu verkaufen, sondern Arbeitsplätze und Geräte zu vermieten. Die Weltwirtschaftskrise führte letztendlich zum **Zerfall des Unternehmens.** Im Gebäude kamen daher andere Industrien unter und die Fabrik wurde von den deutschen Besatzern schließlich liquidiert.

Im Jahre 1989 übernahm die Firma Gassan Diamonds BV. das Gebäude und gestaltet es um. Mit dem Unternehmen,

072am Abb.: bs

► *Pieter, einer der Diamantschleifer bei Gassan Diamonds*

das 1945 von Samuel Gassan gegründet worden war, der das Diamantschleifen übrigens noch im Boas-Gebäude gelernt hatte, **kehrte** das **Diamanthandwerk** wieder in das Gebäude **zurück**. Die Innenausstattung wurde dabei gründlich renoviert.

Gassan Diamonds BV. bietet sowohl für Einzelpersonen als auch für Gruppen gratis **Führungen** (auch auf deutsch) durch das Gebäude an. Von 9–17 Uhr kann man sich hierfür bei der Rezeption anmelden und hat am Ende einer Führung natürlich auch die Gelegenheit, Steine zu erwerben. Größere Gruppen sollten sich bereits vorher anmelden.

DER JÜDISCHE RAT – HILFE FÜR DIE JUDEN?

Der Jüdische Rat ist **eines der auch heute noch am heftigsten umstrittenen Organe.** *Die Nazis waren dazu übergegangen, alle jüdischen Angelegenheiten durch diesen Rat regeln zu lassen. Der Rat musste beispielsweise für die* **Durchführung von Judengesetzen,** *Bestimmungen und Regelungen sorgen. Die Mitglieder hofften, durch ihre Mitarbeit größeres Unglück verhindern zu können. In Wahrheit hatte man jedoch überhaupt keinen Handlungsspielraum. Es war ein besonders zynischer Einfall der Deutschen, die Mitglieder des Rates zu* **Kollaborateuren der Judenvernichtung** *zu machen. Auch heute scheiden sich noch die Geister, ob der Rat damals die Mitarbeit hätte verweigern müssen.*

> Nieuwe Uilenburgerstraat 173–175, Tel. 6225333, www.gassandiamonds.com. Straßenbahn (Mr. Visserplein) 9, 14, U-Bahn (Waterlooplein)

Wer die Straße noch weiter hineingehen will, findet bei Haus Nr. 91 die **Aschkenasische Synagoge** von 1766. Diese war im Besitz der aschkenasischen Juden. Im Moment wird das Gebäude vom Denkmalschutzamt der Provinz genutzt. Leider versperrt eine Mauer eine gute Sicht.

Noch ein Stück weiter stehen dann die **Rheinuferpackhäuser,** die zur ursprünglichen alten Bebauung gehören und aus der zweiten Hälfte des 17. Jh. stammen. Die Namen Francfurt, Maintz, Koblenz, Colln, Bonn und Mannheim verweisen auf die Rheinstädte, mit denen man intensive Handelskontakte unterhielt.

62 PORTUGIESISCHE SYNAGOGE ★   [K7]

Auf dem Mr. Visserplein, der nach Louis Ernst Visser, dem Präsidenten des Hohen Rates während der Besatzungszeit, benannt ist, befindet sich direkt gegenüber der Jodenbreestraat (Haus Nr. 3) die portugiesische Synagoge aus dem Jahr 1675, die **bei ihrem Bau die größte Synagoge der Welt** war. Das Bauwerk von Elias Bouwman dominierte damals mit seiner Größe die Umgebung. Es ist eine langgezogene Version der hochdeutschen Synagoge (die heute Teil des Gebäudekomplexes des **Joods Historisch Museum 69** ist), die derselbe Architekt entworfen hatte. Die Länge des Gebäudes wird betont durch die Bänke, die in Längsrichtung stehen, und die Frauengalerie, die ebenfalls in Längsrichtung verläuft. Ein Besuch der Synagoge lohnt sich, da hier das **Originalinventar** größtenteils erhalten geblieben ist. In der Holzarche (ca. 1670) werden die Gesetzesrollen bewahrt, wovon die älteste aus dem Jahr 1602 stammt. Beleuchtet wird die Synagoge mit über 1000 Kerzen auf Kupferkronleuchtern.

Zum Gebäudekomplex gehört noch ein **Seminar**, das über eine **reichhaltige Bibliothek** verfügt, die durch ihre Kollektion an Sephardica zu einer der wichtigsten jüdischen Bibliotheken der Welt geworden ist. Ein weiterer Raum des Seminars wird im Winter als Synagoge genutzt, da es in der großen Synagoge zu kalt ist.

❯ Mr. Visserplein 3, www.esnoga.com, Tel. 6245351, So.–Fr. 10–16 Uhr (von November bis einschließlich März Fr. nur bis 14 Uhr), Eintritt 6,50 €, Kinder bis 17 Jahre 4 € (bis 9 Jahre frei). Straßenbahn (Mr. Visserplein) 9, 14, U-Bahn (Waterlooplein)

63 RAPENBURGERSTRAAT ★ [K7]

Bei der ersten Stadterweiterung in diesem Gebiet standen an dieser Stelle die **Verteidigungswälle**. Da diese aber im Jahr 1662 ihre Funktion verloren, konnten sie abgerissen und/oder umgebaut werden.

ENTREPOTDOK

*Als Amsterdam noch ein wichtiger Umschlaghafen war, konnte man es sich leisten, auf Güter, die hier nur umgeschlagen wurden, **zweimal Zoll zu erheben**. Händler mussten zuerst für die Einfuhrrechte und dann wieder für die Ausfuhrrechte bezahlen. Zu dieser Zeit standen an der Stelle Lagerhallen und Wohnhäuser nebeneinander.*

*Als im 19. Jahrhundert die Handelsposition sehr viel ungünstiger geworden war, konnte man **keine doppelte Verzollung mehr** fordern, wollte man als Umschlaghafen im Rennen bleiben. Daher richtete man sogenannte „rijksentrepots" (staatliche Zwischenlagerhallen) ein. Für die Güter musste erst dann Zoll bezahlt werden, wenn man sie importieren wollte. Zu diesem Zweck wurden 1827 die Lagerhallen an der Rapenburgergracht als „entrepots" ausgewiesen. Die Wohnhäuser, die zwischen den Lagerhallen standen, wurden abgerissen und an ihre Stelle kamen*

neue Lagerhallen. Auch wurde entlang des Laagte Kadijk eine Mauer gebaut, die den Schmuggel von Waren verhindern sollte.

*Ende des 19. Jahrhunderts war es jedoch für große Schiffe nicht mehr länger möglich, am Entrepotdok anzudocken, da man eine Eisenbahnverbindung angelegt hatte. Die Zwischenlager wurden daher an den Cruquiusweg verlegt. Die Lagerhallen am Entrepotdok wurden **nach und nach verlassen** und dem Verfall überlassen.*

*1981 gab die Wohnungsbaugesellschaft, die Eigentümerin des Komplexes war, den **Umbau** in Auftrag. Aus den Lagerhallen sollte **Wohnraum** entstehen. Da in den Lagerhallen schlechte Lichtverhältnisse herrschten, weil die Hallen 30 bis 40 m tief waren, entschied man sich schließlich dafür, aus der Mitte ein Stück herauszunehmen, sodass ein Innenhof entstand. Damit konnten die Grundform und die Außenfassaden in ihrer ursprünglichen Form erhalten bleiben.*

073am Abb.: bs

Im Haus Nr. 175–179 war von 1839–1943 das **Nederlands Israelitisch Seminarium** ansässig, in dem man eine anerkannte Ausbildung zum Rabbiner erhalten konnte. Das Gebäude war ein Geschenk des Bankiers David Hollander.

Bei Nr. 169–171 stößt man auf das ehemalige **niederländisch-israelitische Mädchenwaisenhaus,** das seit 1861 achtzig Mädchen eine orthodox-jüdische Erziehung ermöglichte. Am 10. Februar 1943 wurden die Bewohnerinnen in ein Konzentrationslager abgeführt.

Im **Beth Hamidrasj Ets Chaim,** Nr. 109, konnte man seit 1740 die Thora und die jüdischen Gebräuche studieren. Studium und Disput als wesentlicher Teil des jüdischen Lebens. Das heutige Gebäude stammt aus dem Jahr 1883 (die Zahlen im Giebel geben das Jahr nach jüdischer

Zählung wieder). Im Krieg wurde das Studienhaus geschlossen. Nach dem Krieg diente das Haus als Fabrikgebäude, weshalb es bis zur Unkenntlichkeit umgebaut wurde. Erst seit wenigen Jahren sind hier wieder jüdische Organisationen ansässig.

Von der Rapenburgerstraat kommt man in die Anne Frankstraat, die allerdings lediglich nach **Anne Frank** benannt ist. Das Versteck, in dem Anne und ihre Familie sich vor den Nationalsozialisten versteckten, liegt an der Prinsengracht

▲ *Die Stadt vom Wasser aus entdecken: Rundfahrtboot am Entrepotdok*

PLANTAGE – VON DER GARTENANLAGE ZUM NOBELVIERTEL

*1682 wurde das Gebiet in 15 Parks und 59 rechteckige Parzellen unterteilt, die die Bewohner Amsterdams als Gärten mieten konnten. Damit hatten sich die Stadtväter endlich durchgerungen, den ursprünglichen Plan fallen zu lassen, demzufolge dieses Gebiet für Luxuswohnungen bestimmt war. Es gab zu wenige Anwärter, die an Baugelände interessiert waren. Man entschloss sich daher, eine Art **Naherholungsgebiet** zu bauen. Es entstanden **Waldstücke**, ein **Medizinalgarten** (der „Hortus Botanicus") und **sorgfältig angelegte Gärten.** Für diese galten einige spezielle Regeln. So mussten die Gärten eine Umzäunung erhalten, man durfte sie nicht weiter in kleinere Parzellen unterteilen, erlaubt waren Gartenhäuschen, die nicht zum ständigen Wohnen bestimmt waren, und es durften dort keine Handwerks- oder Industriearbeiten durchgeführt werden. An den Wegen pflanzte man Bäume und die einzige gepflasterte Straße war die Plantage Middenlaan. Im 19. Jahrhundert kamen noch einige **Theater** und der **Zoologische Garten** hinzu, wodurch Spaziergänger und Wanderer in das Gebiet gelockt wurden.*

*Da die Bevölkerungszahl im 19. Jahrhundert wieder zunahm und mehr Nachfrage nach Neubaugebieten entstand, verkaufte die Stadt ab 1858 Grundstücke in dem Gebiet und die Baubeschränkungen wurden aufgehoben. Es entstand ein **nobles Wohnviertel** mit einer vielfältigen Bebauung. **Reich geschmückte Fassaden** waren von jeher ein Zeichen großen Reichtums. Durch moderne Produktions-*

*methoden konnten Verzierungen jedoch mit billigeren Materialien in Massenfertigung hergestellt werden, sodass sich auch weniger Begüterte diese Ausschmückungen leisten konnten. Ein Großteil der Bewohner gehörte zur **jüdischen Elite.** (Vor 1940 waren fast 90 % der Bewohner jüdischer Abstammung.) Man muss sich dabei vorstellen, dass diese Gebiete am Stadtrand lagen, sodass man fast das Gefühl hatte, auf dem Land zu wohnen.*

*Der **Wertheimpark** liegt genau dort, wo 1682 ein Waldstück angelegt wurde. Die Bäume standen, der damaligen Mode entsprechend, in kerzengeraden Reihen. 1812 entstand hier ein englischer Garten und man eröffnete das Sommertheater Tivoli mit Café, Tanzfläche und Garten. 1851 wurde das Theater in einen Konzertsaal mit Wintergarten umgebaut. 1898 erhielt der Park seinen Namen nach dem bekannten jüdischen Bankier und Gönner A. C. Wertheim. Hier steht auch das von Jan Wolkers angefertigte Kunstwerk „Nie wieder Auschwitz". Eine Tafel beim **Auschwitzdenkmal** zählt die harten Fakten auf. Vor der deutschen Invasion wohnten in den Niederlanden 140.000 Juden. 1942–1944 wurden 107.000 Juden abtransportiert und nur 5200 von ihnen überlebten.*

263 (Anne-Frank-Haus ⑤⑤). Die Anne-Frankstraat geht beim Wertheimpark in die Plantage Parklaan über, wodurch man sich mitten in dem **Plantage** genannten Gebiet befindet.

⑥④ HENRI POLAKLAAN ★ ★   [L7]

Durch die Vorgärten der verschiedenen Häuser und da die Straße am Anfang und am Ende durch einen Park abgeschlossen wird, hat sich die Henri Polaklaan einen **ländlichen Charakter** bewahrt.

Bei Nr. 6–10 befand sich von 1916 bis zur Deportation der Patienten und des Personals das **portugiesisch-israelitische Krankenhaus.** Der Pelikan, der seine Jungen füttert, ist das Symbol dafür. Der Wohnblock Nr. 16–28 von 1864 war bei der Bebauung der Plantage das höchste Gebäude.

Der wichtigste Bau hier ist jedoch das **Gewerkschaftshaus des ANDB** (Nr. 9). Der Vorsitzende Polak gab bei Berlage den Entwurf eines Sitzes für die Diamantarbeitergewerkschaft in Auftrag. Der Turm als Symbol der Kraft der organisierten Arbeiterklasse und die große Freitreppe, die den Arbeiter im eigentlichen und im übertragenen Sinne erhöht, sollten dem neuen Bewusstsein der Arbeiterklasse Ausdruck verleihen. Der Vorstandsraum, früher das Büro Henri Polaks, ist ein Geschenk jugendlicher Mitglieder, die damit ihrer Dankbarkeit Ausdruck verleihen wollten, dass mithilfe des Vorstands 1911 der achtstündige Arbeitstag eingeführt worden war. Heute

▶ *Der Eingang des Joods Historisch Museum*

HENRI POLAK

Die Henri Polaklaan ⑥④ *ist nach dem* **Vorsitzenden des Algemene Nederlandse Diamantwerkersbond (ANDB)** *benannt. Der* **Sozialist** *Polak hatte sich innerhalb der niederländischen Gewerkschaften besonders verdient gemacht. Er war für die unterste Schicht der Amsterdamer Bevölkerung, nämlich die Juden, ein Held. Der Sozialismus sollte auf demokratischem Weg ohne Gewalt erreicht werden, indem die Situation der Arbeiter verbessert wurde. Klassenbewusste, solidarische Sozialisten wollte er erziehen, die auch an Kunst und Wissenschaft interessiert sein würden.*

Der ANDB regelte eine Art Kranken- und Unfallversicherung, Stipendien und Ferienheime. Bildung und Erziehung waren die höchsten Ziele. Durch die **Gewerkschaftsaktivitäten** *konnten viele Juden zum ersten Mal die Kultur außerhalb ihres eigenen Gettos kennenlernen. Dies führte zu* **Vermischung und Integration verschiedener Kulturen,** *was noch dadurch unterstützt wurde, dass die Arbeiter begannen, auch in andere Viertel der Stadt zu ziehen. Man suchte sich dabei allerdings hauptsächlich Viertel aus, in denen bereits andere Juden wohnten, denn obwohl die sozialistische Bewegung in diesen Jahren mehr für die Integration erreichte, als in den Jahrhunderten davor möglich gewesen war, fühlten sich Juden in einer völlig fremden Umgebung noch immer bedroht.*

befindet sich hier das **Vakbondsmuseum** (Gewerkschaftsmuseum) (s. S. 28).

An der Ecke mit der Plantage Kerklaan liegt links bei Nr. 61 das **Gebäude Plancius,** das 1875 bis 1876 im Auftrag eines jüdischen Gesangsvereins angefertigt wurde. Der Konzertsaal hatte 100 Sitzplätze, diente aber außerdem noch als Versammlungsraum der Arbeiterbewegung. Jetzt beherbergt das Gebäude das **Verzetsmuseum** (Widerstandsmuseum) (s. S. 28).

65 PLANTAGE KERKLAAN ★ ★ [L7]

In dieser Straße liegt der Haupteingang zum **Zoologischen Garten Artis** (s. S. 23), der von den beiden Portiershäuschen eingerahmt wird. Das Hauptgebäude von Artis steht an der Plantage Middenlaan 41–43, daran schließt sich

die **Bibliothek der Königlichen Zoologischen Gesellschaft** an. Darauf folgen (Nr. 47–49) ein Holz- und ein Backsteinhaus, die noch aus der Zeit vor 1858 stammen und daher einen Eindruck von der Zeit vermitteln, als dies noch eine Gartenkolonie war. Beispielsweise lag die Straße zu dieser Zeit 60 cm niedriger. Noch ein Stück weiter (Nr. 53) steht das **Aquarium von Artis,** dessen für die damalige Zeit (1881) sehr fortgeschrittene Ausrüstung verschiedensten Aquarien der Welt als Beispiel diente.

Bei Nr. 36 auf der Plantage Kerklaan befand sich **während des Zweiten Weltkriegs** das **Einwohnermeldeamt.** Unter anderem die akkurate Administration machte es für die NS-Besatzer einfach, die jüdische Bevölkerung aufzuspüren. Aus diesem Grunde versuchte am 27. März 1943 eine als Polizisten

074am Abb.: bs

verkleidete **Widerstandsgruppe**, die Registratur durch einen **Brandanschlag** zu vernichten. Der Versuch misslang allerdings, da die dicht aufeinandergepackten Papierstapel das Feuer erstickten, bevor es sich richtig ausbreiten konnte. Einige der hinzugerufenen Feuerwehrleute fühlten sich solidarisch, aber auch der ansehnliche Wasserschaden, den sie mit den Löscharbeiten verursachten, konnte die registrierten Daten nicht zerstören. Zwölf Mitglieder der Widerstandsgruppe wurden festgenommen und hingerichtet. Eine Gedenktafel erinnert an die mutige Tat.

66 HOLLANDSCHE SCHOUWBURG ★★ [L8]

Bei Plantage Middenlaan 24 mussten sich die Juden vor der Hollandsche Schouwburg (dem Holländischen Theater) sammeln, um dann in Gruppen in die **Konzentrationslager** abtransportiert zu werden. Teilweise mussten die Juden nicht nur Stunden oder Tage, sondern sogar Wochen in diesem dafür völlig ungeeigneten Gebäude verbringen, bis sie weitertransportiert wurden. Die **Kinder** wurden in einem Kindergarten gegenüber gesammelt. Einige konnten gerettet werden, denn Helfer schmuggelten sie über die Hintergärten in die reformiert protestantische Grundschule zwei Häuser weiter. Von dort aus nahmen weitere Helfer die Kinder in Wäschekörben, Rucksäcken oder Milchkannen mit hinaus und brachte sie zu Familien in Limburg und Friesland, wo sie den Krieg überlebten. Ungefähr 600 Kinder konnten auf diese Weise gerettet werden. Eine **Gedenktafel** am Schulgebäude bei Nr. 31–33 weist darauf hin.

Glücklicherweise kaufte eine Stiftung das Gebäude des ehemaligen Theaters, um es als Gedenkstätte einzurichten, bevor es zum Tanzlokal umfunktioniert werden konnte.

> Plantage Middenlaan 24, Tel. 5310340, www.hollandscheschouwburg.nl. Das Mahnmal und die Ausstellungsräume sind täglich 11–16 Uhr geöffnet, Eintritt frei. Straßenbahn (Plantage Kerklaan) 9, 14

67 NIEUWE KERKSTRAAT ★ [L8]

Die **Plantage Kerklaan** 65 stößt an einem Ende auf die **Lau Mazirelbrug**. Die im Widerstand engagierte **Juristin**, die dieser Brücke ihren Namen gegeben hat, hatte sich immer gegen die Registrierung von Personen eingesetzt und den Anschlag auf das Einwohnermeldeamt mit geplant. Da sie jedoch von sehr kleiner Gestalt war, war sie nicht am eigentlichen Anschlag beteiligt.

Die Brücke führt zur **Nieuwe Kerkstraat**, in der sich hauptsächlich ärmere portugiesische Juden niederließen. Bei Nr. 149 steht die von russischen Juden gegründete Synagoge mit dem Davidstern in einer Rosette des Giebels.

Etwas weiter, bei Nr. 127 stößt man auf das **Metaarhaus**, das zum Krankenhaus an der Nieuwe Keizersgracht gehörte. Das Metaarhaus diente der rituellen Reinigung der im Krankenhaus verstorbenen Patienten.

68 NIEUWE HERENGRACHT ★ [K8]

Über die **Weesperstraat**, die früher eine lebendige Einkaufsstraße mit überwiegend jüdischen Bewohnern war, heute allerdings auf vier Spuren von Autos befahren wird, erreicht man zunächst die

Nieuwe Keizersgracht, an deren Nr. 58 sich im Krieg der **Hauptsitz des Jüdischen Rates** befand (Exkurs „Der jüdische Rat – Hilfe für die Juden?" (s. S. 134)). Ein bisschen weiter biegt die **Nieuwe Herengracht** ab. Hier findet man links bei Nr. 43 den früheren Wohnsitz des Kunsthändlers Augustus Pieter Lopez Suasso. Die Familie Suasso gehörte schon früh zu den reichen und angesehenen jüdischen Familien. Die Witwe des erwähnten Kunsthändlers hinterließ 1890 der Stadt Amsterdam die Familiensammlung und legte so den Grundstock für das

Stedelijk Museum (s. S. 27). Bei Nr. 33 stand das portugiesisch-israelitische Altenheim (mit eigener Synagoge).

69 JOODS HISTORISCH MUSEUM ★★★ [K8]

Das **Joods Historisch Museum** ist im **aschkenasischen Synagogenkomplex** untergebracht. Da die große Synagoge von 1671 schon bald zu klein war, wurde 1686 die offene Synagoge angebaut. Um 1700 wurde die dritte Synagoge in einer Reihe von Häusern an der Nieuwe

FEBRUARSTREIK – AUFRUHR GEGEN DIE NAZIS

*Der Anlass für diesen Streik war eine **Razzia der deutschen Besatzer in den Judenvierteln**, bei der die Deutschen 425 „Geiseln" festnahmen. Die Razzien waren wiederum die Folge einiger **Schlägereien**. Die nationalsozialistischen Jugendlichen gingen regelmäßig in Judenviertel, um Juden zu verprügeln. Die Jugendlichen dort wollten sich dies nicht mehr gefallen lassen und bildeten eigene Schlägertruppen. Bei einer solchen Schlägerei am 11. Februar 1941 war einer der Nazis so stark verwundet worden, dass er wenige Tage später im Krankenhaus starb, was den Deutschen einen praktischen Vorwand für die Razzia am 22. Februar lieferte.*

*Daraufhin organisierten die (inzwischen illegalen) Kommunisten einen **Streik der Straßenbahnschaffner**, wobei man davon ausging, dass weitere Gruppierungen dem Streik der Straßenbahner folgen würden. Man forderte die Freilassung der sogenannten „Geiseln" und*

*streikte für bessere Bedingungen der Arbeiter. Die **Streikwelle** entwickelte sich zu einem **Generalstreik**. Das Gefühl, als Einheit den Besatzern gegenüberzustehen, erfasste den größten Teil der Amsterdamer Bevölkerung.*

*Die **Deutschen** waren von dem Massenstreik vollständig überrumpelt, konnten sich jedoch schnell fassen. Sie verhängten sofort den **Ausnahmezustand**. Patrouillen der SS, eine nächtliche Ausgangssperre und die Unterbeschussnahme der Demonstranten sorgten dafür, dass der **Streik nach zwei Tagen niedergeschlagen** war. Vier Streikende wurden erschossen, 22 zu Gefängnisstrafen verurteilt. Die jüdischen Geiseln wurden ins KZ Mauthausen geschickt und die Stadt Amsterdam musste ein Sühnegeld von 50 Millionen Gulden an die Deutschen bezahlen. Dieser Streik war der einzige Generalstreik in einem von den Nazis besetzten Gebiet.*

Amstelstraat eingeweiht und 1730 wurde die neue Synagoge (1752 noch einmal erweitert) in Gebrauch genommen. Zwischen der großen und der neuen Synagoge befand sich auch ein rituelles Bad. Im **Museum** werden Aspekte des jüdischen Lebens in den Niederlanden wie **Religion, Geschichte** und **Verfolgung** beleuchtet. Dabei werden außer Malereien, Fotos und religiösen Gegenständen auch Dinge des täglichen Bedarfs gezeigt. Viel Raum erhält auch die Wiedergabe persönlicher Erlebnisse, z. B. unter der Naziherrschaft im Zweiten Weltkrieg. Auf der Suche nach dem jüdischen Leben und der jüdischen Kultur in Amsterdam darf ein Besuch des Museums daher nicht fehlen.

> Nieuwe Amstelstraat 1, www.jhm.nl, Tel. 5310310, täglich 11–17 Uhr, Eintritt 7,50 €, Kinder bis 18 Jahre 3 € (bis 12 Jahre frei). Straßenbahn (Mr. Visserplein) 9, 14, U-Bahn (Waterlooplein)

🔟 DENKMAL DES DOCKARBEITERS ⭐ [K8]

Der **Jonas Daniel Meijerplein** ist nach dem ersten jüdischen Juristen benannt, der als Anwalt bei Gericht zugelassen wurde. Mitten auf dem Platz, an der Seitenwand der **Portugiesischen Synagoge** 🔢, steht das **Denkmal des Dockarbeiters,** das an den Streik der Arbeiter am 25. Februar 1941 erinnert.

▶ *Der Albert-Cuyp-Markt bietet einfach (fast) alles*

DIE SÜDLICHEN STADTTEILE OUD ZUID UND ZUIDERAMSTEL

Das **Gebiet südlich der Stadhouderskade** war lange Zeit nur dünn besiedelt und wurde vor allem landwirtschaftlich genutzt. Erst seit dem 19. Jh. begann man nach und nach, Flächen zu bebauen.

🔢 VONDELPARK ⭐⭐⭐ [B11]

Mitte des 19. Jh. gründeten reiche Bürger eine Stiftung, um einen Park als **Naherholungsgebiet** anzulegen. Zunächst wurde ein Stück Land mit Spenden aufgekauft und nachdem der erste Teil des Parks im Stil eines englischen Landschaftsgartens angelegt worden war, konnte man eine Erweiterung durch Spenden und den Verkauf von Grundstücken um den Park finanzieren. Deren Preise waren so hoch und die Bauauflagen so streng, dass sich hier ein **Vier tel höheren Standes** entwickelte.

Heutzutage bevölkern alljährlich 10 Millionen Besucher den Park zum **Joggen, Picknicken** und **Spazierengehen.** Angelockt werden sie durch den duftenden Rosengarten, schützende Bäume, die Teiche, das Blaue Teehaus, die Freilichtbühne des **Openluchttheaters** oder das **Café Vertigo** (s. S. 49) mit seiner Terrasse.

> Haupteingang gegenüber vom Max Euweplein, www.vondelpark.nl

🔢 BIERBRAUEREI HEINEKEN ⭐ [G11]

Eines der ersten interessanten Gebäude in diesen südlichen Stadtvierteln ist der

Komplex der Bierbrauerei Heineken an der Stadhouderskade 78. Die Brauerei Heineken hat sich auch im Ausland inzwischen einen Namen gemacht. Mitte des 19. Jahrhunderts baute man hier eine Anlage, um **bayrisches Bier** zu brauen, da die Räumlichkeiten in der Altstadt zu klein geworden waren. Weil der Betrieb weiterhin expandierte, musste man wiederum umziehen. Seither werden in diesem Gebäude **Führungen** zur Geschichte der Brauerei und des Bierbrauens gegeben.

❯ Stadhouderskade 78, Tel. 5239666, www.heinekenexperience.com, Di.–So. 10–18 Uhr (Einlass bis 17 Uhr), Eintritt 15 €. Straßenbahn (Stadhouderskade) 16, 24

⑦⑧ ALBERT-CUYP-MARKT ★ ★ ★   [H11]

075am Abb.: bs

Auf dem Weg zum Albert-Cuyp-Markt befindet sich in der Gerard Doustraat Nr. 238 die **Synagoge Tesjoengas Israel**, die bei ihrer Fertigstellung im Jahre 1892 mit 250 Plätzen für Männer und 70 Plätzen für Frauen als ziemlich groß galt. Auch während der Besatzungszeit war diese Synagoge heimlich in Gebrauch.

Wo die Quellijn- und die Daniel Stalpertstraat auf die Gerard Doustraat stoßen, entstehen **charakteristische Dreiecke in der Bebauung**, da man hier zunächst eine andere Straßenführung geplant hatte, diese aber später dann doch nicht weiter verfolgte.

Entlang der 1e van der Helststraat kommt man dann zur Albert Cuypstraat und weiter zur Govert Flinckstraat, in denen der **ursprüngliche Charakter dieses Viertels** mit den hohen Häusern und den schmalen Straßen dazwischen immer noch deutlich zum Ausdruck kommt.

Der **Albert-Cuyp-Markt** ist einer der bekanntesten und beliebtesten Märkte der Stadt. Hier ist immer etwas los und man bekommt gewöhnliche und außergewöhnliche Dinge, nach denen man schon lange auf der Suche war. Zudem siedeln sich in den letzten Jahren hier immer mehr kleine Restaurants, Cafés und Bars an, was diesem Viertel eine noch größere Anziehungskraft verleiht.

❯ Albert Cuypstraat, Mo.–Sa. 9–17 Uhr. Straßenbahn (Stadhouderskade) 4, 25, (Albert Cuypstraat) 16, 24, (2de van der Helststraat) 3

RUND UM DEN ALBERT-CUYP-MARKT

*Das Viertel um den Albert-Cuyp-Markt zeigt eine seltsame und spannende **Mischung unterschiedlicher Architekturstile**. Die **Neubauwohnungen** bieten zwar den gewünschten Komfort, aber diese Häuser haben natürlich den Nachteil, dass sie meist sehr teuer sind, weshalb es nicht jedem möglich ist, sich dort niederzulassen. Die Neubauten stehen zwischen **alten Häusern**, die sich in sehr unterschiedlichem Sanierungs- und Renovierungszustand befinden. Häuser in einem relativ schlechten Zustand werden beispielsweise oft von türkischen oder marokkanischen Familien bewohnt, die gerne in der Nähe der Innenstadt wohnen möchten, allerdings nur sehr geringe Mieten bezahlen wollen/können.*

*So entsteht in diesem Viertel auch eine bunte **Mischung unterschiedlichster Kulturen**. Wer einmal über den Albert-Cuyp-Markt gegangen ist, hat es lebhaft vor Augen. Der Markt zeigt die multikulturelle Gesellschaft im Kleinen.*

An das vor allem bei jungen Familien beliebte Stadtviertel **De Pijp** schließt sich das Gebiet an, das nach Entwürfen Berlages realisiert wurde: das Stadtviertel **Nieuw-Zuid**, das sich von De Pijp durch den viel großzügiger angelegten Straßenverlauf unterscheidet. Auch findet man hier stattlichere Gebäude. Das Stadtviertel gehört verwaltungstechnisch zum Stadtteil Zuideramstel.

DER SÜDPLAN VON BERLAGE – STADTERWEITERUNG IM 20. JAHRHUNDERT

*Ende des 19. Jahrhunderts hatte Amsterdam mit einem großen Mangel an Wohnraum zu kämpfen. Der **Plan Zuid** („Südplan"), den Berlage 1900 und 1917 für die im Süden neu zu errichtenden Stadtteile entwarf, sollte ebenso wie die im 17. Jahrhundert durchgeführte Erweiterung der Stadt durch Anlegung des Grachtengürtels das Gesicht Amsterdams wesentlich verändern.*

*Für Berlage war der **Grachtengürtel** ein wertvolles Stück Architektur, da er zugleich monumental und großzügig angelegt, aber dennoch abwechslungsreich war und die einzelnen Grachtenhäuser individuell gestaltet und verziert waren. Es gab auch einige Pläne, um diesen Charakter zu erhalten und **neu zu errichtende Stadtteile** ebenso zu bauen. Berlage fand jedoch, dass die Grachten dadurch unakzeptabel lang würden, was sie im Grunde genommen wieder sehr langweilig gemacht und obendrein zu langen Wegen geführt hätte. Von seinem 1900 entwickelten Plan, der 1905 durch den Gemeinderat angenommen wurde, setzte man allerdings nur das Gebiet mit den Arbeiterwohnungen zwischen Ceintuurbaan und Tolstraat und direkt um den Valeriusplein um.*

*Während der **erste Plan** noch eine Vorliebe für das Überraschende und Malerische zeigte, mit unregelmäßig verlaufenden Straßen, Ecken, Plätzen und einem in sich geschlossenen Gesamtentwurf, ist sein **zweiter Entwurf** aus dem Jahr 1917 g[...]*

prägt von Monumentalität und Symmetrie, in der wichtige Verkehrsadern die Autos in einem regelmäßigen Strom durch die Stadt fließen lassen.

Eine dieser wichtigen **Verkehrsadern** ist die Vrijheidslaan, die sich in Roosevelt- und Churchilllaan teilt. Auf dem Victorieplein war auch bereits durch Berlage ein monumentales Gebäude geplant und 1932 wurde an dieser Stelle der **Wolkenkratzer** fertiggestellt. Die breiten Straßen sind großzügig und mit viel Grün angelegt. Alle anderen Straßen und Gebäude sind um diese herum gruppiert.

Der **zweite wichtige Verkehrsknotenpunkt** liegt im Westen dieses Baugebiets beim Minervaplein, auf dem sich Stadionweg und Minervalaan kreuzen. Die **Minervalaan** sollte ursprünglich den Südbahnhof mit der Akademie der Bildenden Künste verbinden, die auf der Apollolaan entstehen sollte. Deshalb war sie 50 m breit geplant und wieder wurde die restliche Bebauung symmetrisch dazu angelegt. Da allerdings letztendlich weder die Kunstakademie noch der Südbahnhof gebaut wurden, wirkt die Straße in ihrer Monumentalität verloren und überzogen, zumal sie am Amstelkanal plötzlich endet, da hier keine Brücke für den Autoverkehr gebaut wurde.

Von Berlage stammt in diesem Gebiet nur der **Basisplan,** auf dem Straßenverläufe festgelegt sind und in groben Zügen angegeben ist, welche Art von Bebauung an einer bestimmten Stelle entstehen sollte. Die **Entwürfe einzelner Gebäude oder Straßen** stammen von unterschiedlichen Architekten. Die meisten Teilgebiete wurden Berlages Plänen entsprechend ausgeführt. Ausnahmen bilden das Gebiet zwischen dem Ringdijk, der Beethovenstraat, dem Parnassusweg und dem Zuider Amstel Kanal sowie das Gebiet südlich von Rooseveltlaan und Vrijheidslaan bis an die Amstel, das den Plänen zufolge als Gartenstadt konzipiert war.

Wer sich in Amsterdam Süd häuslich niederlassen möchte, sollte einen großen Geldbeutel mitbringen. Da die großzügigen Häuser und Villen sehr beliebt sind, sich aber kaum jemand mehr Häuser dieser Größe leisten kann, werden die Gebäude in **Apartments** aufgeteilt und **verkauft.** Aber selbst dafür muss man noch einige Hunderttausend Euro anlegen. Die Preise beginnen derzeit bei circa 2000 € pro m², wobei man allerdings für Luxuswohnraum bis zu 3700 € pro m² berappen muss.

076am Abb.: bs

▶ *Nicht jede Wohnung verfügte über ein eigenes Bad, dafür gab es die Badehäuser im Wohnviertel*

Für Architekturinteressierte, die Beispiele für den Stil der Amsterdamse School betrachten wollen, lohnt sich das Stück Van der Helstplein mit kombinierten Wohn- und Geschäftshäusern sowie die Umgebung des Hendrick de Keijserplein mit Lutmastraat, Burgemeester Tellegenstraat und P. L. Takstraat.

> Architekturführungen auf Englisch mit dem Bus bietet z. B. Museum Het Schip (s. S. 180).

ÖSTLICHES HAFENGEBIET UND ÖSTLICHE INSELN

🔢 JAVA- UND KNSM-INSEL ★★ [P4]

Im Augenblick arbeitet die Stadt hart daran, ihr **Gesicht zum Wasser** hin zu verändern. Dazu werden sowohl westlich als auch östlich des **Hauptbahnhofs ❶ enorme Bauprojekte** bewältigt. Die Java- und KNSM-Insel ist inzwischen fertig, auch die eingreifenden Renovierungsarbeiten auf dem Stück Sporenburg, Borneo und an der Oostelijke Handelskade sind überstanden. Als Nächstes wird der Stadtteil Oostenburg radikal umgestaltet werden und die enormen Baumaßnahmen auf der Insel des Hauptbahnhofs sind in vollem Gange. Auf zahllosen Baustellen wird gleichzeitig gegraben, gebaggert und gebaut. Einzelne, bereits fertiggestellte Projekte werden den neuen Eigentümern übergeben, aber die Beendigung der größten Projekte ist erst zwischen 2010 und 2012 geplant. Bis dahin werden Kräne, Baugruben und Bauzäune auch weiterhin überall zu finden sein. Die **Rückseite des Hauptbahnhofs** wird dabei **vollständig neu gestaltet**

077am Abb.: bs

078am Abb.: bs

KLEINE PAUSE

Kleine Pause

Das erste Designrestaurant auf IJburg hat sich bereits etabliert: Das **Blok 4** (s. S. 46) in der IJburglaan 500 wurde vom Designer Piet Boon eingerichtet. Hier genießt man mediterrane Küche und sitzt auf der großen Terrasse direkt am Wasser.

und erweitert und weiter im Osten dieses Abschnitts (dem sogenannten Oosterdokseiland) soll neben dem Neubau der inzwischen fertiggestellten und in Gebrauch genommenen **Hauptstelle der Bibliothek** (die größte der Niederlande) ein Gebiet inspirierender Architektur entstehen. **Wohnen, Arbeiten, Kultureinrichtungen, Restaurants und Ladengeschäfte** schaffen eine dynamische und lebendige Umgebung. Die bereits fertiggestellten Bereiche des östlichen Hafengebiets haben sich inzwischen zu einem „Trend-Viertel" entwickelt, nachdem in dem neu erschlossenen Wohngebiet mit seiner modernen Architektur ein vielfältiges Leben entstand. Galerien, Designerläden, Innenarchitektur- und Dekorationsgeschäfte, in letzter Zeit auch Kneipen und Restaurants: Hier gedeiht alles, was dazu dienen kann, sich von der Grachtenhaus-Idylle der Innenstadt abzusetzen.

❯ www.ijoevers.nl
❯ www.oosterdokseiland.nl
❯ www.oostenburgereiland.nl
❯ www.stationseiland.amsterdam.nl
❯ **Informationszentrum Stationseiland und Noord-Zuid-Lijn**, Stationsplein 7 (etwas weiter östlich vom Eingang Ost), Tel. 3445070

75 IJBURG-INSELN ★

Etwas weiter im Osten und anschließend an Diemen-Noord entsteht im IJmeer der **neue Stadtteil IJburg**, bestehend aus verschiedenen Inseln, die alle einen eigenen Charakter erhalten sollen. Umweltschützer versuchten energisch, das Projekt zu stoppen, aber in der abgehaltenen Volksabstimmung stimmte die Mehrheit (bei lediglich 30 % Wahlbeteiligung) doch für den Bau. Die ersten (Teile) der sechs Inseln sind fertig und bereits bewohnt. Allerdings erfordert das Ganze von den Bewohnern noch etwas Geduld und

▶ *Eine Wohnanlage auf der KNSM-Insel*

◀ *Die östliche Hafenfront vom Post-CS-Gebäude aus gesehen*

Pioniergeist. Nach und nach sollen jetzt die weiteren Inseln aufgeschüttet und bebaut werden. Bis 2012 sind 18.000 neue Wohnungen für 45.000 Menschen geplant. Im **Informationszentrum IJburg** kann man sich an einem witzig gemachten Modell ansehen, wie das Gebiet am Ende mal aussehen soll.

❯ **Bezoekerscentrum IJburg**, IJburglaan 648, 3. Stock, Tel. 4689695, Mi–Fr. 12–18 Uhr, Sa., So. 11–17 Uhr, www.ijburg.nl. Straßenbahn (Vennepluimstraat) 26

AMSTERDAM-NOORD

ÜBERBLICK

Wer die Hektik und das bunte Treiben der Stadt für kurze Zeit hinter sich lassen will, kann sich bei einem Rundgang in den Gartenstädten im Amsterdamer Norden entspannen, denn der nördliche Teil der Stadt ist relativ ruhig und besitzt im Vergleich zur Innenstadt einen teilweise **ländlich anmutenden Charakter.**

Obwohl der Nordteil Amsterdams per Luftlinie sehr viel näher an der alten Innenstadt liegt als viele andere Stadtteile, ist dieses Gebiet im Empfinden der Amsterdamer doch kilometerweit weg. So wird weniger über „Amsterdam-Noord" als über die „gegenüberliegende Seite des IJ" gesprochen. **Von der Innenstadt aus** ist der nördliche Teil **sehr schlecht zu erreichen.** Der Coen- und der IJ-Tunnel für die **Stadtautobahn** wurden erst im Jahr 1966 bzw. 1968 fertiggestellt, Fußgänger und Radfahrer sind auf die Fähre, die hinter dem **Hauptbahnhof** ❶ ablegt, oder auf den Bus angewiesen. Wer etwas mehr Zeit für Amsterdam hat, hat vielleicht Lust auf eine kleine Radtour.

Eigenständige Entwicklung

Geschichtlich gesehen entstand eine Trennung der Innenstadt und des Nordteils Amsterdams bereits im 16. Jahrhundert. Damals veränderte sich beispielsweise durch Immigranten aus den unterschiedlichsten Ländern der Amsterdamer **Dialekt,** der aus den unterschiedlichen Fremdsprachen neue Klänge und Wörter aufnahm. Im Norden blieb jedoch sprachlich gesehen der westfriesische Einfluss weiter vorrangig.

Darüber hinaus wurde Amsterdam im 17. Jahrhundert protestantisch, nur die Menschen im Norden blieben weiterhin **katholisch,** da sich die missionarischen Tätigkeiten der Protestanten auf die Stadtteile südlich des IJ beschränkten.

Schon seit der Stadtgründung bestand zwischen den beiden Gebieten der Gegensatz zwischen Stadt und Land. Das Land nördlich des IJ-Ufers wurde nämlich bis ins 19. Jahrhundert vorwiegend **landwirtschaftlich genutzt.** Die Gegend war für eine Bebauung nicht sonderlich attraktiv, da der Boden sehr nass und somit das Bauen mit Stein problematisch war, weil man sehr teure und gute Fundamente hätte legen müssen.

Industrialisierung

In der zweiten Hälfte des 19. Jahrhunderts änderte sich dies jedoch. Mit dem Bau des **Nordholländischen Kanals** kamen der Transitverkehr und die längst fällige Industrialisierung in Gang. Die Industriebetriebe siedelten sich am IJ entlang an, um einen möglichst kurzen Weg zum Kanal zu haben.

Da die Arbeiter möglichst nahe bei ihrem Arbeitsplatz leben sollten, wurden gleichzeitig zwischen und hinter den Industriegebieten **Arbeiterwohnviertel**

angelegt. Aus diesem Grund hielten es die Stadtväter und Investoren auch gar nicht für nötig, eine gute Verbindung zwischen der Innenstadt und Amsterdam-Noord zu schaffen, denn die Leute wohnten ja praktisch direkt bei ihren Arbeitsstellen. Für die Versorgung mit Lebensmitteln und anderen notwendigen Dingen sorgten die Arbeitgeber.

Da die Wohnviertel allerdings zwischen und hinter den Industriegebieten lagen und in Amsterdam der Wind häufig von Südwesten kommt, kann man sich vorstellen, dass dies sehr ungesunde Wohngebiete gewesen sein müssen, da die **verschmutzte Luft** direkt in die Wohnviertel geblasen wurde, was zu einem enorm hohen Prozentsatz an Atemwegserkrankungen führte.

Strukturwandel

Ab etwa 1970 unterlag der Stadtteil jedoch großen Veränderungen. Die Schiffsbauindustrie verschwand und mit ihr die vielen Zuliefererbetriebe. Dies führte zu einer enormen Zunahme an **Arbeitslosigkeit**, da die Menschen in vielen Wohnvierteln komplett von einem einzigen Arbeitgeber abhängig waren. Durch das Verschwinden der Industrie wurde allerdings auch viel **Platz zum Bauen** frei. Die

▲ *Mit der Fähre zu den nördlichen Stadtteilen*

schwindende Zahl der Industrieunternehmen und strengere Umweltschutzverordnungen führten außerdem zu einer **wesentlich verbesserten Luftqualität** in Amsterdam-Noord und plötzlich wurde das Gebiet auch für andere interessant. So sind dort inzwischen nicht mehr nur reine Arbeiterviertel zu finden. Die Bevölkerungszusammensetzung beginnt sich durch den Zuzug anderer sozialer Schichten langsam zu ändern.

Gartenstädte

Einige Wohngebiete sind vom Gedanken einer Gartenstadt geprägt. Der Engländer Ebenezar Howard entwickelte im 19. Jahrhundert einen **Stadttypus mit sozialreformerischen Zielsetzungen,** wodurch die **Lebensqualität** in Städten erhöht werden sollte. Ein Aspekt dabei war, Wohnviertel mit Grünflächen zu durchsetzen. Aus Kostengründen wurden nicht alle Ideen Howards umgesetzt, aber da der Grundpreis in diesem Teil der Stadt vergleichsweise niedrig war, konnte man es sich hier im Gegensatz zum Rest der Stadt leisten, nicht höher als drei, später zwei Etagen zu bauen. Für viele Arbeiterfamilien wurde der Traum eines eigenen kleinen Hauses mit Garten wahr.

Allerdings hinkte auch hier die Planung und Verwirklichung der Realität weit hinterher, sodass zwischendurch sogenannte **Notdörfer** errichtet werden mussten, da die Wohnungsnot ein so großes Problem darstellte, dass man nicht warten konnte, bis die ursprünglichen Pläne ausgeführt waren. Diese Notdörfer wurden fast alle nach einigen Jahren aus hygienischen Gründen wieder abgerissen. Einige blieben jedoch erhalten, weil sich die Wohnungssituation nur sehr langsam entspannte. Dies stellt die Wohnungsbaugesellschaften heute vor fast unlösbare finanzielle Probleme, da eine Sanierung der Viertel ein Vielfaches der Kosten für einen Neubau erfordert. Andererseits haben die Viertel jedoch inzwischen einen Seltenheitswert und auch die BewohnerInnen wollen dort absolut nicht weg.

Teile der verschiedenen Planungsphasen vom Beginn dieses Jahrhunderts sind noch in den Vierteln **Disteldorp** (1917–1919), **Vogeldorp** (1918–1919), **Nieuwendammerham III** (1912–1920), **Nieuwendam** (1924–1927) und **Oostzaan** (1919–1923) zu finden. In diesem Teil Amsterdams sollte man unbedingt in die Kerne der Viertel hineingehen, denn häufig trifft man hier auf kleine Plätze und Höfe, die zum Verweilen einladen.
❯ www.noord.amsterdam.nl

080am Abb.: bs

◀ *Ein Holzhaus in Amsterdam-Noord*

PRAKTISCHE REISETIPPS

AN- UND RÜCKREISE

Es ist sicher empfehlenswert, nicht mit dem eigenen Auto, sondern mit der **Bahn** oder eventuell mit dem **Flugzeug** anzureisen. Das öffentliche Verkehrsnetz in und um Amsterdam ist so gut ausgebaut, dass man sich die nervenaufreibende Autofahrerei in der völlig überlasteten Innenstadt sparen kann. Parkplätze sind in der Innenstadt ein Luxusgut und wer falsch oder zu lange parkt, wird mit einer **Radklammer** ausgestattet oder gnadenlos **abgeschleppt** (s. S. 154).

MIT DER BAHN

Aus der Schweiz, Österreich sowie Süd- und Ostdeutschland ist Amsterdam mit den Zügen der **City Night Line** bequem über Nacht erreichbar. Die Abfahrt ist abends, am Vormittag erreicht man das Ziel und hat so den ganzen Tag vor sich. Das ist bequem, spart Zeit und vor allem Hotelkosten. Folgende Linien sind täglich im Angebot:

> Kopenhagen – Flensburg –
>   Neumünster – Amsterdam
> Mailand – Lugano – Bellinzona – Amsterdam
> München – Augsburg –
>   Ulm – Stuttgart – Amsterdam
> Prag – Dresden – Berlin – Amsterdam
> Wien – St. Pölten – Linz –
>   Salzburg – Amsterdam
> Zürich – Basel – Freiburg – Offenburg –
>   Baden-Baden – Karlsruhe – Amsterdam

Je nach Komfortanspruch und Geldbeutel besteht die Wahl zwischen Sitzwagen, Liegewagen (4er- oder 6er-Abteile) und Schlafwagen der Standard- und De-luxe-Klasse. Nachtzüge sind in allen Kategorien reservierungspflichtig und vor allem zu Hauptreisetagen oft ausgebucht. Deshalb (und wegen der sehr attraktiven Frühbucher-Preise) sollte mit der Buchung nicht zu lange gewartet werden: Mit etwas Glück gibt es die einfache Fahrt z. B. ab Zürich oder Wien im preiswerten Ruhesessel schon für 29 € oder für 139 € im komfortablen 2-Bett-Abteil des Schlafwagens.

Alternativ zu den Nachtzügen bestehen **auch tagsüber hervorragende Verbindungen.** Sechs direkte ICEs fahren täglich von Frankfurt via Düsseldorf, Duisburg und Oberhausen. Von Berlin fahren täglich drei Intercity-Züge über Hannover und Osnabrück. Eine Reservierungspflicht besteht nicht, aber auch hier empfiehlt sich wegen teilweise hoher Rabatte eine frühzeitige Buchung. Von Frankfurt oder Berlin ist das einfache Ticket so schon für um die 40 € zu haben.

Bahntickets gibt es direkt an größeren Bahnhöfen, wo auch reserviert werden kann. Ohne Warteschlangen geht es online oder per Telefon.

> **Deutsche Bahn,** www.bahn.de oder
>   Tel. 11861 (aus Deutschland)
> **Österreichische Bundesbahnen,**
>   www.oebb.at oder Tel. 05 1717
>   (aus Österreich)
> **Schweizerische Bundesbahnen,**
>   www.sbb.ch oder 0900 300300
>   (aus der Schweiz)
> **CityNightLine,** www.citynightline.de,
>   www. citynightline.ch oder über die obigen
>   Bahngesellschaften

MIT DEM FLUGZEUG

Nonstop-Verbindungen aus dem deutschsprachigen Raum nach Amsterdam mit Linienfluggesellschaften bestehen u. a. mit KLM von vielen Flughäfen in

Deutschland, Österreich und der Schweiz, mit Lufthansa von Hamburg, Frankfurt und München, mit Swiss von Basel und Zürich sowie mit Austrian Airlines von Wien. Die Flugzeit z. B. von München nach Amsterdam beträgt etwa 1 ½ Stunden.

Ein Hin- und Rückflugticket der Economy-Klasse von Deutschland, Österreich und der Schweiz nach Amsterdam bekommt man je nach Jahreszeit und Aufenthaltsdauer ab knapp über 100 € (einschließlich aller Steuern, Gebühren und Entgelte). Am teuersten ist es in der Hauptsaison von Mai bis September, in der die Preise für Flüge in den Sommerferien im Juli und August besonders hoch sind und über 300 € betragen können.

❭ **Royal Dutch Airlines**, www.klm.com
❭ **Lufthansa**, www.lufthansa.de
❭ **Swiss**, www.swiss.com
❭ **Austrian Airlines**, www.aua.com

Indirekt sparen kann man als Mitglied eines **Vielfliegerprogramms** wie www.star-alliance.com (Mitglieder u. a. Austrian Airlines, Lufthansa, Swiss) oder www.skyteam.com (Mitglieder u. a. KLM). Die Mitgliedschaft ist kostenlos und mit den gesammelten Meilen von Flügen bei Fluggesellschaften innerhalb eines Verbundes reicht es beim nächsten Urlaub dann vielleicht schon für einen Freiflug bei einer der Partnergesellschaften. Bei Einlösung eines Gratisfluges ist allerdings langfristige Vorausplanung nötig.

Preiswerter geht es mit etwas Glück nur, wenn man bei einer **Billigairline** sehr früh online bucht. Es werden keine Tickets ausgestellt, sondern man bekommt eine Buchungsnummer per E-Mail. Zur Bezahlung wird in der Regel eine **Kreditkarte** verlangt. Im Flugzeug gibt es meist keine festen Sitzplätze, sondern man wird schubweise zum Boarden aufgerufen, um Gedränge weitgehend zu vermeiden. Verpflegung wird extra berechnet.

Nach Amsterdam fliegen:

❭ **Easy Jet**, www.easyjet.com (von Basel und Genf)
❭ **Transavia**, www.transavia.com (von Berlin und Wien)

AUTOFAHREN

Normalerweise ist Amsterdam schon vor, auf jeden Fall aber **gleich nach der Grenze ausgeschildert**. Auch die grobe Orientierung ist recht einfach. Alle Ausfahrten auf den Amsterdamer Autobahnen und Ringwegen sind nummeriert („S" und dann drei Ziffern, z. B. S109). Hotels o. Ä. geben oft die Nummern bei Wegbeschreibungen an, so weiß man auch sofort, in welcher Richtung man auf dem Autobahnring fahren muss. Auch in der Stadt sind die Nummern auf den Straßenschildern angegeben.

Die Frage ist eher, ob man in Amsterdam wirklich mit dem Auto unterwegs sein will. Für den **Straßenverkehr in der Innenstadt** braucht man sehr viel Zeit und gute Nerven, denn es kann schon mal vorkommen, dass man eine Weile festsitzt, weil gerade ein Lastwagen beladen wird. Auch überhaupt ans Ziel zu kommen, ist durch die vielen Einbahnstraßen nicht immer ganz einfach. Zudem muss man gut auf Radfahrer und gedankenlose Fußgänger achten. Radfahrer dürfen z. B. auch umgekehrt in Einbahnstraßen fahren, weshalb sie oft an unerwarteten Stellen auftauchen, und Fußgänger interessiert die Farbe der Ampel sowieso recht wenig. Wenn die Straße frei erscheint, dann überquert man

PARKEN IN AMSTERDAM – EIN TEURES VERGNÜGEN

Zur Abschreckung für alle, die es doch nicht lassen können:

Die historische Innenstadt Amsterdams ist absolut nicht für den enormen Autoverkehr gebaut, der sich heutzutage durch die Straßen wälzt. Die Straßen sind nicht nur ziemlich eng, sondern durch die gebogenen Brücken häufig auch recht unübersichtlich.

Deshalb hat man sich zu Beginn der Neunzigerjahre zu drastischen Maßnahmen entschlossen, um den Autoverkehr möglichst weitgehend einzudämmen. Die Parkgebühren sind mit 3,20-4,60 € pro angebrochener Stunde relativ hoch und in der Innenstadt muss man überall und bis 24 Uhr an Parkuhr oder Parkscheinautomaten bezahlen. Tages- und Wochenkarten sind etwas günstiger.

Hat man seine Parkgebühr nicht bezahlt oder auch nur wenig überschritten und es kommt tatsächlich einer der zahllosen Kleinbusse der Stadtpolizei vorbei, dann ist das Auto garantiert mit einer „Radklemme" (wielklem) ausgestattet. Sie verhindert, dass man mit dem Auto wegfahren kann. Hierauf weist auch in kurzen Worten der gelbe Aufkleber hin, der auf die Scheibe an der Fahrerseite geklebt wird.

Besitzt man eine Kreditkarte oder eine niederländische Scheckkarte, kann man die Nummer 020 2512222 anrufen. Dann kommt ein Pay-and-Go-Wagen vorbei, bei dem man bezahlt und dann wird die Klemme entfernt. Täglich 24 Std., Kosten 103,60 €.

Kann man nur bar bezahlen, muss man eine Servicestelle (servicepunt) des dienst stadstoezicht aufsuchen:

❯ *Beukenplein 50 (Mo.-Fr. 9-17.30 Uhr)*
❯ *De Clercqstraat 42-44*
   (Mo.-Sa. 8-16.30 Uhr)
❯ *Daniël Goedkoopstraat 7*
   (Mo.-So. 7-23 Uhr)

Wenn Bußgeld und Gebühr nicht innerhalb von 24 Std. bezahlt werden, kann das Auto abgeschleppt werden.

Unter der Nummer 020 2512222 kann man erfahren, ob das Auto tatsächlich abgeschleppt wurde. Ist dies der Fall, weil das Auto den Verkehr behinderte oder zu lange unerlaubt geparkt stand, kann man es auf dem Abstellplatz in der Daniël Goedkoopstraat 7 wieder abholen (täglich 24 Std. geöffnet). Man erreicht das Gelände mit dem Taxi, der Metrolinie 53 oder 54 oder der S-Bahn-Linie 51. Bei der Haltestelle „Spaklerweg" aussteigen, dann den Ausgang „Spaklerweg" nehmen und der Beschilderung an den Laternenpfählen nach links folgen (ca. 15 Gehminuten). Nachts mit der Nachtbuslinie 75 bis zum Bahnhof Amstelstation und dann weiter mit dem Taxi.

Um das Auto zurückzubekommen, muss man sich ausweisen können und die Kosten per Kredit- oder Eurochequekarte oder bar bezahlen. Man kann zwar hinterher eine Beschwerde einlegen, aber ohne zu bezahlen, wird das Auto nicht herausgegeben.

Die Kosten für ein abgeschlepptes Auto richten sich danach, wo das Auto abge-

schleppt wurde, kommen aber zu den Kosten für die Radklemme hinzu. Alle 12 Stunden wird außerdem automatisch eine weitere Parkgebühr von 58 € dazugerechnet. Es lohnt sich also, das Auto bald wieder abzuholen.

Möchte man aber sichergehen, sollte man sein Auto lieber in einem **Parkhaus** abstellen. Die größten Parkhäuser befinden sich am **Hauptbahnhof ❶**, am **Damrak ㉒** (Kaufhaus Bijenkorf), unter dem **Rathaus/Muziektheater ㉟** (Waterlooplein), am **Leidseplein** (Byzantium), an der **Marnixlaan/Elandsgracht** (Europaparking) und rund um den **Mr. Visserplein** (Waterlooplein, Markhoven). Auf dem Autobahnring sind die vier **Park-and-ride-Plätze** deutlich ausgeschildert. Dort gibt es inzwischen auch Karten für bis zu 96 Std. Beim Hineinfahren zieht man das normale Ticket. Mit diesem geht man nach dem Parken zum P+R-Schalter im Parkhaus und tauscht sie gegen eine ein- oder mehrtägige P+R-Karte. Man erhält eine oder zwei Fahrkarten für die öffentlichen Nahverkehrsmittel, um in die Innenstadt zu kommen (bei einem Tag auch eine Rückfahrkarte). Wichtig! Diese Fahrkarten unbedingt abstempeln. Hat man auch eine Rückfahrkarte, dann muss diese den Stempel der Innenstadt aufweisen, sonst zahlt man den normalen Tarif. Für die gestempelten Fahrkarten erhält man bei der Rückkehr eine Karte, sodass man am Automaten für das Parkhaus nur den Ta-

rif von 6 € pro Tag bezahlen muss. Bleibt man länger als vier Tage, beginnt danach der normale Stunden- oder Tagestarif. Die Parkhäuser sind bewacht und 24 Std. geöffnet. Zur Auswahl stehen **Transferium/ ArenA** (A2/A9, Ausfahrt „Ouderkerk"), **Olympisch Stadion** (A10, Ausfahrt S108), **Sloterdijk** (A10, Ausfahrt S102) und **Zeeburg** (A10, Ausfahrt S114). Bei den Stationen Sloterdijk und Olympisch Stadion kann man (solange der Vorrat reicht) auch bis zu zwei Fahrräder leihen, anstatt mit öffentlichen Verkehrsmitteln weiterzureisen.

Weitere Informationen findet man unter: www.bereikbaaramsterdam.nl.

Einige Hotels bieten ihren Gästen gegen Gebühr einen **Sonderparkschein** an, der drei Tage gültig ist. Dieser Parkschein, der gut sichtbar am Auto angebracht werden muss, ist an der Hotelrezeption erhältlich. Des Weiteren kann man beim dienst stadstoezicht auch Parkscheine für einen ganzen Tag kaufen. Unter www.parkeerlijn.nl kann man außerdem einen Parkplatz in der Innenstadt reservieren (allerdings nur auf Niederländisch). Überall gilt: **Keine Wertsachen** oder was danach aussieht im Auto liegenlassen! Jedes Autoradio stellt, so traurig das ist, bereits eine Herausforderung dar.

082am Abb.: bs

diese einfach, ohne auf grünes Licht zu warten. Also Vorsicht! Darüber hinaus ist Parken in Amsterdam ein teurer Luxus.

Das **öffentliche Verkehrsnetz** in Amsterdam ist sehr gut ausgebaut. Wer noch weiter reisen möchte, kommt in Holland mit dem Zug oder mit Überlandbussen normalerweise recht schnell ans Ziel.

VERKEHRSREGELN

Die Verkehrszeichen und -regeln sind im Prinzip die gleichen wie im übrigen Europa. Von allen Verkehrsteilnehmern wird außerdem erwartet, dass sie auch für die anderen mitdenken.

Die **zulässige Höchstgeschwindigkeit** in geschlossenen Ortschaften ist 50 km/h, auf Landstraßen 80 km/h und auf Autobahnen 120 km/h. Fährt man mehr als 30 km/h zu schnell, ist man entweder seinen Führerschein oder gar gleich sein Auto los!

Wie in Deutschland auch gibt es an Autobahnen und Landstraßen gelbe Notrufsäulen.

Die **Promillegrenze** liegt in den Niederlanden bei 0,5 ‰. Beachten sollte man zudem, dass Niederländer den vielen „Blitzampeln" zum Trotz die Angewohnheit haben, auch noch bei Rot über die Ampel zu fahren.

In den Niederlanden gibt es **zwei Arten von Kreisverkehr**. Die häufigste Art ist der in ganz Europa bekannte Kreisverkehr, bei dem der Verkehr, der in den Kreis fahren möchte, dem Verkehr im Kreis selbst Vorfahrt gewähren muss. Dies ist deutlich mit Vorfahrt-Achten-Schildern angegeben. In seltenen

Fällen gibt es aber noch Situationen, in denen das von rechts kommende Fahrzeug (also das Auto, das in den Kreis hineinfährt) Vorfahrt hat und nicht der Verkehr im Kreis. Da man allerdings dahintergekommen ist, dass dies eine reichlich unpraktische Idee ist, weil es so zu Staus im Kreis kommt und gar nichts mehr geht, ist diese Art von Kreisverkehr weitgehend abgeschafft. Befindet man sich einmal im zwei- oder dreispurigen Kreisverkehr, fährt man zunächst innen und arbeitet sich immer weiter nach rechts vor, um bei der gewünschten Abzweigung nicht eingeklemmt zu werden. Auf der Spur ganz rechts fährt normalerweise nur, wer bei der nächsten Ausfahrt raus möchte.

Radfahrer dürfen in vielen Einbahnstraßen auch gegen die Fahrtrichtung fahren. Es kann also durchaus sein, dass sie völlig unerwartet aus Seitenstraßen auftauchen. Außerdem kümmert es Radler hier im Allgemeinen wenig, ob sie an einer bestimmten Stelle fahren dürfen oder nicht. Wenn man fahren kann, fährt man.

Für die **Versicherung** gilt: Man ist berechtigt, in den Niederlanden zu fahren, wenn man im Besitz eines gültigen Führerscheins aus dem eigenen Land ist. Die grüne Versicherungskarte ist Pflicht. Außerdem ist es empfehlenswert, sich bei der Versicherung ein europäisches Unfallformular zu besorgen.

◀ *In Amsterdam wird das Parken ganz schnell mal teuer*

TANKEN

Benzin ist in den Niederlanden teurer als in Deutschland. Diesel ist dagegen etwas günstiger.

❯ Normalbenzin (89 Oktan) wird in den Niederlanden nicht verkauft.
❯ *Super* (98 Oktan) = Super Plus
❯ *Euro* (95 Oktan) = Super
❯ *Diesel* = Diesel
❯ *LPG* = Gas
❯ *loodvrij* = bleifrei
❯ *Water* = Wasser
❯ *Lucht* = Luft

BEHINDERTE AUF REISEN

Amsterdam bemüht sich, auch Menschen mit Behinderungen den Aufenthalt so angenehm wie möglich zu machen, doch natürlich ist hier wie auch in den meisten anderen Großstädten noch nicht alles perfekt.

Bei der holländischen Bahn (NS) kann man sich für die Ankunft oder Abfahrt an einem der **Amsterdamer Bahnhöfe** Hilfe von einem Assistenten anfragen. Die Anfrage sollte allerdings mindestens drei Stunden vor Reisebeginn beim *Bureau Assistentieverlening Gehandicapten* (Büro Unterstützung für Behinderte) getätigt werden bzw. bei Reisen am Abend und in der Nacht bis 9 Uhr morgens vor 19.30 Uhr. Für internationale Züge beträgt der Reservierungszeitraum eine Woche.

❯ Tel. 030 2357822 (täglich 7–23 Uhr, an Feiertagen 8–23 Uhr), Fax 030 3935, bei **Stornierungen und Problemen unterwegs:** Tel. 030 2357823 (täglich 5 Uhr morgens bis 2 Uhr am nächsten Tag), bei **Schwerhörigkeit/Gehörlosigkeit:** Fax 030 2353935 (täglich 7–23 Uhr), www.ns.nl

Auf dem **Flughafen Schiphol** stehen für Gehbehinderte freie Rollstühle zur Verfügung, die man wie einen Einkaufswagen mit einer 2-Euro-Münze loskoppeln kann. Das Personal von Axxicom Airport Caddy übernimmt die Betreuung während eines Aufenthalts auf dem Flughafen in Zusammenarbeit mit der jeweiligen Fluggesellschaft.

❯ Tel. 020 4057900, www.schiphol.nl

Da viele **Hotels** in Amsterdam in alten Gebäuden untergebracht sind, ist es sehr wichtig, sich schon vorher zu erkundigen, ob eine Unterkunft auch für Gehbehinderte geeignet ist. Nicht immer steht für alle Zimmer ein Aufzug zur Verfügung und es erfordert manchmal einiges an Kondition, über viele Treppen sein Zimmer zu erreichen.

Viele, allerdings nicht alle **Ampelanlagen** sind mit einem Signalton oder einem vibrierenden Knopf ausgestattet, sodass **Sehbehinderte** hören können, wann die Ampel auf Rot (langsames Signal) oder Grün (schnelleres Signal) schaltet. Bei Ampeln sind die Bordsteine abgesenkt und der Rand ist durch Platten mit Wellenmuster oder Gummiplatten deutlich spürbar. Die Platten mit Wellenmuster markieren beispielsweise auch auf Bahnhöfen die Nähe des Bahnsteigrandes.

Für Rollstuhlfahrer ist die Innenstadt im Prinzip gut zugänglich, viele Straßen sind allerdings mit **Kopfsteinpflaster** ausgestattet, was das Vorwärtskommen etwas erschweren kann.

U-Bahnen sowie die neueren Straßenbahnen und Busse sind durch einen niedrigen Einstieg gut zugänglich und die Verkehrsbetriebe arbeiten daran, alle **Haltestellen** zu erhöhen, sodass sie einen **leichten Einstieg** bieten. Die Haltestellen, die noch nicht umgebaut wurden, sind in den Broschüren nicht durch einen Punkt, sondern durch einen Kreis gekennzeichnet und bei den Fahrplänen an den Haltestellen ist dies durch Fußnoten angegeben. In den Straßenbahnen geben Laufbänder die nächsten Haltestellen an, in U-Bahnen, Bussen und Straßenbahnen werden die Haltestellen aber normalerweise auch durch die Lautsprecheranlage angesagt.

Die großen **Museen und Sehenswürdigkeiten** sind wenigstens größtenteils mit Rollstuhl zugänglich, bei kleineren Museen oder Sehenswürdigkeiten in alten Grachtenhäusern kann es Probleme geben. Es ist daher empfehlenswert, sich vorher zu erkundigen. Nicht alle Museen bieten genügend Plätze zum Ausruhen während eines Rundgangs. Das Personal ist aber normalerweise freundlich und hilfsbereit.

DIPLOMATISCHE VERTRETUNGEN

Die Botschaften *(ambassades)* befinden sich meist in Den Haag, dem politischen Zentrum der Niederlande. In Amsterdam besitzen einzelne Länder **Konsulate**. Wegen der begrenzten Öffnungszeiten ist es ratsam, vorher anzurufen und sich zu informieren, welche Unterlagen man für sein jeweiliges Anliegen dabei haben muss.

❯ **Generalkonsulat Deutschland (Duitsland)**, Honthorststraat 36–38, 1071 DG Amsterdam, Tel. 020 5747700, Straßenbahnlinien 2 und 5, Mo.-Fr. 8.30–11.30 Uhr und nach Vereinbarung, Passangelegenheiten und Visa-Anfragen nur nach

Vereinbarung, telefonische Informationen Mo.–Do. 8.30–12.30 und 13.30–16 Uhr, Fr. 8.30–14 Uhr

> **Honorargeneralkonsulat Österreich (Oostenrijk)**, c/o Fresacher Advocaten, Officia I, De Boelelaan 7, 1083 HJ Amsterdam, Tel. 020 4712438, U-Bahnstation RAI, Di., Mi., Do. 10–12 Uhr

> **Schweiz (Zwitserland)**, Lange Voorhout 42, 2514 EE Den Haag, Tel. 070 642831/32, www.eda.admin.ch/denhaag, Öffnungszeiten nach Vereinbarung

Das niederländische „Ministerium für Auswärtige Angelegenheiten" hat eine Website (auf Niederländisch und Englisch), auf der alle Adressen von Auslandsvertretungen gelistet sind, falls man eine andere Staatsangehörigkeit hat.

> www.minbuza.nl

RAUCHVERBOT

In den Niederlanden darf in öffentlichen Gebäuden nicht mehr geraucht werden, es sei denn, es sind extra „Raucherräume" vorhanden, in denen allerdings nicht bedient werden darf. Man muss sich also sein Getränk an der Theke bestellen, es mit in den „Raucherraum" nehmen und die Tür hinter sich schließen.
Das Rauchverbot gilt auch für Coffeeshops, allerdings mit einer kuriosen Ausnahme: Da nur das öffentliche Rauchen von Tabak verboten ist, dürfen Marihuana(„wiet")-Joints und Haschisch(„canabis")-Pfeifen, die keinen Tabak enthalten, auch weiter geraucht werden – und zwar ohne extra Raucherraum!

DROGEN, RAUCHEN

Allen Gerüchten zum Trotz ist der **Handel und der Besitz von harten sowie auch weichen Drogen** auch in den Niederlanden **strafbar**. Der Besitz von weichen Drogen wie Haschisch wird allerdings in der Regel nicht geahndet, wenn die Menge darauf hindeutet, dass es für den persönlichen Gebrauch bestimmt ist (bis ca. 5 g).

Auch der Verkauf dieser Drogen in sogenannten **Coffeeshops** wird geduldet, ist aber ebenso wenig legal. Die Qualität der Drogen dort ist sehr hoch, das heißt, man sollte vorsichtig sein, denn hier hat sich schon mancher Tourist zu viel des Guten genehmigt.

Häufig wird man auf Touristenstraßen wie etwa auf dem Damrak von der Seite leise mit *Hasj te koop* („Hasch zu kaufen") angequatscht. Von allem, was

auf der Straße angeboten wird, ist **generell abzuraten**. So soll schon manch einer die Waschkraft neuester Waschmittel in der Nase zu spüren bekommen haben. Die Straßenverkäufer machen sich nur die Angst der Touristen vor der Polizei zunutze.

In regelmäßigen Abständen wird die **Drogenpolitik** kontrovers diskutiert. In verschiedenen Städten wurden bereits Coffeeshops geschlossen, weil sich Anwohner über Belästigungen beschwerten. Auch haben Politiker wegen der ständigen Kritik der Deutschen und Franzosen an der niederländischen Drogenpolitik angeregt, den Verkauf an Ausländer generell zu verbieten. So weit ist es noch nicht, man sollte jedoch im Hinterkopf behalten, dass die Sache **illegal** ist.

Wer trotzdem mehr wissen will, findet allgemeine Infos und die Meinungen von anderen im Internet, z. B. unter:

> www.coffeeshop.freeuk.com
> www.amsterdam.info/coffeeshops

SMARTSHOPS

Wortwörtlich „wie Pilze" schießen die Läden aus dem Boden, in denen **Pilze** und **Pflanzen** verkauft werden, die den **Geist erweitern** sollen. **Rechtlich** ist die Lage derzeit so, dass getrocknete Pilze unter das Drogengesetz fallen und nicht verkauft werden dürfen. Sind die Pilze jedoch frisch, fallen sie unter das Lebensmittelgesetz und können verkauft werden. Prinzipiell kann jeder einen solchen Laden eröffnen, man braucht nur einen Raum und eine Genehmigung zur Führung eines Geschäfts. Ein solcher Laden sagt also nichts darüber aus, wie viel das Personal tatsächlich über die Produkte weiß, die verkauft werden.

EIN- UND AUSREISE-BESTIMMUNGEN

Durch das Schengener Abkommen wird an niederländischen Grenzübergängen nicht mehr kontrolliert. Fluggäste aus Nicht-Schengen-Ländern haben eigene Ausgänge.

VISUM

Bürger der EU und der Schweiz brauchen kein Touristenvisum. Möchte man sich als Nicht-EU-Bürger allerdings für einen Zeitraum **länger als drei Monate** in den Niederlanden aufhalten, braucht man eine **Aufenthaltsgenehmigung**, für die man ein geregeltes Einkommen und einen festen Wohnsitz nachweisen muss, zusätzlich ist man verpflichtet, eine **Arbeitserlaubnis** zu beantragen. Nähere Auskünfte erteilt die **Botschaft des Königreichs der Niederlande** im eigenen Land oder die Fremdenpolizei:

> **Deutschland:** Klosterstr. 50, 10179 Berlin, Tel. 030-209560, Fax 20956441, www.niederlandeweb.de
> **Österreich:** Opernring 5/7. Stock, 1010 Wien, Tel: 01-58939, Fax 58939265, www.mfa.nl/wen
> **Schweiz:** Seftigenstr. 7, 3007 Bern, Tel. 031-3508700, Fax 3508710, www.nlembassy.ch
> **Vreemdelingenpolitie Amsterdam,** Johan Huizingalaan 757, 1066 VH Amsterdam, Tel. 020 5596161, www.ind.nl

ZOLL

In allen EU- und EFTA-Mitgliedstaaten gelten weiterhin **nationale Ein-, Aus- oder Durchfuhrbeschränkungen** z. B. für Tiere, Pflanzen, Waffen, starke Medikamente und Drogen (auch für den Cannabis-Besitz und -handel!).

Zollfrei einführen darf man persönlich gebrauchtes Reisegut, Reiseproviant sowie alkoholfreie Getränke. Für die steuerfreie Mitnahme von Alkohol, Tabak, Kaffee u. a. bestehen jedoch Grenzen. Bei Überschreiten der Freigrenzen muss nachgewiesen werden, dass keine gewerbliche Verwendung beabsichtigt ist.

Waren, die zu gewerblichen Zwecken verwendet werden, müssen grundsätzlich beim Finanzamt zur Umsatzsteuer angemeldet werden und sofern sie der Verbrauchssteuer unterliegen auch beim Hauptzollamt.

Innerhalb von EU-Ländern

Seit dem Inkrafttreten des Schengener Abkommens ist der Reise- und Warenverkehr zwischen den meisten EU-Staaten vereinfacht. Regelmäßige Grenz- und Zollkontrollen entfallen. **Freigrenzen** innerhalb der EU:

> **Alkohol:** 90 l Wein (davon höchstens 60 l Schaumwein), 110 l Bier, 10 l Spirituosen über 22 Vol.-% und 20 l unter 22 Vol.-%
> **Tabakwaren:** 800 Zigaretten, 400 Zigarillos, 200 Zigarren, 1 kg Tabak
> **Andere Waren:** 10 kg Kaffee, 20 l Kraftstoff in einem Benzinkanister

Nicht-EU-Staatsangehörige

Schweizer Staatsangehörige oder andere Reisende, die nicht im Besitz der Staatsbürgerschaft eines EU-Landes sind, müssen nach wie vor durch die Grenz- und Zollkontrolle. **Freigrenzen** für Nicht-EU-Bürger:

> **Tabakwaren:** 200 Zigaretten oder 100 Zigarillos oder 50 Zigarren oder 250 g Tabak bzw. eine anteilige Zusammenstellung dieser Waren.
> **Alkohol:** 1 l Spirituosen (über 22 Vol.-%) oder 2 l Spirituosen, Aperitifs bzw. ähnliche Getränke (22 Vol.-% oder weniger) oder 2 l Schaumweine oder Likörweine bzw. eine anteilige Zusammenstellung dieser Waren und 2 l nicht schäumende Weine.
> **Parfüms:** 50 g, Eau de Toilette: 0,25 l.
> **Andere Waren:** bis zu einem Warenwert von insgesamt 175 €, ausgenommen Goldlegierungen und Goldplattierungen in unbearbeitetem Zustand oder als Halbfabrikat

Bei der **Rückeinreise in die Schweiz** sollte man folgende Freimengen beachten:

> **Alkohol:** 2 l bis 15 Vol.-% und 1 l über 15 Vol.-%

> **Tabakwaren:** 200 Zigaretten oder 50 Zigarren oder 250 g Schnitttabak und 200 Stück Zigarettenpapier.
> **Andere Waren:** neuangeschaffte Waren für den Privatgebrauch bis zu einem Gesamtwert von CH 300

Nähere Informationen zu Zollvorschriften erhält man unter:

> Deutschland: www.zoll.de oder beim Zoll-Infocenter Tel. 069 46997600
> Österreich: www.bmf.gv.at oder beim Zollamt Villach Tel. 04242 33233
> Schweiz: www.ezv.admin.ch oder bei der Zollkreisdirektion in Basel Tel. 061 2871111

ELEKTRIZITÄT

Der Strom dürfte keine Probleme machen. Normal sind 220 V in einem stabilen Netz. Deutsche Stecker passen in jede Steckdose, auch wenn sie gelegentlich etwas klemmen.

FUNDSACHEN

BAHN

Fundsachen (gevonden voorwerpen) werden fünf Tage an der Endstation des Zuges aufbewahrt und dann ins zentrale Fundbüro in Utrecht geschickt.

> Tel. 0900 3212100

FUNDBÜRO POLIZEI

Fundsachen werden erst in den Stadtteilbüros gesammelt und dann an das zentrale Fundbüro weitergeschickt.

> Stephensonstraat 18, Tel. 5593005

ÖFFENTLICHE VERKEHRSMITTEL

❯ GVB-Kundendienst *(klantenservice)*,
Tel. 0900 8011, täglich 8–22 Uhr,
www.gvb.nl

FLUGHAFEN SCHIPHOL

❯ Tel. 0900 0141, aus dem Ausland:
Tel. 0031 20 7940800

GELD

Die Niederlande gehören zu den Euro-Ländern. Im Allgemeinen werden hier bei Barzahlungen die Preise auf 5 Cent auf- oder abgerundet. Die meisten Geschäfte nehmen keine 100-, 200- oder 500-Euro-Banknoten an!

Die preiswerteste Art der Geldbeschaffung ist die Barabhebung vom Geldautomaten mit der **Maestro-(EC-)Karte.** Je nach Hausbank wird dafür pro Abhebung eine Gebühr von ca. 1,30–4 € bzw. CHF 4–6 berechnet. Mit einer ausländischen Maestro-Karte kann in den Niederlanden aber in der Regel **nicht** bargeldlos im Geschäft bezahlt werden.

Innerhalb der Euro-Länder sollte die Barauszahlung per **Kreditkarte** nach der EU-Preisverordnung nicht mehr kosten als im Inland, aber je nach ausgebender Bank kann das Kreditkartenkonto mit bis zu 5,5 % der Abhebungssumme belastet werden (am Schalter in der Regel teurer als am Geldautomaten). Mit VISA- und

▶ *Irgendwo ist immer Ausverkauf*

Mastercard kann man in Hotels, vielen Restaurants und vielen größeren Geschäften bargeldlos bezahlen (Amex und Diners Club werden nicht überall akzeptiert). Für das bargeldlose Zahlen per Kreditkarte innerhalb der EU dürfen die ausgebenden Banken keine Gebühr für den Auslandseinsatz veranschlagen, für die Schweizer wird jedoch ein Entgelt von ca. 1–2 % des Umsatzes berechnet.

PREISE UND KOSTEN

Übernachtungskosten für ein Doppelzimmer in Amsterdam beginnen in der Nebensaison bei ca. 80 € und in der Hauptsaison bei ca. 110 €. Nach oben ist die Skala offen und Preise von etwa 160 € gelten inzwischen bereits als durchschnittlich. Jugendhotels und Jugendherbergen bieten billigere Schlafsaalbetten ab ca. 16 €, Doppelzimmer gibt es hier ab etwa 70–80 €. Das **Frühstück** ist nur noch selten im Zimmerpreis inbegriffen. In den Hotels kostet es zwischen 10 und 20 € pro Person, etwas billiger ist es meist, sich einfach ins nächste Café zu setzen.

Erfrischungsgetränke, Kaffee und Tee kosten in der einfachen Ausführung zwischen 1,80 und 2,50 € (das ist auch ungefähr der Preis für Getränke, die man am Kiosk oder im Supermarkt kauft). Soll es etwas Spezielleres sein (mit Sahne, Milchkaffee, Cappuccino, heiße Schokolade), kann sich der Preis schon einmal auf 3 bis 4,50 € erhöhen. **Kuchen** ist recht teuer (4–5 €), manchmal ist die Kombination Kaffee/Tee mit Apfelkuchen etwas billiger.

Kleinere **Mahlzeiten** wie belegte Brote und Suppen liegen zwischen 7 und 15 € (Restaurants/Eetcafés) bzw. in

Pommesbuden oder Snackbars zwischen 3 und 8 €. Ausgiebiger essen gehen kann man ab 25 € pro Person.

ERMÄSSIGUNGEN

Bei bestimmten Unterkünften, Veranstaltungsorten, Museen usw. kann man **Rabatte** bekommen, wenn man im Besitz eines **internationalen Studentenausweises (ISIC)** ist. Dies gilt mit Einschränkungen auch für den **Lehrerausweis (ITIC)** oder den **Schülerausweis (IYTC)**. Die Ausweise muss man allerdings bereits zu Hause bei STA Travel oder z. B. beim Studentenwerk erwerben (12 € (D), 10 € (A), CHF 20 (CH)). Hierzu muss man Immatrikulationsbescheinigung/Schülerausweis, Personalausweis und Passbild vorlegen.

❯ Näheres unter www.isic.de und
   www.statravel.de

Ebenfalls ermäßigten Eintritt bietet die „Euro 26"-Karte für jüngere Reisende der EU (einschl. Schweiz), wobei u. a. auch ein Auslandsversicherungsschutz in den Jahresbeiträgen (15 € (D), 19,90 € (A), CHF 25 (CH)) enthalten ist.

❯ Näheres unter www.euro26.de,
   www.euro26.ch und www.euro26.at.

Museumjaarkaart

Der **Eintritt in Museen** kostet in Amsterdam normalerweise zwischen 5,50–12,50 €, wobei z. B. Rijksmuseum, Van Gogh Museum und Rembrandthuis zu den teuersten gehören.

Wer vor hat, viele Museen zu besuchen, sollte sich am besten gleich eine **Jahreskarte**, die sogenannte „**Museumjaarkaart**", anschaffen. Diese Karte gilt in 400 Museen in den Niederlanden, für die der Eintritt dann gratis ist.

083am Abb.: bs

Die Karte kostet für Personen unter 25 Jahren 15 €, über 25 Jahren 30 € plus jeweils 4,95 € Bearbeitungsgebühr. Online bestellen kann man sie nur, wenn man eine Adresse in den Niederlanden hat, ansonsten verkaufen in Amsterdam folgende Museen die Karte: Amsterdams Historisch Museum ❷❼, Joods Historisch Museum ❻❾, Hermitage Amsterdam, De Nieuwe Kerk ❷❹, Bijbels Museum ❸❾, Allard Pierson Museum, Museum Amstelkring ❺, Rembrandthuis ❻⓿ und Museum Willet-Holthuysen (Infos im Internet unter www.museumjaarkaart.nl).

I amsterdam Card

Auch die „I amsterdam Card" bietet **kostenlosen Eintritt** in die wichtigsten **Museen** der Stadt und zusätzlich die **freie Nutzung der öffentlichen Verkehrsmittel** sowie **Vergünstigungen** in einigen Restaurants, für zahlreiche Sehenswürdigkeiten, Rundfahrtboote und Attraktionen.

❯ Die Karte kostet 33 € (24 Std.), 43 €
   (48 Std.), 53 € (72 Std.). Erhältlich bei den Touristeninformationsstellen und den Verkaufsstellen der Verkehrsbetriebe GVB.

AMSTERDAM PREISWERT

*Die 15 großen Gemälde von Schützengilden in der **Schützengalerie** („Schuttersgalerij") des **Amsterdams Historisch Museum** ㉗ sind frei zugänglich, ebenso die **Fassadensteine** (am rechten Seitenausgang Sint Luciënsteeg) und vom Museum aus gelangt man an einen besonders schönen Flecken in Amsterdam, in den **Begijnhof** ㉘.*

*Interessant für Liebhaber der Reitkunst ist sicherlich die „Koninklijke Rijschool". Die besser unter dem Namen „**Hollandse Manege**" bekannte Reitschule wurde 1882 eröffnet. Der Architekt Adolf Leonard van Gendt, der auch das Concertgebouw gestaltet hat, ließ sich für das stilvolle Interieur von der Spanischen Hofreitschule in Wien inspirieren. Da die Inneneinrichtung aus dem 19. Jahrhundert kaum verändert wurde, ist die Manege für Liebhaber zu empfehlen.*

❭ *Vondelstraat 140 (beim Vondelpark), www.dehollandschemanege.nl*

*In der **Zuiderkerk** ㉗ kann man sich eine Ausstellung über die Stadtentwicklung Amsterdams ansehen und den Turm der Kirche (im Sommer) besteigen.*

*Attraktiv für Touristen und Amsterdamer gleichermaßen ist der **Blumenmarkt** ㉜ am Singel. Frische Blumen spielen eine große Rolle im sozialen Leben der Niederländer. Man schenkt sie sich zu beinahe allen Gelegenheiten. Jeden Tag werden frische Blumen und Pflanzen angeliefert, auch den ganzen Winter über kann man hier frische Ware bekommen.*

*Eine gute Gelegenheit, zwischendurch etwas auszuruhen, sind die **Mittagskonzerte** im Concertgebouw und im Stadhuis (s. S. 41).*

*Kostenlose **Theatervorstellungen** finden im Sommer im Amsterdamse Bos und im Vondelpark statt (s. S. 40).*

*Amsterdam besitzt neun **Glockenspiele** aus der Blütezeit der Stadt. Die meisten stammen von den berühmten Glockengießern François und Pierre Hemony. Sie waren die ersten, die große Glocken mit sauberen Tönen herzustellen wussten. Die Glocken ertönen viertelstündlich und auf vier dieser alten Glockenspiele werden wöchentlich auch richtige **Konzerte** gegeben.*

❭ *Westerkerk ㊹, Di. 12 - 12.45 Uhr, Do. 16 - 16.45 Uhr, Sa. 12 - 12.45 Uhr*
❭ *Zuiderkerk ㉗, Di. 16 - 16.45 Uhr, Do. 12 - 13 Uhr*

HAUSTIERE

Für EU-Länder gilt, dass man eine **Tollwutschutzimpfung** und einen **EU-Heimtierausweis (Pet Passport)** für Hund oder Katze haben muss. Dieser gilt in allen EU-Staaten und in der Schweiz und kostet 10 €. Darüber hinaus muss das Tier mit einem Mikrochip oder übergangsweise bis zum Juli 2011 mit einer lesbaren Tätowierung gekennzeichnet sein.

INFORMATIONSSTELLEN

TOURISTISCHE INFORMATIONSSTELLEN

Adresse des niederländischen Tourismusbüros in Deutschland:

❭ **Niederländisches Büro für Tourismus & Convention (NBTC)**, Postfach 270580, 50511 Köln, Tel. 0221 9257170, Fax 92571737, www.niederlande.de

› *Oude Kerk* ❻, *Di. 14.30- 14.45 Uhr,
Sa. 16- 16.45 Uhr*
› *Munttoren* ㉛, *Do. 14- 14.45 Uhr, Sa.
14- 14.45 Uhr*

Kostenlosen Eintritt bieten die **Bibliotheken** *in Amsterdam. Die Hauptstelle der Bibliothek verfügt über eine umfangreiche Sammlung an Literatur über Amsterdam, darunter befinden sich auch sehr viele fremdsprachige Bücher, Bildbände und Literatur zu Gebäuden, Stilrichtungen oder bestimmten Epochen der Stadt und Stadtgeschichte. Attraktiv ist auch die Aussicht von der Terrasse des Restaurants.*
› *Centrale Bibliotheek, Oosterdokskade
143, www.oba.nl, Mo.-So. 10-22 Uhr*

1864 gründeten begüterte Bürger der Stadt den **Vondelpark** ⑪ *als ersten öffentlichen Park, dessen Gestaltung durch Spendengelder und den Verkauf von Grundstücken finanziert wurde. Teiche, Reitwege, Rosengärten und lange Alleen laden auch heute noch zum Verweilen ein.*

Interessant sind auch die kostenlosen Führungen, die einige **Diamantschleifereien** *in Amsterdam durch ihre Firmengebäude anbieten (s. S. 31).*

Informationsstellen des **Fremdenverkehrsvereins (VVV)** in Amsterdam:

ℹ**163** [E9] **Informatiekantoor Leidseplein,** Stadhouderskade 1 gegenüber vom American Hotel, 1054 ES Amsterdam

› **Informatiekantoor Centraal Station** (Hauptbahnhof ❶), Stationsplein 15, Perron 2b, 1012 AB Amsterdam

ℹ**164** [J4] **Informatiekantoor Stationsplein,** Stationsplein 10, 1012 AB Amsterdam

› **Informatiekantoor Holland Tourist Information,** Aankomstpassage 40, 1118 AX Schiphol
› Für alle Niederlassungen: Tel. +31 20 5512525, in den Niederlanden 0900 4004040, www.amsterdamtourist.nl, E-Mail: info@atcb.nl

VERANSTALTUNGS- UND KARTENSERVICE

Karten für Veranstaltungen sind bei den **touristischen Informationsstellen** erhältlich.

Außerdem kann man im Ticketshop des **Amsterdams Uit Buro (AUB)** oder im **Last-Minute-Ticketshop** Karten erwerben. In Letzterem werden jeden Tag von 12- 19.30 Uhr die letzten Karten der Vorstellungen des Tages (Film, Theater, Comedy, Musikveranstaltungen) zum halben Preis verkauft.

●**165** [E9] **Amsterdams Uit Buro,** Leidseplein/Ecke Marnixstraat, Tel. 0900 0191, www.aub.nl
●**166** [E9] **Last-Minute-Ticketshop,** Leidseplein 26, www.lastminuteticketshop.nl

AMSTERDAM IM INTERNET

› **www.amsterdam.nl:** Die offizielle Internetseite Amsterdams. Grafisch interessant aufgemacht und gut zugänglich mit vielen interessanten und aktuellen Informationen.
› **www.amsterdamtourist.nl:** Offizielle Seite des Amsterdam Tourism & Convention Boards mit jeder Menge Informationen für Touristen.
› **www.bma.amsterdam.nl:** Internetseite des Amsterdamer Denkmalschutzamtes. Im Laufe des Jahres 2008 sollen Informationen zu Amsterdamer Gebäuden aktualisiert und auf Englisch auf die Webseite gestellt werden.

INTERNETCAFÉS

In der folgenden Liste sind verschiedene Internetcafés in der Stadt aufgeführt, die man aufsuchen kann, wenn man selbst keinen Computer dabei hat. Viele Hotels bieten inzwischen auch einen Service, bei dem man einen zentralen Computer im Hotel nutzen kann. Auch Internetanschlüsse auf dem Zimmer finden immer weitere Verbreitung. Teilweise gehen auch Cafés dazu über, einen kabellosen Internetzugang zu bieten.

@**167** [H5] **Easy Everything,** Damrak 33, täglich 9–22 Uhr

@**168** [H4] **Internetcafé Amsterdam,** Martelaarsgracht 11, täglich 9–1 Uhr, Fr., Sa. 9–3 Uhr

@**169** [H4] **Internet City,** Nieuwendijk 76, Mo.–Sa. 9–2 Uhr, So. 11–2 Uhr

MASSE UND GEWICHTE

Gebräuchlich sind in den Niederlanden die in Europa gängigen Maße und Gewichte. 100 g werden teilweise als *ons* bezeichnet. 300 g sind also *drie ons.*

Bei Kleidung verwenden die Niederländer ebenfalls die gewohnten Größen. Allerdings herrscht hier eine Vorliebe für besonders lange Hosenbeine.

MEDIZINISCHE HILFE

Das Gesundheitssystem in den Niederlanden ist gut ausgebaut. Am besten nimmt man Kontakt mit dem Bereitschaftsdienst auf. Mit den meisten Ärzten kann man sich auf Deutsch verständigen, Englisch fällt den Niederländern im Allgemeinen aber etwas leichter.

❯ **Zentraler Bereitschaftsdienst** *(Centrale Doktersdienst)* für Ärzte, Zahnärzte und Apotheken, Tel. 5923434/0900503204

❯ **Tandartsenpraktijk AOC** (Zahnarzt), Tel. 6161234

❯ Apothekendienst, Apotheken sind nach 17.30 Uhr und am Wochenende geschlossen. Welche Apotheke Abend- oder Wochenenddienst hat, erfährt man per Tel. 5923315, im Internet unter www.amsterdamseapotheken.nl und in den Abendzeitungen.

KRANKENHÄUSER MIT EINER NOTAUFNAHME

✚**170** **Academisch Medisch Centrum,** Meibergdreef 9, Tel. 5663333

✚**171** **Boven IJ Ziekenhuis,** Statenjachtstraat 1, Tel. 6346346

✚**172** [M10] **Onze Lieve Vrouwe Gasthuis,** Oosterpark 9, Tel. 5993016

✚**173** **Slotervaart Ziekenhuis,** Louwesweg 6, Tel. 5129333

✚**174** **St. Lucas Ziekenhuis,** Jan Tooropstraat 164, Tel. 5108911

✚**175** **VU Ziekenhuis,** De Boelelaan 1117, Tel. 4444444

NOTFÄLLE

NOTRUFNUMMERN

❯ In **Notfällen** gilt die landesweite Notrufnummer *(alarmnummer)* 112. Man wird zuerst gefragt, ob man mit Polizei *(politie),* Krankenhaus *(ambulance)* oder Feuerwehr *(brandweer)* verbunden werden will und dann weitergeleitet.

❯ **Polizei:** Tel. 09008844. Diese Nummer kann man anrufen, wenn man keine sofortige Hilfe benötigt.

VERLUST VON GELDKARTEN

Bei Verlust oder Diebstahl der Kredit- oder Maestro-(EC-)Karte sollte man diese umgehend sperren lassen. Für **deutsche Maestro- und Kreditkarten** gibt es die einheitliche Sperrnummer 0049 116116 und im Ausland zusätzlich 0049 30 40504050. Für **österreicherische und schweizerische Karten** gelten:

> **Maestro-Karte,** (A) Tel. 0043 1 2048800; (CH) Tel. 0041 44 2712230, UBS: 0041 800 888601, Credit Suisse: 0041 800 800488
> **MasterCard/VISA,** (A) Tel. 0043 1 717014500 (MasterCard) bzw. Tel. 0043 1 71111770 (VISA); (CH) Tel. 0041 58 9588383 für alle Banken außer Credit Suisse, Corner Bank Lugano und UBS
> **American Express,** (A) Tel. 0049 69 97971000; (CH) Tel. 0041 44 6596333
> **Diners Club,** (A) Tel. 0043 1 5013514; (CH) Tel. 0041 44 8354545

AUTOPANNEN

Sollte unterwegs das Auto streiken, kann man sich an einen **Automobilklub** wenden. In Amsterdam findet man den **ANBW,** man kann sich aber auch direkt an seinen eigenen Automobilklub wenden.

> **ANWB,** Museumplein 5, Tel. 6730844, www.anwb.nl. Hilfe z. B. für ADACPlus- oder ÖAMTC-Mitglieder teilweise kostenlos
> **ADAC,** (D) Tel. 089 222222, unter (D) Tel. 089 767676 gibt es Adressen von deutschsprachigen Ärzten in der Nähe des Urlaubsortes (Liste auch vorab anforderbar)
> **ÖAMTC,** (A) Tel. 01 2512000 oder (A) Tel. 01 2512020 für medizinische Notfälle
> **TCS,** (CH) Tel. 022 4172220

Bei allen weiteren Problemen wie z. B. dem Verlust des Ausweises wendet man sich am besten an die zuständige Diplomatische Vertretung (s. S. 158).

ÖFFNUNGSZEITEN ÄMTER/BANKEN

Ämter und Banken haben normalerweise Mo.–Fr. von 9–16 Uhr geöffnet (manche haben donnerstags länger geöffnet, dann aber meist auch nur bis 17 oder 18 Uhr).

ORIENTIERUNG

AUFBAU DER INNENSTADT

Die Innenstadt ist durch die **Grachten in Halbkreisform** aufgebaut. Vom Hauptbahnhof ❶ aus verlaufen Nieuwezijds Voorburgwal, Damrak ㉒ sowie Oudezijds Voor- und Achterburgwal senkrecht in die Himmelsrichtung Südsüdwest. Um diese Straßen wurden die Grachten mit ihrer halbrunden Form angelegt. Gerade bei Adressen an den Grachten ist es äußerst nützlich, sich bereits vorher zu erkundigen, wo man ungefähr hin muss, da sich an den Grachten teilweise über 1000 Hausnummern befinden und man u. U. recht lange unterwegs ist. Am leichtesten ist es, wenn man weiß, zwischen welchen Querstraßen der Grachtenabschnitt liegt, den man besuchen möchte.

ORIENTIERUNGSPUNKTE

In der westlichen Innenstadt sieht man von vielen Stellen aus den **Westertoren** mit seiner blaugoldenen Krone.

In der östlichen Innenstadt sieht man relativ häufig den **Zuiderkerktoren** ⑰. Des Weiteren befinden sich in der Innenstadt ziemlich viele **Richtungsanzeiger** für touristische Ziele (z. B. Museen), aber auch **Stadtteilpläne** an Säulen, mit deren Hilfe man sich gut orientieren kann.

Alle **Straßenschilder** geben an, in welchem Stadtteil man sich gerade befindet (Centrum, Oud-Zuid, De Pijp usw.).

POSTLEITZAHLEN

Eine weitere Orientierungsmöglichkeit bieten auch die Postleitzahlen. Diese bestehen aus vier Ziffern und zwei Buchstaben. Die ersten beiden Ziffern stehen für die Stadt (Amsterdam hat die 10), darauf folgen zwei weitere Ziffern, die den Bezirk kennzeichnen. Diese beiden Ziffern sind auf Karten Amsterdams manchmal vermerkt (z. B. sind die Zahlen dann ganz hell aufgedruckt). Die darauffolgenden Buchstaben sind die Kennzeichnung der einzelnen Straßenabschnitte.

Auf der offiziellen Amsterdam-Homepage (www.amsterdam.nl) kann man *stadsplattegrond* (Stadtplan) anklicken und danach Straßennamen *(straatnaam)* und Hausnummer *(Huisnr)* oder die Postleitzahl *(Postcode)* eingeben, worauf genau die richtige Stelle angezeigt wird.

POST

Die **Briefkästen der TNT Post** in den Niederlanden sind orange oder rot. An jedem Briefkasten befinden sich zwei Schlitze. Einer für Post im Zustellbezirk Amsterdam und einer für Post in den Rest der Welt *(overige bestemmingen)*. Mo.–Fr. und So. wird einmal pro Tag geleert (um 17, 18 oder 19 Uhr; steht jeweils auf dem Briefkasten). Ins Ausland gibt es schnelle und langsame Post, die schnelle Variante heißt *Priority* und braucht innerhalb von Europa 2–3 Tage, die normale Post ist etwas billiger, braucht aber auch etwas länger (innerhalb Europas 4–5 Tage). Als Brief gilt alles unter 2 kg, sofern es durch den Briefschlitz passt. Alles andere muss als Paket verschickt werden, egal ob es 50 g oder 5 kg wiegt.

❭ **Porto** für Priority-Postkarten und Briefe innerhalb Europas: 0,75 € (bis 20 g), 1,50 € (bis 50 g), 2,25 € (bis 100 g) und 3 € (bis 250 g), 6 € (bis 500 g), 9 € (bis 2 kg)

❭ **Briefmarken** bekommt man fast immer auch da, wo es Postkarten gibt, außerdem in Bruna-Buchläden, bei V&D-Warenhäusern und bei der Post.

✉ **176** [F6] **Hauptpostamt,** Singel 250–256, 1016 AB Amsterdam, Mo.–Fr. 9–18 Uhr, Sa. 10–13.30 Uhr

084am Abb.: bs

◀ *Vielerorts hängen Stadtpläne zur Orientierung*

PUBLIKATIONEN UND MEDIEN

INFOBLÄTTER

Es gibt einige niederländische Infoblätter, die kostenlos verteilt werden (z. B. beim AUB Ticketshop, bei den Touristeninformationen und in Cafés, Kneipen, Discos, Bibliotheken und den Universitäten) und ausführliche Auskünfte zu den Inhalten von Theateraufführungen, Filmen und Vorstellungen geben.

Selbst wenn man kein Niederländisch lesen kann, können die nach Datum, Veranstaltungsort oder Angebot geordneten Listen helfen, einen Überblick über das derzeitige Programm zu erhalten.

DAY BY DAY

Diese kleine, englische **Zeitschrift** wird alle vier Wochen für Touristen herausgegeben (Preis 2 €). Sie enthält vielfältige Informationen zu Veranstaltungen, Ausstellungen und Vorstellungen sowie allgemeine und nützliche Tipps für Touristen.

Erhältlich bei den Touristeninformationen, einigen Hotels sowie manchen Buch- oder Zeitschriftenhändlern.

LANDKARTEN

Da die Niederlande auf den meisten allgemeinen Straßenkarten fast immer sehr winzig ausfallen, andererseits aber extrem dicht besiedelt sind, ist es für die Anfahrt mit dem Auto oder für Ausflüge in die Umgebung ratsam, sich vor der Fahrt eine **Karte der Niederlande** zuzulegen, auf der nicht nur die vier wichtigsten Routen durch das Land eingezeichnet sind.

Stadtpläne von Amsterdam sind in guten Buchhandlungen, Tankstellen und an Bahnhöfen zu bekommen. Fast alle Hotels geben auch Stadtpläne aus, die für die Orientierung in der Innenstadt völlig ausreichend sind.

RADFAHREN

Die Niederlande sind natürlich das Radfahrerland schlechthin: Alles ist **flach** und es gibt ein riesiges Netz von **breiten und meist auch baulich getrennten Fahrradwegen.** Zudem fahren fast alle Autofahrer auch selbst Rad. Daher werden Abstände und die Geschwindigkeit von Radlern meist gut eingeschätzt. Im **hektischen Verkehr von Amsterdam** selbst ist das Fahrradfahren allerdings nicht immer ganz so einfach. In der Stadt wird teilweise ziemlich schnell gefahren, enge Straßen, Straßenbahnschienen und gewölbte Brücken machen das

085am Abb.: bs

▶ *Aus der Gracht gebaggert*

Ganze zudem manchmal etwas unübersichtlich. Besonders nervenaufreibend sind gedankenlose Fußgänger und Straßenbahnfahrer, die zwar klingeln, aber nicht unbedingt bremsen! In der Innenstadt (ungefähr der Teil, den die Grachten umschließen) helfen gute Nerven und große Aufmerksamkeit, besonders an den Stellen, wo es viele Straßenbahnen und Touristen gibt. Man gewöhnt sich allerdings schnell daran. Auch kann man sich weniger belebte Straßen suchen und mit dem Fahrrad in weiter entfernt liegenden Stadtvierteln fahren.

VERKEHRSREGELN

Als besondere Verkehrsregel für Radfahrer gilt, dass diese auch **umgekehrt in Einbahnstraßen** fahren dürfen, wenn unter dem Sperrschild ein kleines weißes Schild mit einem Fahrradsymbol und einem Pfeil nach oben hängt oder ein Schild mit der Aufschrift *uitgezonderd* („ausgenommen") und dann die Symbole.

Fahrradwege haben meist eigene Ampelschaltungen. An Ampeln, an denen nicht ständig jemand vorbeikommt, muss man drücken.

Grundsätzlich müssen sich auch Radfahrer an die Verkehrsregeln halten, allerdings sieht die Rechtsprechung meistens so aus, dass der Autofahrer bei einem Unfall die Schuld bekommt, auch wenn sich ein Radfahrer nicht korrekt verhalten hat.

KAUF VON GEBRAUCHTEN FAHRRÄDERN

In der Stadt gibt es jede Menge **Fahrradreparaturwerkstätten**, die u. a. gebrauchte Fahrräder verkaufen. An dieser Stelle bitten wir ausdrücklich darum, **keine Fahrräder von Junkies zu kaufen.** Die Räder wurden meist nur ein paar Straßen weiter geklaut. Wer ein Rad für 15 oder 20 € kauft, muss wissen, dass dies irgendwo gestohlen wurde und er sich durch den Kauf strafbar macht (Hehlerei). Zudem führt ein Kauf dazu, dass in Amsterdam auch weiterhin jedes Jahr Tausende von Fahrrädern gestohlen werden.

FAHRRADVERLEIH

Der Fahrradverleih kostet ca. 4 € pro Stunde. Je länger der Leihzeitraum, desto günstiger wird es. Für einen Tag bezahlt man ca. 10–12 € (zudem muss man zwischen 30 und 100 € oder einen Ausweis pro Fahrrad hinterlegen).

Außer an den verschiedenen Bahnhöfen kann man bei zahlreichen Privatunternehmen Fahrräder leihen (und eventuell online reservieren):

> **Amsterdam First Moped Rental,** Willemsstraat 133, Tel. 4220266, Vermietung von Mofas
> **Bike City,** Bloemgracht 70, Tel. 6263721
> **Damstraat Rent a Bike,** Damstr. 20, Tel. 6255029, www.bikes.nl. Broschüren mit Routenbeschreibungen erhältlich.
> **Frédéric Rent a Bike,** Brouwerswgracht 78, Tel. 6245509, www.frederic.nl
> **Holland Rent a Bike,** Damrak 247, Tel. 6223207
> **Mac Bike,** Mr. Visserplein 2, Weteringsschans 2 und Stationsplein 5, Tel. 6200985, www.macbike.nl. Hier kann man auch Broschüren mit verschiedenen Touren kaufen oder geführte Touren buchen.
> **Orange Bike Rentals and Tours,** Singel 233, Tel. 5289990, www.orangebike.nl. Bietet

086am Abb.: bs

REISEZEIT

auch verschiedene geführte Radtouren in Amsterdam und Umgebung an.

❯ **The Bulldog Rent a Bike,** Oudezijds Voorburgwal 216 bg, Tel. 4217068

BEWACHTE FAHRRADPARKPLÄTZE

Bewachte Fahrradparkplätze gibt es an den **Bahnhöfen** und bei:

❯ **De Beurs,** Damrak 247

❯ **Locker,** www.locker.amsterdam.nl. Verschiedene Stationen, z. B. **Albert Cuyp** (Govert Flinckstraat 124), **Beursplein, BG-Terrein** (Binnengasthuisstraat 9), **Kalvertoren** (Singel 457), **Paradiso** (Weteringschans 4) und **Zuid WTC** (Zuidplein). Billig, mit Toilette, Fahrradreparatur und Gepäckfächern.

Amsterdam ist zu allen Zeiten gut besucht. Als Reisezeit besonders beliebt sind die Monate **April bis September** (wohl auch, weil man dann auf weniger Regen hofft). In dieser Zeit gibt es vermittelt und teilweise auch organisiert vom Amsterdamer Touristeninformationsbüro viele Extraangebote.

Allerdings haben im **Juli und August** auch einige Theater oder andere **kulturelle Einrichtungen Sommerpause.** Die Kunst- und Kultursaison wird jeweils am letzten Augustwochenende mit

▲ *Stadterkundung mit dem Leihrad*

Sondervorstellungen, einem Markt, auf dem alle Kultureinrichtungen und Verlage ihr Angebot präsentieren, und Straßenauftritten eröffnet.

Architekturinteressierten seien auch die **Wintermonate** empfohlen, weil die Bäume an den Grachten dann den Blick auf die jeweils gegenüberliegende Seite freigeben.

SCHIFFSRUNDFAHRTEN

Mit einer Rundfahrt durch die Grachten hat man **in relativ kurzer Zeit alle Sehenswürdigkeiten der Stadt** gesehen, sodass man eventuell hinterher bestimmte Stellen noch einmal in aller Ruhe besichtigen kann. Die Reedereien bieten alle ungefähr die gleiche Rundfahrt an, auch wenn

die schönsten und wichtigsten Stellen der Stadt in unterschiedlicher Reihenfolge angefahren werden. Die Preise schwanken zwischen 7,50 und 10 € für Erwachsene und 4 und 6 € für Kinder bis zum zwölften Lebensjahr.

Entscheidet man sich für eine Reederei, dann sollte man vor der Fahrt fragen, ob die **Erklärungen von Band** abgespielt oder **live** dargeboten werden und ob auch in deutscher Sprache erklärt wird. Während der Hochsaison wird dies fast immer der Fall sein, in der Nebensaison wird an diesen Dingen aber manchmal gespart.

Besondere Angebote der Rundfahrtgesellschaften sind **Lunch- oder Dinnerfahrten,** bei denen man die Mahlzeiten in eindrucksvoller Umgebung genießen kann. Romantikern sei außerdem eine

087am Abb.: bs

abendliche **Candlelightfahrt** durch die beleuchteten Grachten empfohlen. Immer größerer Beliebtheit erfreuen sich auch **Themenfahrten**, bei denen z. B. eine bestimmte Musik gespielt wird oder bestimmte Gerichte serviert werden (Rock-, Jazz- und Pizza-Cruise). Die Abfahrtszeiten werden bei den Bootsstegen jeweils auf einer großen Uhr angegeben.

Eine Rundfahrt der Rederij Lovers führt auf den Spuren **moderner Architektur** auch durch das **östliche Hafengebiet, zur Java- und KNSM-Insel** ❼❹ (evtl. mit Rundgang).

❭ **Amsterdam Canal Cruises**, Stadhouderskade, N. Witsenkade 1, Tel. 0653126820, gegenüber der Heineken Brauerei ❼❷

❭ **Blue Boat Company**, Stadhouderskade 30 (beim Max Euweplein), Tel. 6791370, www.blueboat.nl

❭ **Rederij Boekel**, auf der Höhe von Nassaukade 380, Tel. 6129905, www.rederijkooij.nl

❭ **Holland International Rondvaart**, Prins Hendrikkade 33A, gegenüber vom Hauptbahnhof ❶, Tel. 6253035, www.hir.nl

❭ **Rederij P. Kooij**, auf der Höhe von Rokin 125, Tel. 6233810, www.rederijkooij.nl

●**177** [H4] **Rederij Lovers**, Prins Hendrikkade, gegenüber vom Hauptbahnhof ❶, Tel. 5301090, www.lovers.nl

❭ **Meyers Rondvaarten**, Damrak Anlegesteg 5, Tel. 6234208

❭ **Rederij Plas**, Damrak Anlegesteg 1–3, Tel. 6245606, www.rederijkooij.nl

◀ *Schiffsrundfahrten: ein empfehlenswerter Programmpunkt in Amsterdam*

SCHWULEN- UND LESBENSZENE

In Amsterdam exisistiert eine **lebendige Schwulen- und Lesbenszene** und die Stadt ist im Allgemeinen für ihr **tolerantes Image** bekannt. Hier wie auch im Rest der Niederlande versucht man das Thema Homosexualität mithilfe von Aufklärungsarbeit, Gesprächsgruppen und Veranstaltungen aus der Tabusphäre zu holen. Es gibt zum Beispiel ein nationales Büro zur Interessenvertretung von Schwulen und Lesben *(COC)*. Inzwischen ist es in den Niederlanden möglich, dass auch gleichgeschlechtliche Paare eine **Ehe** mit allen Rechten und Pflichten schließen können.

Andererseits hat sich aus dem Wunsch unter Gleichgesinnten zu sein **eine eigene lebhafte Kultur** mit speziellen Radioprogrammen, Tanzklubs, Cafés, Bars, Hotels und Restaurants entwickelt.

In jüngster Zeit gab es immer mal wieder einzelne **tätliche Übergriffe** auf Schwule und Lesben, ein im eigentlich toleranten Amsterdam bisher eher unbekanntes Phänomen. Von allen Seiten wird daran gearbeitet, die offene und entspannte Atmosphäre zu erhalten. Wer beleidigt, belästigt oder angegriffen wurde, kann dies bei einer Sondereinheit der Polizei melden: **Pink in Blue**, Tel. 020 5595385 (Direktwahl), oder per E-Mail homonetwerk@amsterdam.politie.nl.

INFORMATIONEN

❭ **Pink Point**, Westermarkt, www.pinkpoint.org, täglich 10–18 Uhr. Informationskiosk, der von Ehrenamtlichen geführt wird. Dort erfährt man alles über „Gay Amsterdam". Es gibt Infomaterial, Souvenirs, Führungen und den

„Bent-Guide to Gay and Lesbian Amsterdam" (der spezialisierte Stadtführer für Schwule und Lesben). Absolut der beste Startpunkt.

❯ **COC Amsterdam** (Nationales Büro für Schwule und Lesben; Niederlassung Amsterdam), Rozenstraat 14, Tel. 6263087, www.cocamsterdam.nl. Auch hier kann man alle möglichen Informationen über Aktivitäten, Musikveranstaltungen, Bars, Cafés und Hotels erhalten, außerdem Beratungen und Gesprächsgruppen.

❯ **SAD-Schorerstichting,** P. C. Hooftstraat 5, Tel. 6624206, www. schorer.nl. Die Stiftung ist spezialisiert auf medizinische Fragen sowie Aids-Vorsorge und Buddy-Projekte. Das **Gay + lesbian switchboard** ist inzwischen mit der Stiftung verbunden (www.switchboard.nl).

❯ **www.gayamsterdam.com.** Außer im Switchboard findet man hier auch gute Infos, z. B. Rezensionen zu Klubs und Bars, das aktuelle Programm und Tipps.

Eine Reihe von Zeitungen oder Flugblättern, z. B. eine Karte von Amsterdam mit vielen Bars, Hotels, Restaurants und Geschäften (**Gay Tourist Map**), liegen in Kneipen, Cafés und Restaurants aus.

❯ **IIAV,** Obiplein 4, Tel. 6650820, www.iiav.nl. Internationales Informationszentrum und Archiv für die Frauenbewegung. Hier findet man jede Menge Zeitschriften, Zeitungen, Bücher und wissenschaftliche Veröffentlichungen zu Themen der Frauenbewegung.

❯ **IHLIA,** Oosterdokskade 143, Tel. 6060712, www.ihlia.nl. Internationales Schwul-Lesbisches Informationszentrum und Archiv Amsterdam, in dem man alles Wissenswerte über die Lebenswelt von Schwulen und Lesben finden kann: Zeitungen, Zeitschriften, Bücher, wissenschaftliche Veröffentlichungen, nicht publizierte Artikel, audio-visuelle Medien und Ausstellungsstücke. Alles archiviert und in einer Datenbank aufgearbeitet.

HOTELS FÜR SCHWULE UND LESBEN

Die folgende Liste enthält Hotels, die für jeden offen sind, egal ob hetero, bi, schwul oder lesbisch. Steht ein Hotel nur Schwulen und/oder Lesben offen, ist dies extra vermerkt. In den Niederlanden ist es gesetzlich verboten, schwule oder lesbische Gäste zu diskriminieren. Hotels profilieren sich häufig als „gay-friendly",

088am Abb.: bs

◀ *Der Pink Point an der Westerkerk ist eine gute Informationsquelle für Schwule und Lesben*

wenn die Eigentümer oder Mitarbeiter selbst schwul bzw. lesbisch sind. Außerdem weiß man dann, dass im Hotel auch andere schwule und lesbische Gäste verbleiben.

Die €-Zeichen geben eine Indikation für den Preis eines normalen Doppelzimmers mit Dusche und WC pro Nacht.

€	unter 100 €
€€	100–150 €
€€€	150–230 €
€€€€	über 230 €

🏨 **178** [F8] **Aero** €, Kerkstraat 49, Tel. 6227728, www. aerohotel.nl. Mitten in einer für unterschiedliche Ausgehmöglichkeiten zentralen Straße steht dieses beliebte Hotel mit 20 Zimmern.

🏨 **179** [F8] **Amistad Hotel & Apartments** €€, Kerkstraat 42, www.amistad.nl, Tel. 6248074. Hotel mit frisch renovierten Zimmern von einfacher bis Luxusausstattung, Apartments an diversen Orten in der Stadt und Internet Lounge.

🏨 **180** [G3] **Barangây Bed and Breakfast** €€, Droogbak 15, www.barangay.nl, Tel. 0625045432. Alle Zimmer in dem historischen Gebäude von 1777 sind in tropischem Design gestaltet.

🏨 **181** [E8] **Hotel Freeland** €€, Marnixstraat 386, Tel. 6227511, www.hotelfreeland.com. 15 Zimmer in einem typischen, in jüngster Zeit renovierten Amsterdamer Haus in der direkten Umgebung des Leidseplein.

🏨 **182** [J9] **ITC** €, Prinsengracht 1051, Tel. 6230230, www. itc-hotel.com. Hotel mit deutscher Geschäftsleitung in einem klassischen Grachtenhaus mit 15 Zimmern in der Nähe der Utrechtsestraat. Die Räume sind modern und freundlich eingerichtet.

🏨 **183** [D8] **NL Hotel Amsterdam** €€€, Nassaukade 368, Tel. 6890030, www.nl-hotel.com. 2007 wurde das Hotel neu eröffnet. Es liegt in unmittelbarer Nähe zum Leidseplein und ist komplett in Zen-Atmosphäre gestylt.

🏨 **184** [J5] **Anco Hotel** €€, Oudezijds Voorburgwal 55, Tel. 6241126, www. ancohotel.nl. Schwulen-Hotel (Leder und SM, Nacktheit ohne Einschränkungen erlaubt) mit einfach eingerichteten Zimmern in einem historischen Gebäude. Ein Platz im Schlafsaal (drei oder vier Personen) kostet 40 € pro Person.

🏨 **185** [J5] **Black Tulip** €€€, Geldersekade 16, Tel. 4270933, www. blacktulip.nl. Schwulen-Hotel in einem historischen Gebäude. Wer Leder liebt, kommt hier auf seine Kosten. In jedem Zimmer gibt's andere Bondage-Accessoires. Die Ausstattungen der einzelnen Zimmer sind ausführlich auf der Website dargestellt.

🏨 **186** [F8] **The Golden Bear** €€, Kerkstraat 37, Tel. 6244785, www.goldenbear.nl. Nur für Schwule und Lesben. 1948 als erstes Gay-Hotel in zwei historischen Gebäuden von 1737 eröffnet. Die Zimmer sind teilweise ohne eigenes Badezimmer.

SZENESTRASSEN

Wer ausgehen möchte und sich in der Schwulen- oder Lesbenszene bewegen will, kann einen Großteil der Spezialgeschäfte, Bars, Cafés und Discos in einigen wenigen Straßen finden, wobei die Ausgehmöglichkeiten für Frauen etwas weniger deutlich sichtbar sind. Hat man dort erst einiges gesehen und besucht, erhält man mit Sicherheit gute Tipps für andere interessante Möglichkeiten:

❯ **Warmoesstraat** ungefähr zwischen Wijde Kerksteeg und Oudezijds Armsteeg

❯ **Kerkstraat** zwischen Leidsegracht und Nieuwe Spiegelstraat

❯ **Reguliersdwarsstraat** zwischen Koningsplein und Vijzelstraat

❯ **Amstelstraat,** Amstel und Seitenstraßen

SCHWULEN-LEATHERBARS

Zu den bekanntesten „Leatherbars" mit Dark- oder Playroom zählen:

- **187** [H5] **Argos**, Warmoesstraat 95, Tel. 6226595
- **188** [H5] **Eagle**, Warmoesstraat 90, Tel. 6278634
- **189** [H5] **The Cockring**, Warmoesstraat 96, Tel. 6239604, www.clubcockring.com
- **190** [H4] **The Cuckoo's Nest**, Nieuwezijds Kolk 6, Tel. 6271752, www.cuckoosnest.nl
- **191** [H4] **The Web**, St. Jacobsstraat 6, Tel. 6236758

FRAUENCAFÉS UND BARS

Männer sind außer zu Girls-only-Abenden willkommen:

- **192** [G9] **Café Sappho**, Künstler- und Frauencafé, Vijzelstraat 103, Tel. 4231509, www.sappho.nl
- **193** [E7] **Saarein**, Elandstraat 119, Tel. 6234901, www.saarein.nl
- **194** [H8] **Vive la Vie**, Amstelstraat 7, Tel. 6240114, www.vivelavie.net

QUER DURCH DIE SZENE

Die meisten der aufgeführten Treffpunkte, Bars und Discos werden von einem gemischten Publikum besucht. Wo dies nicht der Fall ist, ist es extra angegeben.

- **195** [G8] **April**, Reguliersdwarsstraat 37, Tel. 6259572. Relaxte Bar.
- **196** [G8] **ARC**, Reguliersdwarsstraat 44, Tel. 6897070, www.bararc.com. Relativ groß und trendig.
- **197** [J9] **Backstage**, Utrechtsedwarsstraat 67, Tel. 6223638. Farbenfrohe Bar der berühmten Christmas Twins.
- **198** [E6] **Custom Café Sugar**, Hazenstraat 19, www.les-bi-friends.com, Do.–Mo.

Für lesbische und Bi-Frauen sowie ihre Freundinnen.

- **199** [H8] **De Amstel Taveerne**, Amstel 54, Tel. 6234254. Eine der ersten Bars an der Amstel.
- **200** [H5] **Getto**, Warmoesstraat 51, Tel. 4215151, www.getto.nl. Trendy Bar-Restaurant.
- **201** [E8] **Habibi Ana**, Lange Leidsedwarsstraat 4–6. Die erste arabische Bar (arabische Inneneinrichtung, arabische Musik).
- **202** [H8] **Lellebel**, Utrechtsestraat 4, Tel. 4275139, www.lellebel.nl. Bar mit Dragshows.
- **203** [H8] **Mixcafé**, Amstel 50, Tel. 4203388, www.mixcafe.nl. Hier kann man unter der Woche zwei Stunden länger weiterfeiern als bei den umliegenden Bars.
- **204** [H8] **Montmartre**, Halvemaansteeg 17, Tel. 6207622. Beliebte Bar, daher meist voll und laut.
- **205** [G5] **Prik**, Spuistraat 109, www.prikamsterdam.nl, Di.–So. Modern gestylte Bar mit entspannter Atmosphäre, Cocktails, DJs und Snacks.
- **206** [H8] **Reality**, Reguliersdwarsstraat 129, Tel. 6393012. Tropisches Design und tropische Musik.
- **207** [H8] **Rouge**, Amstel 60, Tel. 4209881. Typisch niederländische, gesellige Schwulen-Bar.
- **208** [G8] **Soho**, Reguliersdwarsstraat 36, Tel. 4223312, www.pubsoho.eu. Große Bar in englischem Lederstil.

SHOPPING

- **209** [G6] **Boekhandel Vrolijk**, Paleisstraat 135, Tel. 6235142, www.vrolijk.nu. In einer Seitenstraße vom Dam liegt dieser Buchladen mit einer großen Auswahl zu allem, was irgendwie mit lesbisch oder schwul zu tun hat. Hier findet man auch viele Zeitschriften und Secondhand-Bücher.

210 [G5] **Female & Partners**, Spuistraat 100, Tel. 6209152, www.femaleandpartners.nl. Erotische Lingerie, Mode und Accessoires.

211 [G4] **Gays and Gadgets**, Spuistraat 44, Tel. 3301461, www.gaysandgadgets.com. Geschenkeladen mit riesiger Auswahl.

212 [G10] **Mail&Female**, Nieuwe Vijzelstraat 2, Tel. 6233916, www.mailfemale.com. Hier gibt es alles, was Sex und Erotik spannender und lustvoller macht. Sehr kompetente Beratung.

213 [F7] **Stout**, Berenstraat 9, Tel. 6201676; www.stoutinternational.com. Erotica- und Lingeriegeschäft, auf die Wünsche weiblicher Kunden spezialisiert.

▲ *Auch die Gesetzeshüter sind mit dem Rad oft am schnellsten unterwegs*

SICHERHEIT

Amsterdam ist so sicher oder so gefährlich wie jede andere Großstadt auch. Für **Kleinkriminalität** wie etwa Taschendiebe sind besonders die **touristischen Ballungsgebiete** gefährlich (zum Beispiel Hauptbahnhof, die Gegend um die Museen, Leidseplein und Ähnliches). Am besten, man nimmt keine Dinge mit, die nicht unbedingt nötig sind. Ein kleiner Tipp: Normalerweise ist es so, dass sich die Leute in Amsterdam auch auf den belebtesten Straßen nicht, beziehungsweise nur selten berühren. Wenn man doch angerempelt wird, könnte man gerade seinen Geldbeutel losgeworden sein.

Ein weiterer beliebter Trick ist es, **ermüdete Reisende** mit viel Gepäck in ein Gespräch zu verwickeln, während ein Komplize in dieser Zeit das Gepäck klaut.

Besonders dreist sind die sogenannten **Autobewacher.** Kommt man zum Auto zurück, steht da eine kesse Blondine, die fünfzig Mäuse verlangt, weil sie auf das Auto aufgepasst hat. Lehnt man dankend ab, da man ja nicht um diesen Service gebeten hatte, kommt der Freund der Blondine (Typ „Wandschrank") um die Ecke, um den Geldforderungen Nachdruck zu verleihen.

Des Weiteren ist es ratsam, alle **Wertsachen** aus dem Auto herauszunehmen, denn auf eine heulende Autoalarmanlage achtet in Amsterdam niemand mehr. Selbst Amsterdamer nehmen alles, auch ihre Autoradios, mit.

Im **Verkehrsstau** kommt es auch vor, dass zwei Jugendliche auf einem Moped blitzschnell die Scheibe der Beifahrerseite einschlagen, Taschen oder Laptops klauen und dann im Nu verschwunden sind. Am besten legt man nichts auf dem Beifahrersitz ab.

Um das Gefühl von Sicherheit zu erhöhen, gibt es inzwischen in der Innenstadt einige Gebiete, in denen die **Polizei** auf der Straße und in öffentlich zugänglichen Gebäuden **präventiv Personen kontrollieren** und durchsuchen darf. Das Gebiet umfasst den größten Teil der Innenstadt.

SOUVENIRS

Beliebte Mitbringsel aus Amsterdam:
› **Ajax-Artikel.** Für Fußballfans ein absolutes Muss.
› **Amsterdammertjes.** Die bekannten Straßenpfähle werden in den kommenden Jahren aus dem Straßenbild verschwinden. Noch gibt es sie als Sticker, Magnete oder aus Schokolade. Auch die echten Straßenpfähle gibt es zu kaufen (siehe Exkurs „Amsterdammertjes" im Kapitel „Altstadt").
› **Blumenzwiebeln.** Die meisten Sorten kommen im Spätsommer und Herbst in den Handel.
› **Diamanten.** Ein schönes „Mitbringsel", wenn man das nötige Kleingeld hat.
› **Vondelpark.** Um die nötigen Renovierungsarbeiten zu unterstützen, kann man Vondelparksouvenirs (erhältlich in den Cafés/ Restaurants im Park) oder ab 10 € sogar ein virtuelles Stück Vondelpark kaufen. Auf dem Lageplan unter www.koopvondelpark.nl kann man einzelne Segmente anklicken und dann den Knopf *koop* anklicken, um sein Stück vom Park zu erwerben. Man erhält ein Zertifikat, das auch auf einen anderen Namen ausgestellt werden kann. Eine besondere Überraschung!

090am Abb.: bs

◀ *Holländische Schuhmode*

SPRACHE

Das Niederländische gehört zur Sprachgruppe der **westgermanischen Sprachen.** Die Grammatik hat sehr große Ähnlichkeit mit dem Englischen, die Wörter mit dem Deutschen. Viele moderne Wörter sind auch einfach aus dem Englischen übernommen. Allerdings ist hier Vorsicht angesagt, denn gerade Wörter, die wie im Deutschen klingen, haben inzwischen oft eine ganz andere Bedeutung. So heißt *huren* schlicht und ergreifend mieten, nicht mehr und nicht weniger.

Mit **Englisch** kann man sich in Amsterdam überall verständigen, in manchen Läden wird man zum Ärger vieler Einheimischer sogar schon auf Englisch angesprochen. Auch Speisekarten sind meistens auf Englisch und in anderen Sprachen zu bekommen.

Deutsch ist weit weniger beliebt, was teilweise mit Ressentiments im Zusammenhang mit dem Zweiten Weltkrieg zu tun hat. Auch lernen sehr viel mehr Leute Englisch als Deutsch und fühlen sich deshalb sicherer, wenn sie Englisch sprechen können. In jedem Fall ist es gut, zunächst auf Englisch oder Deutsch zu fragen, ob ein Gesprächspartner die jeweilige Sprache spricht. Es macht wenig Mühe und schafft viel guten Willen beim Gegenüber.

▶ *Mithilfe von Giebelsteinen konnte früher jeder das richtige Haus finden, auch ohne lesen zu können*

STADTTOUREN, ORGANISIERTE

Die einfachste Adresse, um Informationen über angebotene Exkursionen und geführte Stadttouren zu erhalten, sind die einzelnen Niederlassungen der **Touristeninformation** (s. S. 164). Es gibt in Amsterdam jede Menge Firmen und selbstständig arbeitende Führer, die Touren zu verschiedenen **Themen** und **Gebieten der Stadt** anbieten. Ob mit dem Fahrrad, zu Fuß oder per Boot, Architekturführungen, Geisterwanderungen, Führungen durch den Grachtengürtel, das Jordaan- oder das Rotlichtviertel: Die Auswahl ist sehr groß und bei der Touristeninformation erhält man nicht nur Auskünfte darüber, in welchen **Sprachen** die Stadtführungen möglich sind, sondern man kann sie auch gleich vor Ort buchen.

> **Architekturführungen** auf Englisch mit dem Bus bietet Museum Het Schip, Spaarndammerplantsoen 140, Tel. 4182885, www.hetschip.nl. Bus (Zaanstraat) 22

> Bei **Mee in Mokum** („Mit in Mokum") führen Senioren die Gäste von Dienstag bis Sonntag durch ihre Stadt. *Mokum* (abgeleitet vom arabischen Word *Makam* = Stadt) wird Amsterdam von den waschechten Amsterdamern genannt. Eine Anmeldung ist erwünscht und es ist wichtig, sich vorher zu erkundigen, in welcher Sprache eine Führung möglich ist. Gilde Amsterdam, Keizersgracht 346, Tel. 6251390 (Mo.–Fr. 13–16 Uhr), www.gildeamsterdam.nl

> Eine ähnliche Idee steht hinter dem Konzept von **Like a Local.** Über eine Webseite ist es möglich, Kontakt mit Amsterdamern aufzunehmen, die etwas von ihren Interessen und ihrer Stadt vermitteln wollen. Das Angebot reicht von Ausflügen durch verschiedene Stadtviertel, über die holländische Küche bis hin zu Architektur, Mode und Design. www.like-a-local.com

> Auch die meisten **Fahrradverleihfirmen** bieten geführte Radtouren durch die Stadt an und eine **Bootsrundfahrt** durch Amsterdam lässt sich oft als besondere Themenfahrt wie Candlelight-, Pizza- oder Jazz-Cruise buchen (s. S. 172).

TELEFONIEREN

Es gibt zahlreiche **Telefonläden privater Anbieter** in der Innenstadt. Diese sind normalerweise teurer als die regulären Tarife der Post.

Die nächste Möglichkeit sind **Telefonzellen,** die die grasgrüne Farbe der KPN Telecom tragen. Es gibt noch ein paar Münzautomaten, diese werden jedoch immer stärker von Kartentelefonen verdrängt. Telefonkarten für 5 oder 10 € gibt es bei der Post und bei Zeitschriften- und Tabakhändlern.

Die Kartentelefone in der Innenstadt gehören der KPN Telecom. Da die niederländische Bahn selbst auch an einem Telekomunternehmen beteiligt ist, braucht man auf den Bahnhöfen andere Telefonkarten, die man an den Schaltern der niederländischen Bahn kaufen kann. Insgesamt nimmt jedoch die Zahl der Telefonzellen stark ab.

Das eigene **Mobiltelefon** lässt sich in den Niederlanden problemlos nutzen, denn die meisten Mobilfunkgesellschaften haben Roamingverträge mit den niederländischen Gesellschaften. Wegen hoher Gebühren sollte man bei seinem Anbieter nachfragen oder auf dessen Website nachschauen, welcher der Roamingpartner günstig ist, und diesen per manueller Netzauswahl voreinstellen. Nicht zu vergessen sind die passiven Kosten, wenn man von zu Hause angerufen wird (Mailbox abstellen!). Der Anrufer zahlt nur die Gebühr ins heimische Mobilnetz, die teure Rufweiterleitung ins Ausland zahlt der Empfänger.

Wer über ein **SIM-lock-freies Mobiltelefon** verfügt, kann sich auch im Supermarkt eine **örtliche Prepaid-Karte** besorgen. Damit kann man günstig innerhalb der Niederlande telefonieren, hat dann aber eine andere Telefonnummer.

Um ins **Ausland** telefonieren zu können, muss man 0049 (Deutschland), 0043 (Österreich), 0041 (Schweiz) und daran anschließend die gewünschte Ortsnetzkennzahl ohne die Null wählen. Aus dem Ausland muss man für die Niederlande die Vorwahl 0031 eingeben.

Die **Ortsnetzkennzahl von Amsterdam** ist 020. Aus dem Ausland wählt man also 0031 20 und die jeweilige Teilnehmernummer.

Bei **Verlust/Diebstahl** eines Handys mit deutschem Anbieter sollte man die Karte sofort unter 0049 116116 sperren.

THEATER

Wer das Theater liebt, wird in einem der **rund hundert Amsterdamer Theater** sicherlich etwas Passendes finden können. Besonders stolz ist man hier nicht nur auf die Amsterdamer Oper, das Stadttheater *(stadsschouwburg)* oder das Theater Carré, die auch im Ausland bekannt sind, sondern auch auf die vielen kleineren Theater, weil hier Neues ausprobiert und viel experimentiert wird. **Von Klassik bis Moderne, Ethnospektakel bis Avantgarde** kommt hier jeder auf seine Kosten. Darüber hinaus sind die Niederländer weltbekannt für ihre klassischen und modernen Ballettensembles.

Das aktuelle Programm findet man bei den Touristeninformationen (s. S. 164) und in den vielen Infoblättern, die an vielen Stellen kostenlos ausliegen (siehe „Publikationen und Medien"). Auch wenn beispielsweise die Infozeitung „Uitkrant" in niederländischer Sprache geschrieben ist, kann man dort durch die Titel der Stücke, Namen von Autoren, Schauspielern und Sängern und die Namen der Theater etwas Besonderes, Spannendes oder Schönes heraussuchen. Die Eintrittskarten erhält man dann an den entsprechenden Vorverkaufsstellen (s. S. 165).

► *Ein Hauseigentümer wollte keinen Platz machen für den Bau des neuen Victoria Hotels*

UHRZEIT

In den Niederlanden gilt die **mitteleuropäische Zeit**. Das heißt, **Sommer- und Winterzeit** werden gemeinsam mit den Nachbarländern Ende März und Ende Oktober angeglichen.

UNTERKUNFT

HOTELS

Amsterdam bietet mit über 37.000 Hotelbetten für jeden etwas. Von billig bis luxuriös von modern bis klassisch. Die Amsterdamer Hotelbranche lebt vom **Touristengeschäft**, was bedeutet, dass die Hotelzimmer in den Sommermonaten und an den Wochenenden gut ausgebucht und

UNTERKÜNFTE

250 m   500 m   750 m

daher teuer sind. Das Preisniveau liegt im Allgemeinen recht hoch. Die besten Chancen auf ein echtes **Schnäppchen** hat man **in den Wintermonaten** (Feiertage wie Weihnachten oder Silvester natürlich ausgenommen). Frühes Buchen ist auf jeden Fall eine gute Idee.

Amsterdam bietet in der Innenstadt zahllose Hotels in renovierten **historischen Gebäuden**. Große Hotelketten finden sich häufiger in Neubauten. Ein Hotelzimmer in einem historischen Gebäude bietet ein geschmackvolles Ambiente, ist aber meist eher klein. Auch sind die Flure und Zimmer nur teilweise oder gar nicht per Aufzug zugänglich. Wer gehbehindert ist, sollte sich daher unbedingt vorher genau erkundigen, denn **holländische Treppenhäuser** können gewöhnungsbedürftig steil sein. Auch sonnen sich manche Hotels in lange vergangenem Glanz, wobei man als Besucher eher auf Renovierungsarbeiten und – daraus folgend – schalldichtere und sich frischer präsentierende Räume gehofft hätte.

Amsterdam ist eine lebendige Stadt mit einem vielseitigen Nachtleben und einem hohen Verkehrsaufkommen, daher muss man in der Innenstadt mit einer gewissen **Lärmbelästigung** rechnen. Dennoch sind Hotels in der Innenstadt ideal für einen Besuch der Stadt, da in Amsterdam **alles leicht zu Fuß erreichbar** ist. Falls man mit dem Auto anreist, muss man zum Zimmerpreis pro Tag 25–45 € extra für einen Parkplatz in Hotelnähe einkalkulieren. Nur die wenigsten Hotels verfügen über eigene Parkmöglichkeiten.

Inzwischen hat es sich eingebürgert, dass im Preis für eine Übernachtung das **Frühstück nicht mehr inbegriffen** ist. Dafür fällt zumeist ein Betrag zwischen 10 und 25 € pro Person an. In den Vier- und Fünfsternehotels wird für den entsprechenden Preis normalerweise ein ausgezeichnetes Frühstücksbüfett geboten. Bei kleineren Hotels erfüllt, was Niederländer unter einem reichhaltigen Frühstücksbuffet verstehen, vielleicht nicht immer alle Erwartungen, aber in der Innenstadt gibt es ja zahlreiche Möglichkeiten, sich ein schönes Café zu suchen.

Die Sterne in Beneluxhotels werden für Komfort und Ausstattung eines Hotels vergeben, z. B. die Zahl der Etagen mit Aufzügen, den Zugang zu Telekommunikationsmitteln usw.

ZIMMERSUCHE VON ZU HAUSE AUS

Wer die Hin- und Rückreise über ein **Reisebüro** bucht, kann sich dort auch nach Übernachtungsmöglichkeiten erkundigen. Die Chance, dass Reiseveranstalter durch die Abnahme einer Mindestzahl von Übernachtungen günstige Angebote machen können, ist ziemlich hoch. Normalerweise haben diese Unternehmen auch Erfahrungen mit dem Service und den Leistungen der bei ihnen angeschlossenen Hotels.

Wer die Sache lieber selbst in die Hand nimmt, kann beim Fremdenverkehrsverein (VVV) (s. S. 164) die **Broschüre „Hotels Amsterdam"** bestellen. Darin sind jede Menge Hotels (größtenteils mit Foto) und deren Leistungen und Preise beschrieben, die auch über den VVV gebucht werden können.

❯ Tel. 0031 20 5512525 (aus dem Ausland), Tel. 09004004040 (in den Niederlanden), www.amsterdamtourist.nl, E-Mail: info@atcb.nl. Selbstbuchungen über das Internet sind gratis, ansonsten fallen 14 € Buchungskosten an.

Ansonsten sind im **Internet** zahllose **Hotelbuchungsservices** zu finden, die erscheinen, sobald man die Begriffe „Hotel" und „Amsterdam" in einer Suchmaschine eingibt.

> **www.hoteliers.nl.** Buchungssystem, mit dem man direkt beim jeweiligen Hotel bucht. Der Betrag der Kreditkarte wird erst im Hotel abgebucht.

> **www.hotels.nl** bietet einen guten Überblick und Beschreibungen der einzelnen Hotels sowie Rezensionen anderer Hotelgäste.

ZIMMERSUCHE IN AMSTERDAM

Die erste Anlaufstelle kann auch hier wiederum der **Fremdenverkehrsverein** mit seinen Touristeninformationen (s. S. 164) sein. Die Mitarbeiter dort sind sehr hilfsbereit, sprechen mehrere Sprachen und können direkt eine Zimmerreservierung durchführen. Wenn man dann schon mal dort ist, kann man sich auch noch gleich mit allem möglichen Infomaterial, zum Beispiel zu den laufenden Veranstaltungen, eindecken.

Am Hauptbahnhof beim Grenswisselkantor (einer Bank im Bahnhofsgebäude) hat eine **Hotelvermittlung** ihren Sitz (geöffnet 7.45–22 Uhr) und auch auf dem Damrak gibt es noch mehrere dieser Hotelvermittlungen von anderen Anbietern.

HOTELAUSWAHL

Die €-Zeichen geben eine Indikation für den Preis eines normalen Doppelzimmers mit Dusche und WC pro Nacht.

€	unter 100 €
€€	100–150 €
€€€	150–230 €
€€€€	über 230 €

🏨 **214** [F7] **Ambassade Hotel** €€€, Herengracht 341, 1016 AZ Amsterdam, Tel. 5550222, www.ambassade-hotel.nl. Untergebracht in zehn Grachtenhäusern aus dem 17. Jh. an der wichtigsten Gracht Amsterdams bietet dieses Hotel (59 Zimmer) mit einem stimmigen Ambiente und gutem Service einen angenehmen Aufenthalt. Viele Schriftsteller sind hier zu Besuch.

🏨 **215** [E8] **American Hotel** €€€, Leidsekade 97, 1017 PN Amsterdam, Tel. 5563000, www.amsterdamamerican.com. Die 175 Zimmer sind luxuriös im Art-nouveau-Stil eingerichtet. Neben Angeboten des Hotels (z. B. Fitnesszentrum oder Solarium) sollte man das Café/Restaurant Americain besuchen, das lange als Treffpunkt von Künstlern und Schriftstellern galt. Heinrich Mann soll hier während seines Exils am Mephisto gearbeitet haben.

🏨 **216** [K5] **Amstel Botel** €, Oosterdokskade 2–4, 1011 AE Amsterdam, Tel. 5210350, www.amstelbotel.nl. Mal etwas anderes sind die einfachen Kabinen auf diesem Schiff, die mit Dusche, Toilette, Telefon und Fernseher ausgestattet sind. Liegt direkt neben dem Hauptbahnhof ❶.

🏨 **217** [K10] **Amstel Intercontinental** €€€€, Prof. Tulpplein 1, 1018 GX Amsterdam, Tel. 6226060, www.interconti.com. Hier übernachten die Reichen und Berühmten in sehr teuren Luxussuiten.

🏨 **218** [H7] **Amsterdam House**, 's Gravenlandseveer 7, 1011 KN Amsterdam, Tel. 6262577, www.amsterdamhouse.com. Neben einigermaßen kleinen Zimmern in einem Hotel werden auch Appartements (2–4 Zimmer) und Hausboote (2–4 Zimmer) mit vollständig eingerichteten Küchen angeboten. DZ €, App. (2 Zi.) €€, Wohnboot (2 Zi.) €€€.

🏨 **219** [M9] **Arena Hotel** €€, 's Gravesandestraat 51, 1092 AA Amsterdam, Tel. 8502400, www.hotelarena.nl.

127 minimalistisch modern ausgestattete Zimmer in einem ehemaligen Waisenhaus. Zum Komplex gehören auch ein Restaurant und ein Nachtklub.

🏨 **220** [H10] **Asterisk Hotel** €€, Den Texstraat 16, 1017 ZA Amsterdam, Tel. 6241768, www.asteriskhotel.nl. Das Hauptgebäude in einer ruhigeren Straße aus dem 19. Jh. wurde zunehmend erweitert, sodass die 40 Zimmer sehr unterschiedlich in Größe und Ausstattung (teilweise ohne eigenes Badezimmer) enstanden sind. Kreditkartenzuschlag.

🏨 **221** [J8] **Best Western Eden Hotel** €€€, Amstel 144, www.edenhotelgroup.com, Tel. 5307878. An der Amstel, ganz in der Nähe des Rembrandtplein ③④ gelegen. Etwa die Hälfte der 218 Zimmer ist inzwischen auf modernem Standard. Es ist absolut notwendig, ein solches Zimmer zu reservieren.

🏨 **222** [F5] **Canal House Hotel** €€€, Keizersgracht 148, 1015 CX Amsterdam, Tel. 6225182, www.canalhouse.nl. Die beiden Häuser aus dem 17. Jh. liegen an der Keizersgracht. Alle 26 Zimmer sind in antikem Stil möbliert, stilecht ohne TV. Die Zimmerpreise richten sich jeweils nach der Größe der einzelnen Räume.

🏨 **223** [C10] **De Filosoof** €€, Anna van den Vondelstraat 6, 1054 GZ Amsterdam, Tel. 6833013, www.hotelfilosoof.nl. In der Nähe des Vondelparks gelegen, ist hier jedes Zimmer einem großen Denker gewidmet.

🏨 **224** [F8] **Dikker & Thijs Fenice Hotel** €€€, Prinsengracht 444/Ecke Leidsestraat, Tel. 6201212, www.dtfh.nl. 2001 vollständig neu renoviert, moderne Einrichtung, absolut zentrale Lage.

▶ *An den wunderschönen Grachten lässt es sich gut träumen*

🏨 **225** [H4] **EMB Hotels Bellevue Hotel** €€, Martelaarsgracht 10, 1012 TP, Tel. 7074500, www.embhotels.nl/bellevue. In frischem modernem Design ausgestattete Zimmer, einen Katzensprung vom Hauptbahnhof ❶ entfernt. Zum Hotel gehört eine der ältesten Kneipen Amsterdams, das Café Karpershoek.

🏨 **226** [H9] **Hampshire Inn Prinsengracht** €€, Prinsengracht 1015, 1017 KN Amsterdam, Tel. 6237779, www.prinsengrachthotel.nl. Gemütliches Hotel (34 Zimmer) mit Garten an der Prinsengracht.

🏨 **227** [E4] **Hotel Acacia** €, Lindengracht 251, 1015 KH Amsterdam, Tel. 6221460, www.hotelacacia.nl. Mitten im Jordaanviertel liegt dieses kleine, einfache Hotel, das auch die Möglichkeit von Appartements oder Hausbooten mit Selbstversorgung bietet.

🏨 **228** **Hotel Beethoven** €€, Beethovenstraat 43, www.hotelbeethoven.nl, Tel. 6644816. Modernes und gepflegtes Hotel in einer der noblen Einkaufsstraßen. Übernachtung inkl. Frühstück.

🏨 **229** [H7] **Hotel de l'Europe** €€€€, Nieuwe Doelenstraat 2–8, 1012 CP Amsterdam, Tel. 5311777, www.leurope.nl. Dem Anspruch eines Fünfsternehotels entsprechend mit allem gewünschten Luxus ausgestattet (zum entsprechenden Preis). An der Terrasse an der Amstel können die Privatboote der Gäste anlegen.

🏨 **230** [E7] **Hotel De Looier** €€, 3de Looiersdwarsstraat 75, 1016 VD Amsterdam, Tel. 6251855, www.hoteldelooier.com. Gelegen in einer ruhigeren Seitenstraße im Jordaanviertel bietet das einfache Hotel mit 28 Zimmern eine gute Ausgangsbasis, um die Stadt zu entdecken.

🏨 **231** [H6] **NH Grand Hotel Krasnapolsky** €€€, Dam 9, 1012 JS Amsterdam, Tel. 5549111, www.nh-hotels.com. Luxushotel mit 468 Zimmern mitten auf dem Dam beim

094am Abb.: bs

Ehrendenkmal. Bietet vom Friseur bis zu verschiedenen Restaurants alles, was man braucht, unter einem Dach. Bekannt für den Wintergarten aus dem Jahr 1880.

🏠**232** [H12] **Van Ostade Bicycle Hotel** €, Van Ostadestraat 123, 1072 SV Amsterdam, Tel. 6793452, www.bicyclehotel.com. Bietet Stellplätze für mitgebrachte Fahrräder und vermietet auch welche. Sehr einfache Zimmer, inkl. Frühstück.

🏠**233** [E10] **Park Hotel Amsterdam** €€€, Stadhouderskade 25, 1071 ZD Amsterdam, Tel. 6711222, www.parkhotel.nl. Die 184 Zimmer in dem historischen Gebäude sind mit modernster Designerausstattung gestaltet. In den renovierten Standardzimmern ist das Badezimmer nicht vollständig räumlich getrennt.

🏠**234** [E6] **Pulitzer** €€€, Prinsengracht 315–331, 1016 GZ Amsterdam, Tel. 5235235, www.pulitzer.nl. Schön gelegenes Luxushotel an der Prinsengracht, die 231 Zimmer bieten einen Ausblick auf die Gracht oder den Garten. Restaurant mit französischer Küche sowie Hotelbar und Gartenzimmer im Art-nouveau-Stil.

🏠**235** [D9] **Prinsen Hotel** €€, Vondelstraat 36, Tel. 6162323, www.prinsenhotel.nl. In einer ruhigen Straße hinter dem Leidseplein gelegen und mit Hausbar. Dieses ca. 1870 gebaute Haus (und einige andere in der Vondelstraat) wurden vom Stararchitekten seiner Zeit, P. J. H. Cuypers (Rijksmuseum **47**, Hauptbahnhof **1**), entworfen.

🏠**236** [H6] **RHO Hotel** €€, Nes 5–23, 1012 KC Amsterdam, www.rhohotel.com, Tel. 6207371. Nahe beim Dam gelegenes Hotel, nicht mehr ganz aktuelle Ausstattung mit Fahrradverleih. Inkl. Frühstück.

🏠**237** [G4] **Singel Hotel** €€, Singel 13–17, 1012 VC Amsterdam, Tel. 6263108, www.singelhotel.nl. 36 Zimmer in drei authentischen Gebäuden aus dem 17. Jh.

🏠**238** [G5] **Swissôtel** €€€, Damrak 96, 1012 LP Amsterdam, Tel. 5223000,

095am Abb.: bs

www.hotels.nl/de/amsterdam/swissotel/.
Direkt beim Dam gelegenes Hotel mit
109 modern, komfortabel ausgestatteten
Zimmern.

239 [F5] **The Toren Amsterdam** €€€,
Keizersgracht 164, 1015 CZ Amsterdam,
Tel. 6226352, www.thetoren.nl. 38 in
warmen, vollen Farben und mit barockem
Schick ausgestattete Zimmer.

240 [G7] **Waterfront** €€, Singel 458, Tel.
4216621, www.hotelwaterfront.nl. Zehn modern und gut ausgestattete Zimmer in einem
schönen Grachtenhaus. Übernachtung inkl.
Frühstück.

241 [G4] **Westcord Hotels Ramada Amsterdam City Centre** €€, Nieuwezijds Voorburgwal 50, 1012 SC Amsterdam, Tel. 4220011,
www.westcordhotels.nl. 106 moderne und
gut ausgestattete Zimmer, zentral in der Innenstadt gelegen.

YOUTH HOSTELS

242 [G5] **Bob's Youth Hostel,** Nieuwezijds
Voorburgwal 92, www.bobsyouthhostel.nl,
Tel. 6230063. Zentrale Lage nicht weit vom
Bahnhof entfernt. Für Schlafräume von vier
bis sechs Personen 18 € pro Bett, DZ 70 €.

243 [H6] **The Bulldog Hotel,** Oudezijds Voorburgwal 220, 1012 GJ Amsterdam, Tel.
6203822, www.bulldoghotel.com. Das
kürzlich renovierte Jugendhotel am Rande
des Rotlichtviertels ergänzt das
Angebot der verschiedenen Bulldog Bars,
Cafés und Coffeeshops und bietet Schlafsaalbetten (25–29 €) sowie Räume für
ein, zwei (84–93 €), drei und vier Personen
(108–140 €) und Apartments.

244 [H4] **Flying Pig Downtown Hostel,** Nieuwendijk 100, Tel. 4206822, www.flyingpig.nl.
Mitten in der Innenstadt. Preis pro Bett

zwischen 14 € (Schlafsaal) und 40 € (DZ), inkl. Frühstück. Es gibt eine Hostel-Bar.

☎ **245** [E10] **Flying Pig Uptown Hostel,** Vossiusstraat 46–47, www. flyingpig.nl, Tel. 4004187. Liegt in der schönen Wohngegend beim Vondelpark. Preis pro Bett zwischen 14 € (Schlafsaal) und 30 € (DZ). Es gibt eine Hostel-Bar.

☎ **246** [J5] **Meeting Point,** Warmoestraat 14, Tel. 6277499, www.hostel-meetingpoint.nl. Youthhostel, zentral im Rotlichtviertel gelegen. Bett (18-Bett-Schlafsaal) 16–23 €, (8-Bett-Schlafsaal) 20–30 €, inkl. Frühstück.

☎ **247** [H7] **Stayokay Amsterdam Stadsdoelen,** Kloveniersburgwal 97, Tel. 6246832, www.stayokay.nl. Die frühere Jugendherberge (NJHC). Schlafräume für 8, 12, 16 und 20 Personen. Bar, Waschmaschinen, Fahrradverleih. Bett 22,80–26 €, für Mitglieder 2,50 € weniger. Alles einschließlich Fühstück und Bettwäsche.

☎ **248** [E10] **Stayokay Amsterdam Vondelpark,** Zandpad 5, Tel. 5898996, www.stayokay.nl. Das mit 536 Betten größte Hostel der Stadt. Zimmer für 2, 4, 6, 8, 10, 12, 14 und 20 Personen. Bar, Restaurant, Waschmaschinen, Fahrradverleih. Bett 22,20–31,60 €(6-Bett-Zimmer), 31,50–44,60 € (DZ), inkl. Frühstück und Bettwäsche. Mitglieder 2,50 € Rabatt. Reservierung empfohlen.

☎ **249** [J6] **The Shelter City,** Baarndesteeg 21–25, Tel. 6253230, www. shelter.nl. Christliches Jugendhotel in der Innenstadt. Nach Geschlechtern getrennte Schlafsäle.

◀ *Bei schönem Wetter wird jeder Zentimeter ausgenutzt*

Alkohol nicht gestattet. Bett 16–19,50 € (12–20 Betten), 18–21,50 € (6–8 Betten) und 20–23,50 € (4 Betten), Frühstück inklusive.

☎ **250** [D6] **The Shelter Jordaan,** Bloemstraat 179, Tel. 6244717, www.shelter.nl. Gleiches gilt für dieses Haus. Café und Gartenterrasse.

CAMPINGPLÄTZE

Die Campingplätze rund um Amsterdam sind **gut ausgestattet:** Laden, Restaurant/ Bar, Waschmaschinen, Trockner, Plätze für den Abwasch, Internetzugang. Bei den ganzjährig geöffneten Plätzen ist in der **Nebensaison** allerdings **nicht immer das ganze Serviceangebot** vorhanden. Am besten man erkundigt sich vorher. Teilweise bieten die Campingplätze auch **Hütten, Bungalows** oder **Schlafplätze** an. Nicht bei allen Plätzen sind Reservierungen möglich. Bei den Campingplätzen im Süden und Südosten der Stadt muss man mit Fluglärm rechnen. Durchschnittliche Preise der Amsterdamer Campingplätze: Pro Person 3–8 €, Auto 3–8 €, Wohnwagen/Wohnmobil 6,50–16 €, Zelt 3–6 €, Elektrizität 3,50–5 €.

△ **251** **Camping Vliegenbos,** Meeuwenlaan 138, 1022 AM Amsterdam, Tel. 6368855, Fax 6322723, www.vliegenbos.com. Liegt in einem Waldgebiet im Norden Amsterdams. Sowohl die Stadt als auch die Umgebung sind von hier gut zu erreichen. Es werden auch Schlafplätze in Hütten vermietet. Geöffnet von Apr. bis einschl. Sept. Bushaltestelle (Linien 32, 33 und 361) Richtung Innenstadt in 200 m Entfernung.

△ **252** **Camping Zeeburg,** Zuider IJdijk 20, 1095 KN Amsterdam, Tel. 6944430, www. campingzeeburg.nl. Liegt auf einer kleinen Insel im IJ-Meer und bietet von allen

Campingplätzen die schnellste Verbindung in die Innenstadt Amsterdams, was den Campingplatz bei jungen Leuten beliebt macht. Fahrradverleih (Apr.–Okt.). Ganzjährig geöffnet.

⚠ **253 De Badhoeve**, Uitdammerdijk 10, 1026 CP Amsterdam, Tel. 4904294, Sept.–Apr. Tel. 0299602976, www.campingdebadhoeve.nl. Direkt am Wasser gelegener Familiencampingplatz im Naturschutzgebiet Kinselmeer, idealer Startpunkt für Wassersportaktivitäten und Ausflüge in die Dörfer der Umgebung. Will man Amsterdam nicht mit dem eigenen Auto besuchen, erreicht man die Innenstadt per Bus (einmal umsteigen). Geöffnet Apr. bis einschl. Sept.

⚠ **254 Gaasper Camping Amsterdam**, Loosdrechtdreef 7, 1108 AZ Amsterdam, Tel. 6967326, Fax 6969369, www.gaaspercamping.nl. Liegt im Naherholungsgebiet Gaasperplas im Südosten der Stadt. Auf dem See kann man segeln, surfen, rudern und fischen, Motorboote sind nicht zugelassen. Direkter S-Bahn-Anschluss in die Innenstadt. Geöffnet von Mitte März bis Ende Oktober.

⚠ **255 Het Amsterdamse Bos**, Bosrandweg, Amstelveen, Postadresse: Kleine Noorddijk 1, 1187 NZ Amsterdam, Tel. 6416868, Fax 6402378, www.campingamsterdamsebos.nl. Familiencampingplatz mit viel Grün am Südzipfel des Amsterdamer Stadtwalds. Ganzjährig geöffnet. Außer Stellplätzen für Wohnwagen, Wohnmobile und Zelte gibt es auch Cottages und einfache Schlafplätze in Hütten zu mieten.

▶ *Fahrradtaxis auf dem Damrak*

VERKEHRSMITTEL

ÖFFENTLICHE VERKEHRSMITTEL

Die **Innenstadt Amsterdams** lässt sich **prima zu Fuß erlaufen**. Alle Sehenswürdigkeiten und Museen erreicht man aber auch hervorragend mit den **öffentlichen Verkehrsmitteln**.

Wer davon viel Gebrauch machen möchte, kauft sich am besten eine **Tages- oder Mehrtageskarte**. In der „I amsterdam Card" ist eine solche Karte auch inbegriffen. Diese werden nur einmal gestempelt und dann braucht man sich für den Rest der Zeit nicht mehr darum zu kümmern. Außerdem gelten die Karten für alle Zonen des Stadtverkehrs und die Nachtbuslinien.

Wer seltener mit **Bus, Straßen-, U- oder S-Bahn** fährt, kann sich eine **Streifenkarte** *(strippenkaart)* besorgen, die nicht nur in Amsterdam, sondern in ganz Holland gilt. Die Stadt ist in unterschiedliche Zonen eingeteilt und für jede Person muss man einen Streifen mehr abstempeln, als man Zonen fährt. Die meisten Sehenswürdigkeiten liegen innerhalb der Innenstadtzone (also 2 Streifen). Erwachsene brauchen eine blaue Karte, Kinder von 4 bis 11 Jahren können zum reduzierten Tarif (rosafarbene Karte) fahren. Geplant ist, dass im Verlauf des Jahres 2008 das gesamte Tarifsystem des öffentlichen Verkehrs auf eine **Chipkarte (OV-Chipkaart)** umgestellt werden soll, die auch die Bahn umfasst. In Amsterdam sind diese Chipkarten bereits erhältlich, aber Streifenkarten bleiben gültig, bis das System vollständig eingeführt ist. Für Besucher kommen dann die anonyme Chipkarte, die aufgeladen werden kann, sowie die Einweg-Chipkarte in

Frage. Bei Letzterer kauft man am Automaten oder Schalter eine Fahrkarte für eine bestimmte Strecke.

Bei **Bussen** muss man durch **Handzeichen** an der Haltestelle deutlich machen, dass man mitfahren möchte. Straßenbahnen halten dagegen immer an jeder Haltestelle. Eine extra Buslinie entlang der Prinsengracht ist der sogenannte **Stop/Go**. Er fährt Mo.–Sa. von 9–17.30 Uhr (von Waterlooplein (bei Mr. Visserplein) über Prinsengracht zum Hauptbahnhof und weiter zum Oosterdok, wo sich die Hauptstelle der Bibliothek befindet, und zurück). Man kann den Kleinbus einfach durch Handzeichen anhalten und auch einfach aussteigen, indem man dem Fahrer sagt, wo man raus möchte. *Strippenkaarten* o. Ä. sind gültig. Eine Stop/Go-Karte kostet 1 € für eine Stunde. Erhältlich sind sie beim Fahrer.

In de kleine uurtjes, das heißt, in den **Stunden nach Mitternacht,** werden mehrere Buslinien zu einer **Nachtbuslinie** zusammengefasst, die allerdings teurer ist. Die Routen sind dann auch anders gelegt. An den verschiedenen Bushaltestellen steht jeweils, welcher Nachtbus hier vorbeifährt.

096am Abb.: bs

Zeitschriften- und Tabakhändlern bzw. bei Albert-Heijn-Supermärkten. Die „I amsterdam Card" gibt es auch bei allen Touristeninformationen.

Kartenverkauf

Tages-, Mehrtages-, Streifenkarten, „OV-Chipkaart" und die „I amsterdam Card" (s. S. 163) gibt es bei allen Verkaufsstellen der Verkehrsbetriebe (GVB). An allen U-Bahn-Stationen gibt es auch Kartenautomaten, an denen man fast alle Kartensorten mit Bargeld oder Kreditkarte kaufen kann. Karten sind im Vorverkauf billiger als direkt in Bus oder Straßenbahn. Die Streifenkarten gibt es auch im Postamt (s. S. 168) und bei

Verkaufsstellen der Verkehrsbetriebe (GVB)

› **Stationsplein** (vor dem Hauptbahnhof ❶): Mo.–Fr. 7–21 Uhr, Sa., So. 10–18 Uhr
› **U-Bahnstation Hauptbahnhof, Station Zuid, Station Lelylaan:** Mo.–Fr. 7–18 Uhr
› **Station Bijlmer ArenA,** U-Bahnhof **Weesperplein:** Mo.–Fr. 7–18, Sa. 10–18 Uhr
› **Fundsachen:** Tel. 09008011, täglich 8–22 Uhr
› www.gvb.nl

Reiseinformationen

Unter der Nummer 09009292 (70 ct/ Minute) oder www.9292ov.nl kann man Informationen darüber erhalten, wie man **mit öffentlichen Verkehrsmitteln von einer Adresse zur anderen kommt.** Eingespeichert sind alle niederländischen Adressen, auch öffentliche Einrichtungen, Museen oder Ähnliches.

TAXI

Die **größte Taxizentrale der Stadt (TCA)** hat die Telefonnummer 6777777 (im Internet: www.tca-amsterdam.nl). Sie arbeitet mit festen Tarifen und erfahrenen Fahrern. Es gibt jedoch seit einiger Zeit noch jede Menge weitere Anbieter. Früher vergab die Stadt nur wenige Genehmigungen und zu sehr hohen Preisen. Um die Konkurrenz zu erhöhen, wurde diese Politik aufgegeben, woraufhin in Amsterdam der „Taxikrieg" um die guten Stellplätze ausgebrochen ist.

Um doch die Qualität zu erhöhen, wurde von Taxibranche, Konsumentenorganisationen und Stadt ein Beratungsgremium gegründet. Jedes Taxi kann jetzt seine eigenen Tarife festlegen, so lange sie unter dem gesetzlichen Maximum liegen und deutlich sichtbar innen und außen zu erfahren sind, was allerdings nichts über das Orientierungsvermögen eines Fahrers aussagt. Die meisten Hotels haben sicherlich eine oder mehrere Nummern, mit denen man gute Erfahrungen gemacht hat, und können abschätzen, was eine Strecke etwa kosten sollte.

Die **Taxitarife** berechnen sich aus einem Starttarif von 7,50 € (inkl. 2 km) und einem darauf folgenden Kilometertarif von 2,20 €. Berechnet werden die gefahrenen Kilometer und nicht Wartezeiten in Staus o. Ä.

Gerade mit den Taxis am **Flughafen Schiphol** gibt es einigen Ärger. Da die Taxifahrer teilweise Stunden warten müssen, kommt es immer wieder vor, dass Fahrer noch in der Halle versuchen, Kunden abzufangen und deren Kosten künstlich erhöhen, indem sie ein paar Ehrenrunden drehen. Zur Orientierung: Der Standardtarif von TCA für die Strecke Schiphol–Innenstadt beträgt 39 €.

Umgekehrt kann es auch durchaus vorkommen, dass Taxifahrern eine Strecke zu kurz ist und sie deshalb eine Fahrt nicht annehmen.

In der Stadt kann man ein **Taxi anhalten,** wenn das Schild oben beleuchtet ist. Darüber hinaus gibt es in der Nähe von Hotels, Museen, Bahnhöfen oder sonstigen Sehenswürdigkeiten in den meisten Fällen einen **Taxistand.** Normalerweise nimmt man dann das erste Taxi in der Reihe. Offizielle Taxis haben ein **blaues Nummernschild,** müssen die **Tarife auf einer Karte angeben, die innen und außen zu lesen ist** und der Fahrer muss einen **Chauffeurspass auf dem Armaturenbrett** haben.

Schnelltaxis dürfen die Fahrstreifen für Busse und Straßenbahnen benutzen und kommen somit besser durch. Zu erkennen sind sie an einer **Freistellungskarte** *(ontheffing),* die an der Windschutzscheibe auf der Beifahrerseite angebracht ist. Für diese Genehmigung muss man eine zusätzliche Taxifahrerprüfung machen.

In Amsterdam gilt an vielen Stellen ein absolutes Halteverbot. Es kann also tatsächlich sein, dass ein Taxifahrer seine Gäste nicht direkt vor der Haustüre aussteigen lassen darf.

❯ www.taxi.amsterdam.nl

WASSERTAXI

Wer keine Lust hat, nur zu Fuß oder mit den „normalen" öffentlichen Verkehrsmitteln unterwegs zu sein, und einmal eine etwas andere Route nehmen möchte, kann sich unter der Telefonnummer 5356363 ein *Watertaxi* bestellen. Das kleinste Boot für 1–8 Personen kostet 60 € für 30 Min. Jede weitere halbe Stunde 40 €. Es können auch größere Boote für bis zu 40 Personen gemietet werden.
❯ www.water-taxi.nl

WIELERTAXI

Ein **Fahrradtaxi** als umweltfreundliche und etwas langsamere Alternative, um von A nach B zu kommen, kann man entweder auf der Straße anhalten oder per Telefon bestellen: Tel. 0628247550 und 0638822683. 1 € pro Person für drei Minuten, Minimumtarif 2,50 € pro Person.
❯ www.wielertaxi.nl

BOOTSFAHRTEN

❯ Die Rederij Lovers (s. S. 173) unterhält ein **Museumsboot**. Die sieben Haltestellen liegen bei wichtigen touristischen Orten und Museen. Man kann den ganzen Tag ein- und aussteigen.

❯ Der **Artis Expres** (ebenfalls Rederij Lovers) fährt vom Hauptbahnhof ❶ zum Zoo (s. S. 23) im Plantageviertel (auch Tropenmuseum, Planetarium, Hortus Botanicus) und wieder zurück.

❯ Der **Canalbus** (Weteringschans 24, Tel. 6239886, www.canal.nl) fährt vom Hauptbahnhof ❶ mit drei Linien 14 Haltestellen an diversen Sehenswürdigkeiten an. Man kann den ganzen Tag ein- und aussteigen.

HISTORISCHE STRASSENBAHN

Gegenüber vom **Victoria Hotel** (beim Hauptbahnhof ❶) startet eine historische Straßenbahn aus den 1920er-Jahren für eine Stadtbesichtigung. Während der Fahrt werden die wichtigsten Sehenswürdigkeiten erläutert.
❯ Juli–September, sonntags stündlich 12–16 Uhr, www.museumtram.nl

VERSICHERUNGEN

Egal welche Versicherungsart man abschließt, hier ein Tipp: Von allen Versicherungen sollte man die Notfallnummern notieren und zusammen mit der Policenummer gut aufheben! Bei Eintreten eines Notfalles sollte die Versicherungsgesellschaft sofort telefonisch verständigt werden!

AUSLANDSKRANKEN-VERSICHERUNG

Die gesetzlichen Krankenkassen von **Deutschland** und **Österreich** garantieren eine Behandlung im akuten Krankheitsfall auch in den Niederlanden, wenn die Versorgung nicht bis nach der Rückkehr warten kann. Als Anspruchsnachweis benötigt man die **Europäische Krankenversicherungskarte**, die man von seiner Krankenkasse erhält.

Im Krankheitsfall besteht ein Anspruch auf ambulante oder stationäre Behandlung bei jedem zugelassenen Arzt und in staatlichen Krankenhäusern. Da jedoch die Leistungen nach den gesetzlichen Vorschriften im Ausland abgerechnet werden, kann man auch gebeten werden, zunächst die Kosten der

Behandlung selbst zu tragen. Obwohl bestimmte Beträge von der Krankenkasse hinterher erstattet werden, kann ein Teil der finanziellen Belastung beim Patienten bleiben.

Deshalb wird der Abschluss einer **privaten Auslandskrankenversicherung** empfohlen. Diese sollte eine zuverlässige **Reiserückholversicherung** enthalten, denn der Krankenrücktransport wird von den gesetzlichen Krankenkassen nicht übernommen.

Schweizer sollten bei ihrer Krankenversicherungsgesellschaft nachfragen, ob die Auslandsdeckung auch für die Niederlande inbegriffen ist. Sofern man keine Auslandsdeckung hat, kann man sich kostenlos bei Soliswiss (Gutenbergstr. 6, 3011 Bern, Tel. 031 3810494, info@soliswiss.ch, www.soliswiss.ch) über mögliche Krankenversicherer informieren.

Zur Erstattung der Kosten benötigt man **ausführliche Quittungen** (mit Datum, Namen, Bericht über Art und Umfang der Behandlung, Kosten der Behandlung und Medikamente).

Der Abschluss einer Jahresversicherung ist in der Regel kostengünstiger als mehrere Einzelversicherungen. Günstiger ist auch die Versicherung als Familie statt als Einzelpersonen. Hier sollte man nur die Definition von „Familie" genau prüfen.

ANDERE VERSICHERUNGEN

Ist man mit einem Fahrzeug unterwegs ist der Europaschutzbrief eines **Automobilklubs** eine Überlegung wert. Wird man erst in der Notsituation Mitglied, gilt diese Mitgliedschaft auch nur für dieses Land und man ist in der Regel verpflichtet, fast einen Jahresbeitrag zu zahlen, obwohl die Mitgliedschaft nur für einen Monat gültig ist.

Ob es sich lohnt, weitere Versicherungen abzuschließen wie eine Reiserücktrittsversicherung, Reisegepäckversicherung, Reisehaftpflichtversicherung oder Reiseunfallversicherung, ist individuell abzuklären. Gerade diese Versicherungen enthalten viele Ausschlussklauseln, sodass sie nicht immer Sinn machen.

WETTER

In Amsterdam herrscht **Seeklima**, auch wenn die ursprünglichen Seearme inzwischen durch Eindeichungen von den Gezeiten abgeschnitten sind.

In Temperaturen ausgedrückt, bedeutet dies, dass es in Amsterdam im **Sommer** häufig **nicht wirklich heiß** wird. Die Obergrenze liegt normalerweise bei ca. 25 C°, vereinzelt steigt das Quecksilber auch auf oder etwas über 30 C° – eine Temperatur, die man hier bereits als „tropisch" bezeichnet. An solchen Tagen kommt es zu hoffnungslos überfüllten Zügen nach Zandvoort und zu den übrigen Stränden, auf denen man um ein Plätzchen kämpfen muss.

Dafür wird es im **Winter** aber auch **nicht übermäßig kalt**. Unter 0 C° sinkt die Temperatur nur an wenigen Tagen. Dies kann einen Weihnachtsurlaub in Amsterdam durchaus zu einer Alternative zu den langen Warteschlangen am Skilift werden lassen.

Von Oktober bis Januar liegt der Durchschnitt bei rund 12 Tagen **Niederschlag** im Monat, in den übrigen Monaten liegt er bei etwa 10 Tagen. Wind- und regenfeste Kleidung ist also angebracht.

ANHANG

KLEINE SPRACHHILFE

Die folgenden Wörter und Redewendungen wurden dem Reisesprachführer „Niederländisch – Wort für Wort" (Kauderwelsch-Band 66) aus dem REISE KNOW-How Verlag entnommen und sollen dem Leser eine erste kurze Einführung in die niederländische Sprache bieten.

AUSSPRACHE

Folgende Buchstaben(kombinationen) werden anders als im Deutschen ausgesprochen. Die zweite Spalte gibt die Lautschrift wieder.

ch, g	ch	raues „ch" wie in „lachen"
g	sh	bei französischen Wörtern vor e, i, y wie zweites „g" in „Garage"
ng	ng	„ng" wie im Deutschen „bringen"
e	è	kurzes „e" wie in „bitte"
ei, ij	äj	wie „ey"
eu	öö	wie ein langes „ö"
oe	u	kurzes „u" wie in „Bus"
ou	au	wie „au" in „Maus"
s	ß	stimmloses „s" wie in „Bus"
sch	ßch	wie „ß" und dann „ch" in „Häuschen" (kein deutsches „sch")
sj	sch	deutsches „sch" wie in „Schule"
tj	tch	zwischen „tch" und „tj" wie in „Kärtchen"
u	üü	langes „ü" wie in „Mühe", oder:
	ö	kurzer Laut zwischen „i" und „ö"
ui	öi	etwa wie „öi" in „Feuilleton"
v	v	zwischen „f" und „w"
z	s	stimmhaftes „s" wie in „Rose"

Am Wortende gibt es folgende Besonderheiten:

-b	-p	wie „p"
-d	-t	wie „t"
-ig	-èch	„ech" mit weichem „ch" (kein „ä")
-isch	-ieß	„ieß" (mit langem „i")
-n		wird manchmal verschluckt
-lijk	-lèk	„lek", klingt fast wie „lök"
-tie	-zie	„zie" (mit langem „i")

HÄUFIG GEBRAUCHTE WÖRTER UND REDEWENDUNGEN

Zahlen

0	*nul*	nöll
1	*een*	een
2	*twee*	twee
3	*drie*	drie
4	*vier*	vier
5	*vijf*	väjf
6	*zes*	säß
7	*zeven*	seevèn
8	*acht*	acht
9	*negen*	neechèn
10	*tien*	tien
11	*elf*	älf
12	*twaalf*	twaalf
13	*dertien*	därrtien
14	*veertien*	veertien
15	*vijftien*	väjftien
16	*zestien*	säßtien
17	*zeventien*	seevèntien
18	*achtien*	achtien
19	*negentien*	neechèntien
20	*twintig*	twintich
21	*eenentwintig*	eenèntwintich
22	*tweeëntwintig*	tweeèntwintich
23	*drieëntwintig*	drieèntwintich

24	*vierentwintig*	vierèntwintich	80	*tachtig*	tachtich
25	*vijfentwintig*	väjfèntwintich	90	*negentig*	neechèntich
26	*zesentwintig*	säßèntwintich	100	*honderd*	hondèrd
27	*zevenentwintig*	seevèn	101	*honderdeen*	hondèrdeen
		èntwintich	102	*honderdtwee*	hondèrdtwee
28	*achtentwintig*	achtèntwintich			(usw.)
29	*negenentwintig*	neechènènt	200	*tweehonderd*	tweehondèrd
		wintich	300	*driehonderd*	driehondèrd
30	*dertig*	därrtich	1.000	*duizend*	döisènd
40	*veertig*	veertich	2.000	*tweeduizend*	tweedöisènd
50	*vijftig*	väjftich	10.000	*tienduizend*	tiendöisènd
60	*zestig*	sßtich	1.000.000	*een miljoen*	een milljunn

Die wichtigsten Fragewörter

welke?	wällkè	welches?
wat voor een?	wat voor een	was für ein?
waar?	waar	wo?
waarvandaan?	waarvanndaan	woher?
waarnaartoe?	waarnaatu	wohin?
waarom?	waaromm	warum?
hoe?	hu	wie?
hoeveel?	huveel	wie viel?
wanneer?	wanneer	wann?
waarmee?	waarmee	womit?

Die wichtigsten Richtungsangaben

(naar) rechts/links	naar rächtß/linkß	(nach) rechts/links
rechtdoor	rächtdoor	geradeaus
terug	tèröch	zurück
tegenover	teechènoovèr	gegenüber
tussen	tößèn	zwischen
voor – achter	voor – achtèr	vor(ne) – hinten/-r
over – onder	oovèr – onndèr	über – unter
hier – daar	hier – daar	hier – dort
ver – dichtbij	värr – dichtbäj	weit – nah
buiten	böitèn	außerhalb
in het centrum	in hèt ßäntröm	im Zentrum
om de hoek	om dè huk	um die Ecke

Die wichtigsten Zeitangaben

(over)morgen	(oovèr)morchèn	(über)morgen
's morgens	ßmorchènß	morgens
's middags	ßmiddachß	mittags
's avonds	ßavèndß	abends
dagelijks	daachèlèkß	täglich
eerder – later	eerdèr – laatèr	früher – später
nou, nu – gauw	nau, nü – chauw	jetzt – bald
altijd – nooit	alltäjd – noojt	immer – nie

Die wichtigsten Floskeln & Redewendungen

Wat is dat? wat iß dat	Was ist das?
Kunt u me vertellen ...? könnt ü mè vèrtällèn	Können Sie mir sagen ...?
Is er ...? – Heeft u ...? iß èr – heeft ü	Gibt es ...? – Haben Sie ...?
Ik wou graag ... ik wau chraach	Ich hätte gerne ...
Ik zoek ... – Ik neem ... ik suk – ik neem	Ich suche – Ich nehme ...
Waar vind ik ...? waar vind ik	Wo finde ich ...?
Ik heb ... nodig. ik häp noodich	Ich brauche ...
Waar kan ik ... kopen? waar kann ik ... koopèn	Wo kann ich ... kaufen?
Kunt u me ... geven? könnt ü mè ... cheevèn	Können Sie mir ... geben?
Hoeveel kost dat? huveel koßt dat	Wie viel kostet das?
Waar is ...? waar iß	Wo ist ...?
Hoe kom ik naar ...? hu komm ik naar	Wie komme ich nach ...?
Hoeveel kost de rit naar ...? huveel koßt dè rit naar	Wie viel kostet die Fahrt nach ...?
Ik wil graag naar ... ik will chraach naar	Ich möchte nach ... (Taxi)
Hoe lang duurt ...? hu lang düürt	Wie lange dauert ...?

Nichts verstanden? – Weiterlernen!

Ich spreche kaum Niederländisch.	*Ik spreek bijna geen Nederlands.*
	ik ßpreek bäjna cheen needèrlandß
Wie bitte?	*Wat zeg je/zegt u?*
(geduzt/gesiezt)	wat säch jè/sächt ü
Ich habe dich/Sie nicht verstanden.	*Ik heb je/u niet verstaan.*
	ik häp jè/ü niet vèrßtaan
Sprichst du/sprechen Sie Englisch/	*Spreek jij/spreekt u Engels/Duits?*
Deutsch?	ßpreekt ü/ßpreek jäj ängelß/döitß
Was heißt ... auf Niederländisch/	*Wat is ... in het Nederlands/Duits?*
Deutsch?	wat iß ... in hèt needèrlandß/döitß
Kannst du/können Sie das wiederholen?	*Kun je/Kunt u dat nog een keer zeggen?*
	könn jè/könnt ü dat noch een
	keer sächèn
Könnten Sie etwas langsamer sprechen?	*Zou u iets langzamer kunnen spreken?*
	sau ü ietß langsaamèr können ßreekè
Was bedeutet dieses Wort?	*Kunt u me vertellen wat*
	dit woord betekent?
	könnt ü mè vèrtällèn
	wat dit woord bèteekènt
Wie spricht man dieses Wort aus?	*Hoe spreekt u dit woord uit?*
	hu ßpreekt ü dit woord öit
Können Sie mir das bitte aufschreiben?	*Wilt u mij dat alstublieft opschrijven?*
	willt ü mäj dat aßtüblieft opßchräjvèn

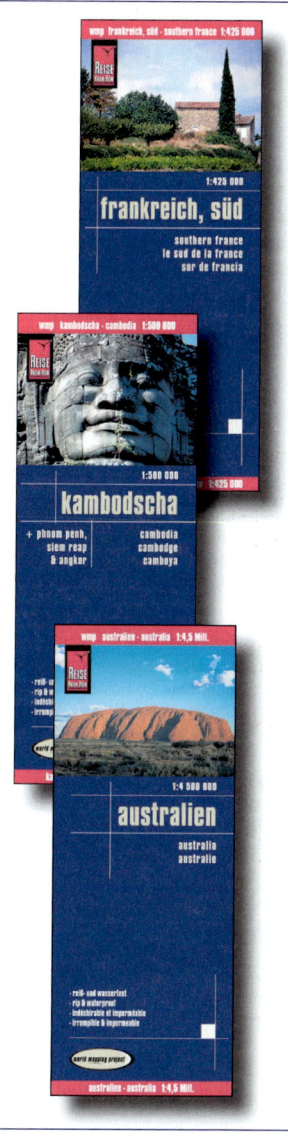

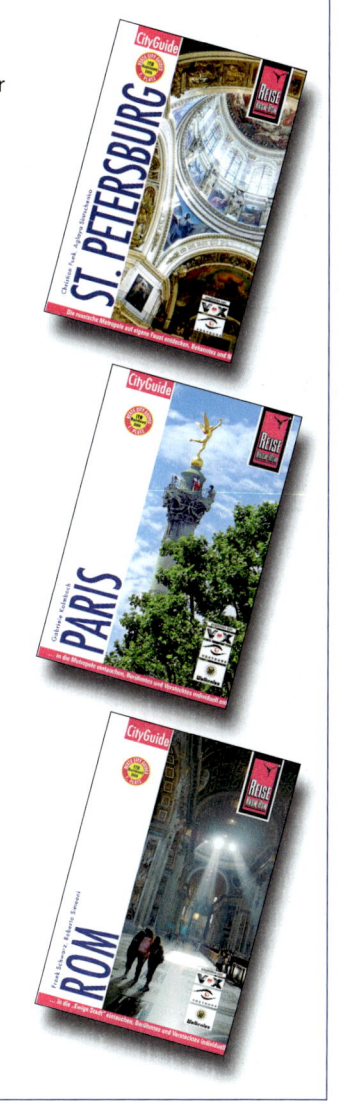

Die Reiseführer von REISE

Reisehandbücher
Urlaubshandbücher
Reisesachbücher
Wohnmobil-Tourguides
Edition RKH, Praxis

KNOW-HOW auf einen Blick

Tschechien
Türkei, Hotelführer
Türkei, Mittelmeerküste

Ukraine, der Westen
Umbrien
Usedom

Venedig

Wales
Wangerooge
Warschau
Wien

Zypern, der Norden
Zypern, der Süden

Wohnmobil-Tourguides

Dänemark
Kroatien
Provence
Sardinien
Sizilien
Südnorwegen
Südschweden

Edition RKH

Durchgedreht –
Sieben Jahre im Sattel
Eine Finca auf Mallorca
Geschichten aus dem
anderen Mallorca

Mallorca für Leib
und Seele
Rad ab!

Praxis

All inclusive?
Bordbuch Südeuropa
Canyoning
Clever buchen,
besser fliegen
Clever kuren
Drogen in Reiseländern
Expeditionsmobil
Feste Europas
Fiestas Spanien
Fliegen ohne Angst
Frau allein unterwegs
Geolog. Erscheinungen
Gesundheitsurlaub
in Dtl. Heilthermen
GPS f. Auto, Motorrad
GPS Outdoor-
Navigation
Handy global
Höhlen erkunden
Inline Skating
Islam erleben
Kanu-Handbuch
Kartenlesen
Kreuzfahrt-Handbuch
Küstensegeln
Langzeitreisen
Marathon-Guide
Deutschland
Mountainbiking
Orientierung mit
Kompass und GPS

Paragliding-Handbuch
Pferdetrekking
Radreisen
Reisefotografie
Reisefotografie digital
Reisekochbuch
Reiserecht
Schutz vor Gewalt
und Kriminalität
Schwanger reisen
Selbstdiagnose
unterwegs
Sicherheit in Bären-
gebieten
Sicherheit Meer
Sonne, Wind,
Reisewetter
Spaniens Fiestas
Sprachen lernen
Survival-Handbuch
Naturkatastrophen
Tauchen Kaltwasser
Tauchen Warmwasser
Transsib
Trekking-Handbuch
Volunteering
Vulkane besteigen
Wann wohin reisen?
Wildnis-Ausrüstung
Wildnis-Backpacking
Wildnis-Küche
Winterwandern
Wohnmobil-
Ausrüstung
Wohnmobil-Reisen
Wohnwagen
Handbuch
Wracktauchen
Zahnersatz, Reiseziel

KulturSchock

Familienmanagement
im Ausland
Finnland
Frankreich
Irland/Nordirland
Italien
Leben in fremden
Kulturen
Polen
Rumänien
Russland
Schweiz
Spanien
Türkei
Ukraine
Ungarn

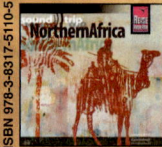

REGISTER

DIE AUTOREN

Sabine Burger und **Alexander Schwarz** (beide Jahrgang 1964) hat es vor knapp 20 Jahren gemeinsam von Baden-Württemberg nach Holland verschlagen. Eigentlich wollten sie nur ein Jahr dort bleiben, aber Land und Leute haben es ihnen angetan und so leben sie noch heute dort.

Beide lieben es, mit offenen Augen durch die Stadt zu laufen, mit den Menschen zu plaudern, neue Dinge zu entdecken und Dinge neu zu entdecken.

Wenn sie gerade keinen Reise- oder Sprachführer schreiben, widmen sie sich ihrer Arbeit als Energie-Heiler (www.art-of-healing.nl). Alexander arbeitet außerdem noch freiberuflich für einen Amsterdamer Verlag.

Beide wohnen in der Nähe Amsterdams und sind fast ständig in Hollands Metropole zu finden, was sie zu profunden Kennern der Stadt macht.

Von ihnen sind außerdem in den deutschsprachigen Ländern erschienen: „Mit Carlos Ruiz Zafón durch Barcelona: Ein Reiseführer" (Suhrkamp Verlag) und bei REISE KNOW-HOW die Kauderwelsch-Bände „Schwäbisch – das Deutsch im Ländle" und „Duits – woord voor woord (Deutsch für Niederländer)".

HILFE!

Dieser CityGuide ist gespickt mit unzähligen Adressen, Preisen, Tipps und Infos. Nur vor Ort kann überprüft werden, was noch stimmt, was sich verändert hat, ob Preise gestiegen oder gefallen sind, ob ein Hotel, ein Restaurant immer noch empfehlenswert ist oder nicht mehr, ob ein Ziel noch oder jetzt erreichbar ist, ob es eine lohnende Alternative gibt usw. Unsere Autoren sind zwar stetig unterwegs und erstellen alle zwei Jahre eine komplette Aktualisierung, aber auf die Mithilfe von Reisenden können sie nicht verzichten.

Darum: Schreiben Sie uns, was sich geändert hat, was besser sein könnte, was gestrichen bzw. ergänzt werden soll. Nur so bleibt dieses Buch immer aktuell und zuverlässig. Wenn sich die Infos direkt auf das Buch beziehen, würde die Seitenangabe uns die Arbeit sehr erleichtern. Gut verwertbare Informationen belohnt der Verlag mit einem Sprechführer Ihrer Wahl aus der über 200 Bände umfassenden Reihe „Kauderwelsch".

Bitte schreiben Sie an: REISE KNOW-HOW Verlag Peter Rump GmbH, Postfach 140666, D-33626 Bielefeld, oder per E-Mail an: info@reise-know-how.de
Danke!

CITYATLAS

AMSTERDAM, UMGEBUNG

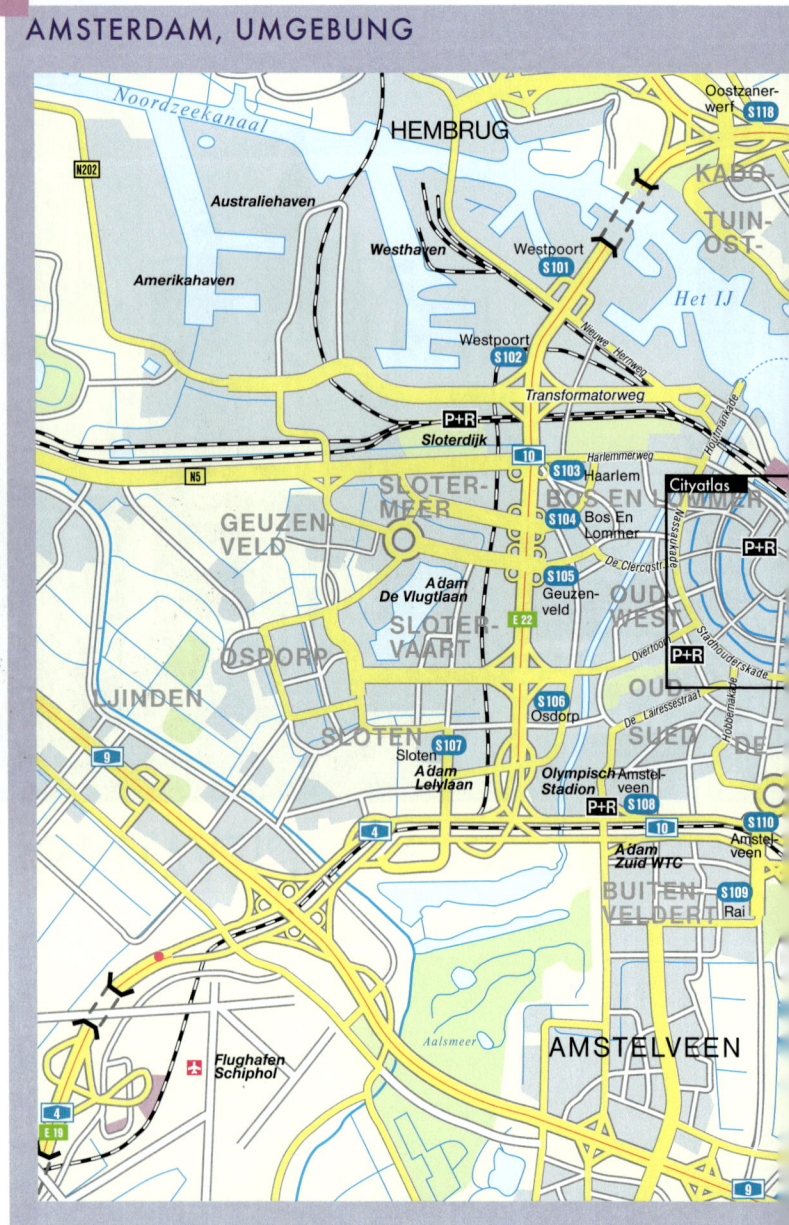

Noordzeekanaal

N202

HEMBRUG

Oostzaner-
werf S118

KABO-
TUIN-
OST-

Australiehaven

Westhaven

Westpoort
S101

Het IJ

Amerikahaven

Westpoort
S102

Nieuwe Hemweg

Transformatorweg

P+R

Sloterdijk

10

N5

S103 Haarlem
Harlemmerweg

SLOTER-
MEER

BOS EN LOMMER

Cityatlas

P+R

GEUZEN-
VELD

S104 Bos En
Lommer

Apermessenweg

OUD
WEST

De Clercqstr.

*A'dam
De Vlugtlaan*

S105

E 22

Geuzen-
veld

P+R

Stadhouderskade

OSDORP

SLOTER-
VAART

Overtoom

P+R

S106

OUD
SUED

De 'Lairessestraat

DE C

Hobbemakade

LIJNDEN

9

Osdorp

SLOTEN

S107

Sloten
*A'dam
Lelylaan*

*Olympisch
Stadion*

Amstel-
veen

S108

4

10

Amstel-
veen

S110

*A'dam
Zuid WTC*

BUITEN-
VELDERT

S109

Rai

Aalsmeer

AMSTELVEEN

4

E 19

⚓ *Flughafen
Schiphol*

9

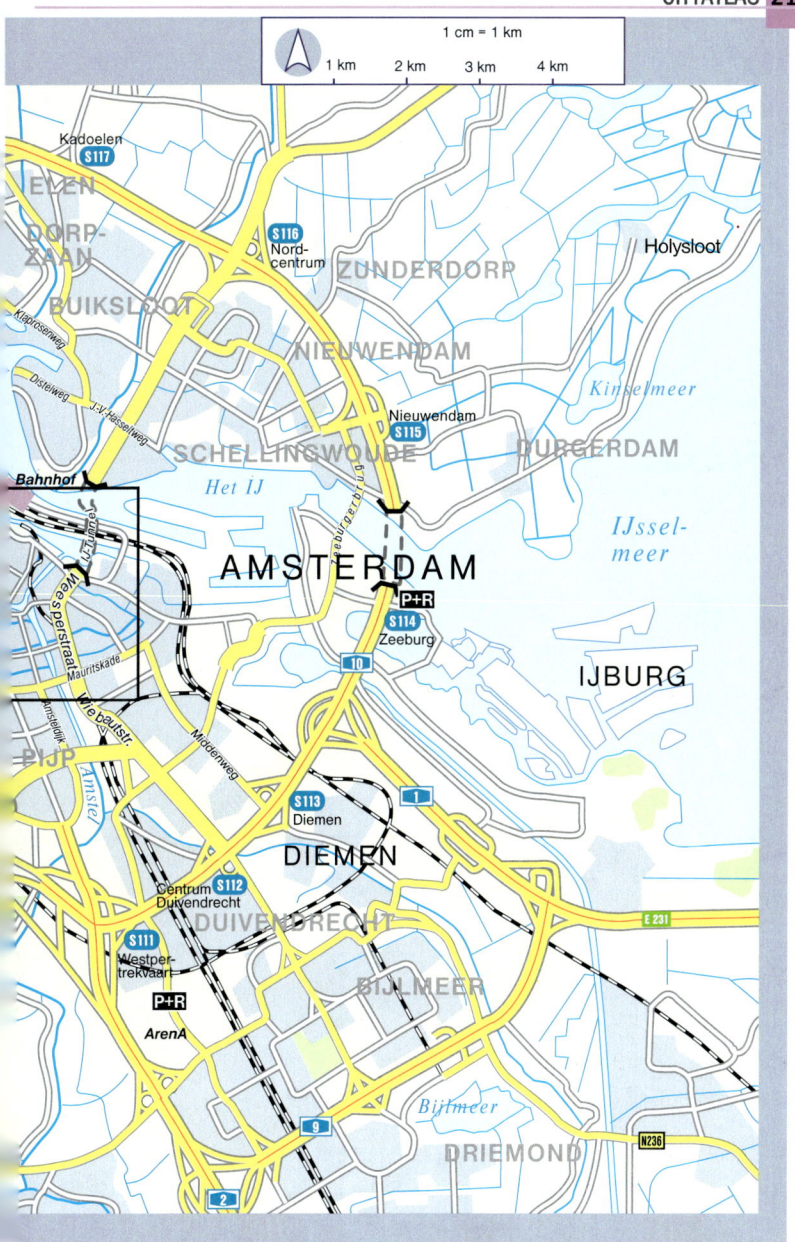

1 cm = 1 km

1 km 2 km 3 km 4 km

Kadoelen
S117

ELEN

DORP-
ZAAN

BUIKSLOOT

Klaprosenweg

Oostenweg

J.V.Hasselweg

S116
Nord-
centrum

ZUNDERDORP

Holysloot

NIEUWENDAM

SCHELLINGWOUDE

Nieuwendam
S115

Kinselmeer

DURGERDAM

Bahnhof

Het IJ

Zeeburgerdijk

AMSTERDAM

IJssel-
meer

Weesperstraat

L.H.Kanaal

Mauritskade

P+R

S114
Zeeburg

10

IJBURG

Amsteldijk

Wibautstr.

PIJP

Amstel

Middenweg

S113
Diemen

1

DIEMEN

Centrum
Duivendrecht
S112

DUIVENDRECHT

E 231

S111
Westper-
trekvaart

BIJLMEER

P+R

ArenA

Bijlmeer

9

DRIEMOND

N236

2

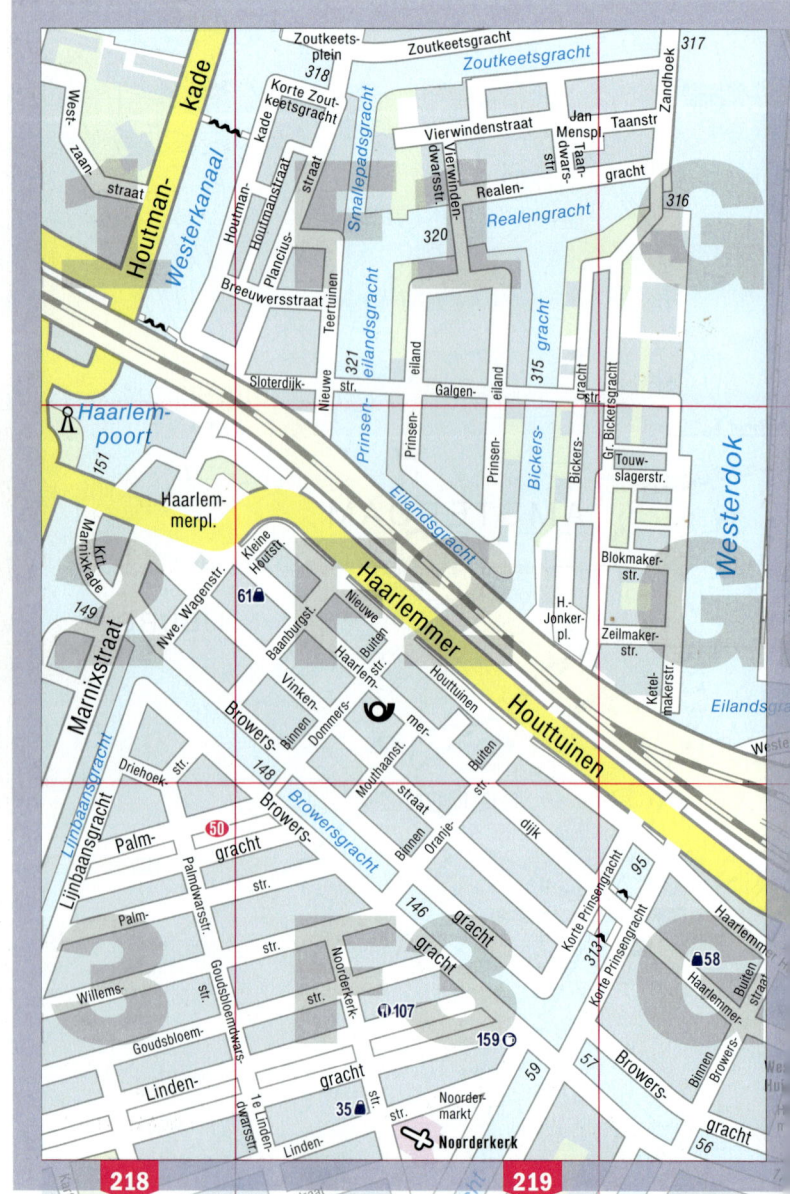

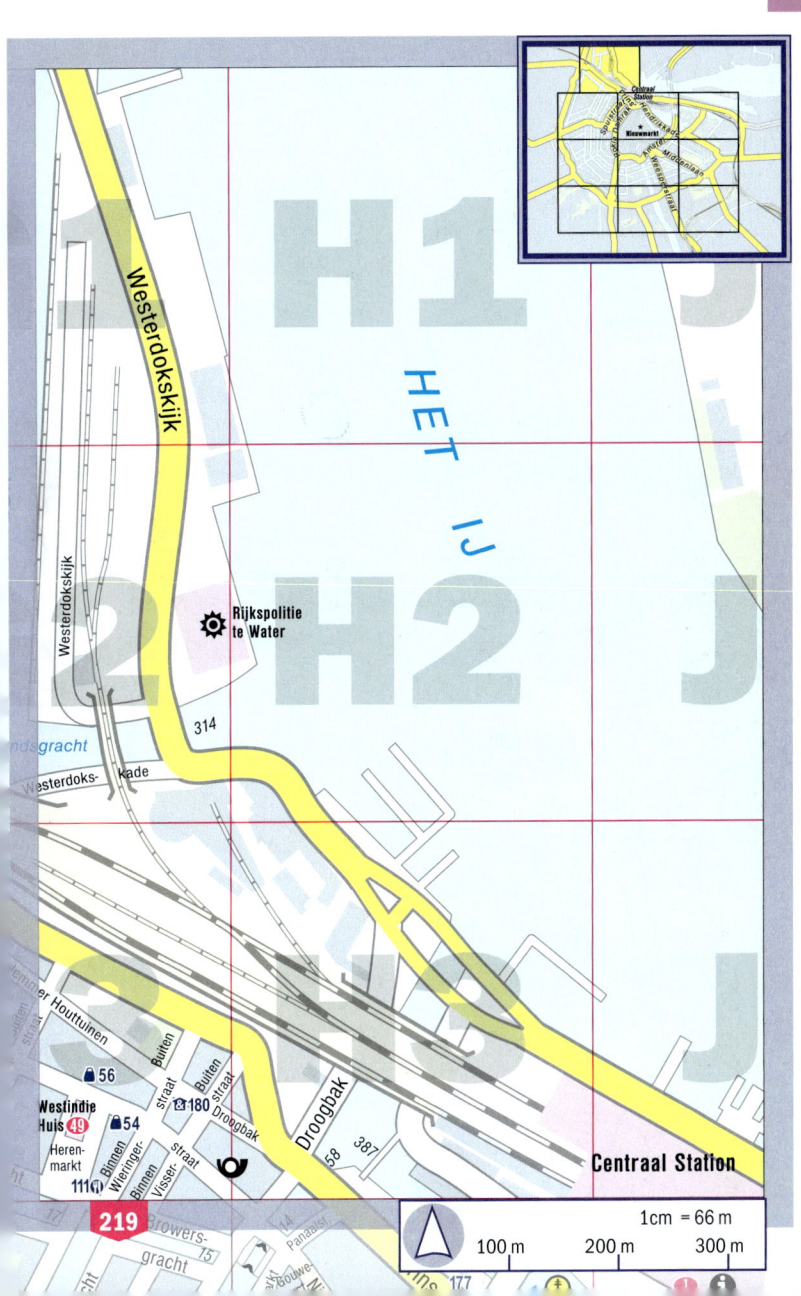

Westerdokskijk

HET IJ

H1

H2

J

Westerdokskijk

Rijkspolitie te Water

314

Westerdoks- Kade

ndsgracht

Jenniker Houttuinen

Buiten straat

Buiten straat

56

180

Droogbak

Westindie Huis **49**

54

Heren- markt

Binnen Wieringer-

Binnen straat

Visser-

111

Droogbak

58　387

Centraal Station

Browers- gracht

Panaaler

Gouwe-

177

1cm = 66 m

100 m　　200 m　　300 m

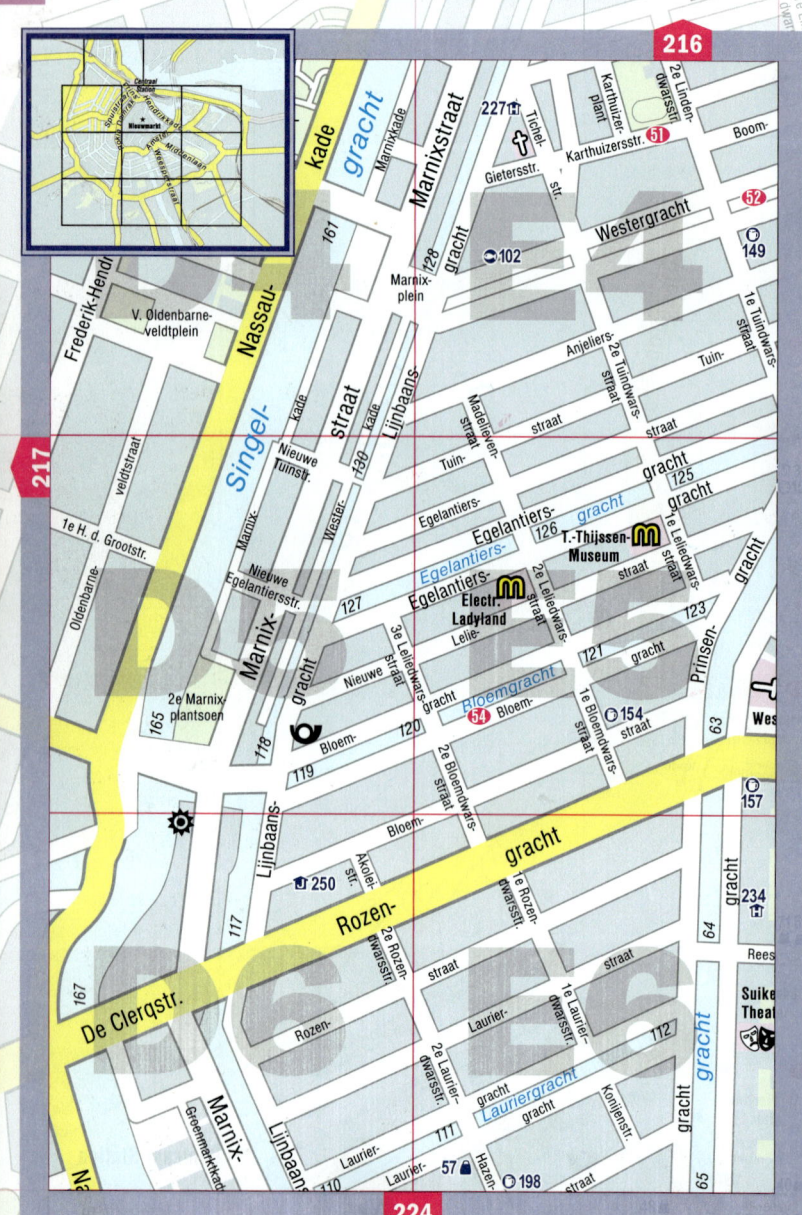

216

217

224

D4 / E4
D5 / E5
D6 / E6

Lindenkade

1e Lindendwarsstr.

Marnixkade

gracht

kade

Marnixstraat

227

Tichel-
str.

Karthuizers-
plant

Karthuizersstr.

Gietersstr.

51

Boom-

Westergracht

52

149

102

Marnix-
plein

V. Oldenbarne-
veldtplein

Frederik-Hendr...

Nassau-

kade

Singel-

straat

Linbaans-

161

150

Anjeliers-

2e Tuindwars-
straat

Tuin-

1e Tuindwars-
straat

Nieuwe
Tuinstr.

Madelieven-
straat

straat

straat

Tuin-

Wester-

kade

Egelantiers-

gracht

125

gracht

Egelantiers-

gracht

126

T.-Thijssen-
Museum

1e H. d. Grootstr.

veldstraat

Oldenbarne-

Marnix-

Nieuwe
Egelantiersstr.

Egelantiers-

127

Egelantiers-
straat

Electr.
Ladyland

2e Leliedwars-

1e Leliedwars-
straat

straat

straat

123

Lelie-

Prinsen-

Wes

2e Marnix
plantsoen

165

178

gracht

Nieuwe

straat

3e Leliedwars-

Bloem-

Bloemgracht

54

120

Bloem-

1e Bloemdwars-
straat

121

gracht

154

straat

63

157

119

Linbaans-

Bloem-

gracht

Akolei-
str.

250

Rozen-

2e Bloemdwars-
straat

1e Rozen-
dwarsstr.

234

straat

straat

2e Rozen-
dwarsstr.

Rozen-

64

gracht

Rees

Suike
Thea

De Clercqstr.

167

117

Laurier-

1e Laurier-
dwarsstr.

112

2e Laurier-
dwarsstr.

gracht

Konijnstr.

Lauriergracht

gracht

65

Marnix-

Linbaans-

Groenmarktkade

Laurier-

111

Laurier-

Hazen-

57

110

198

193

87

88

156

24

Felix Meri
Theater

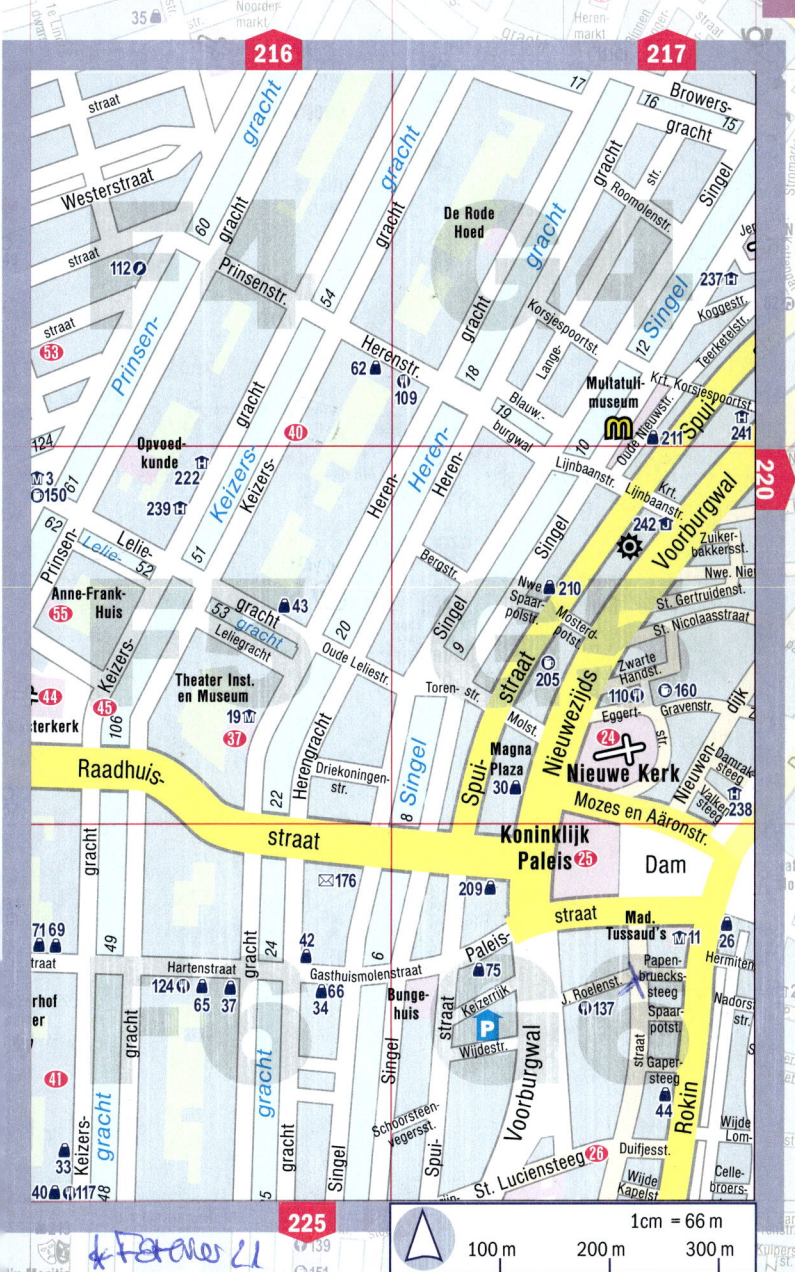

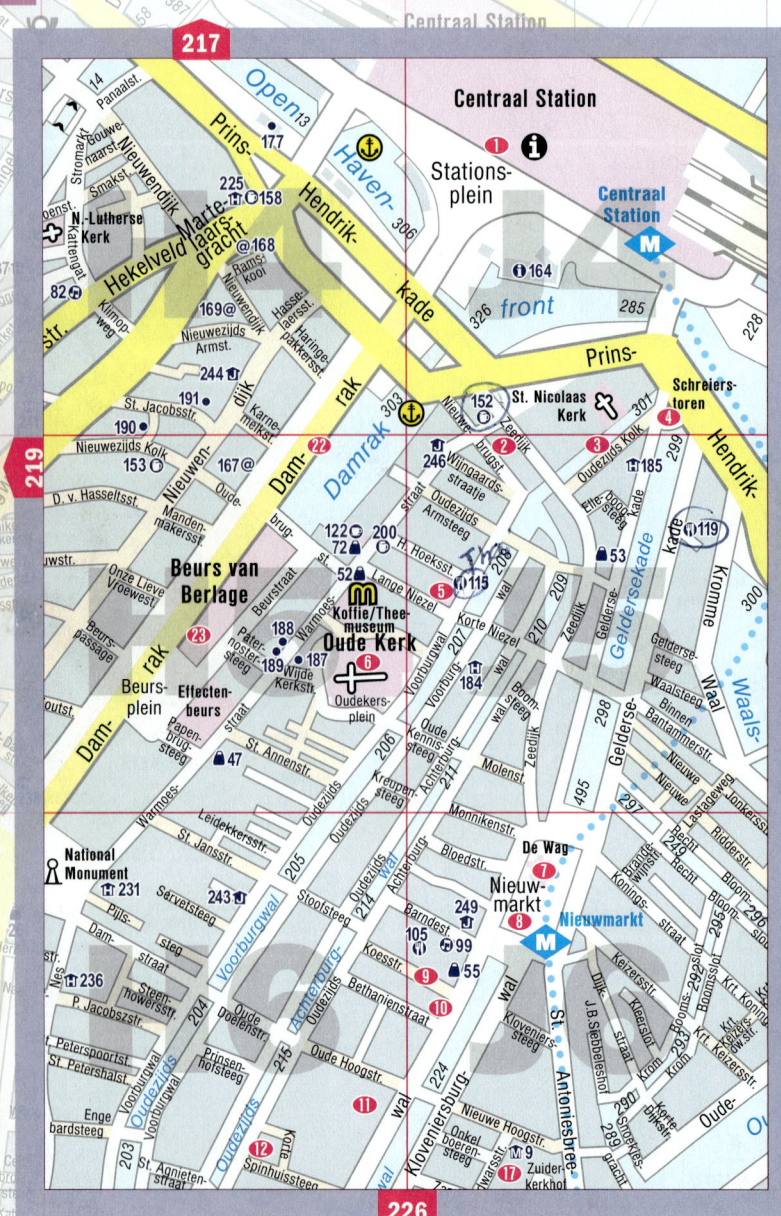

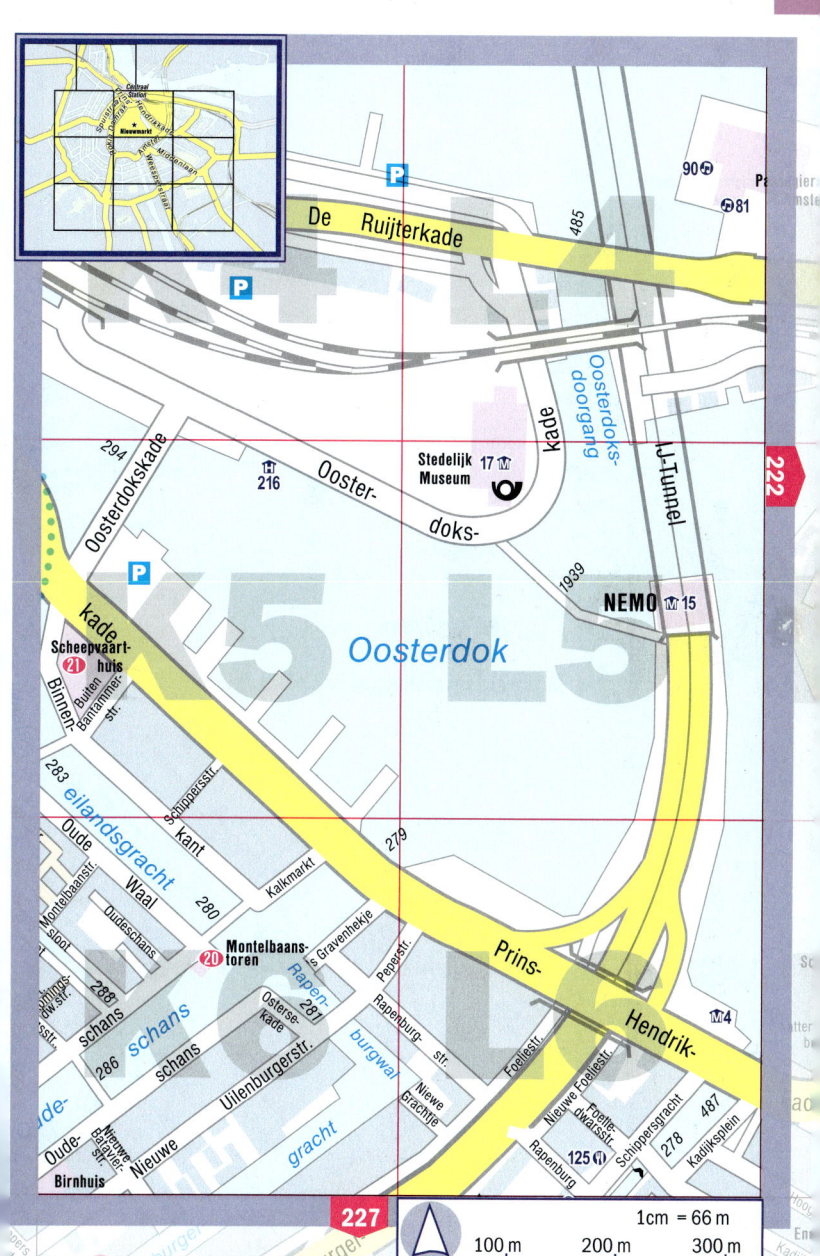

De Ruijterkade

485

Oosterdoks-doorgang

Oosterdokskade

294

H 216

Ooster-

Stedelijk Museum 17

doks-

IJ-Tunnel

1939

NEMO 15

kade

Scheepvaart-huis 21

Oosterdok

Binnen-Bantammer-str.

Buiten-Bantammer-str.

283

eilandsgracht

Schippersstr.

's kant

Oude Waal

280

Kalkmarkt

279

Montelbaansstr.

Oudeschans

Montelbaans-toren 20

's Gravenhekje

Peperstr.

Prins-

4

Schippers-dok-str.

288

Rapen-

Ostersekade

schans

286

schans

schans

Uilenburgerstr.

Rapenburg-str.

Pepelstr.

Foeliestr.

Nieuwe Foeliestr.

Hendrik-

Niewe Grachtje

Foelie-dwarsstr.

Oude-

Nieuwe

Nieuwe Burger-straat

Birnhuis

gracht

Rapenburg

125

278

Schipperstgracht

487

Kadijksplein

90

81

Pa...ier

...mste

1cm = 66 m

100 m   200 m   300 m

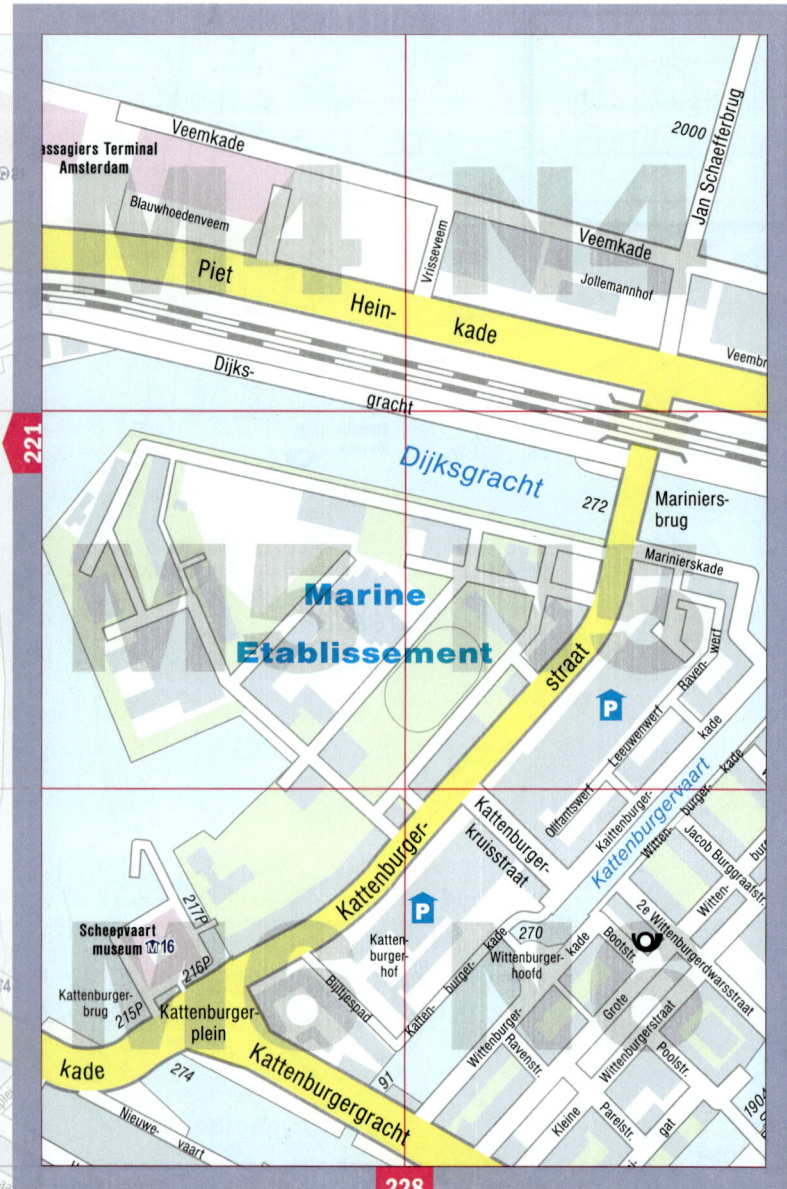

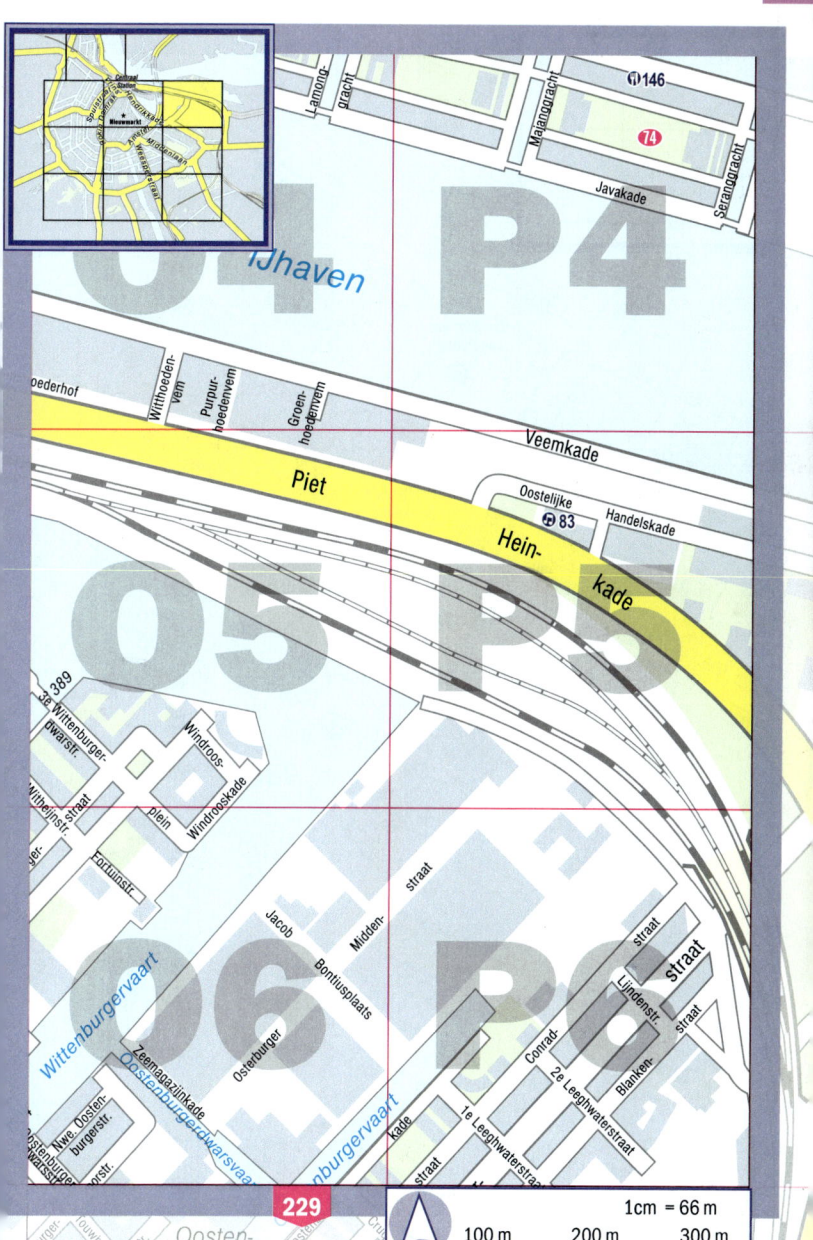

IJhaven

O4 P4

⚓146

74

Malangracht
Lamong-
gracht
Serangracht
Javakade

Veemkade

Piet

Withhoeder-
vem
Purpur-
hoedenvem
Groen-
hoedenvem

hoederhof

Oostelijke
Handelskade
⚓83

Hein-

kade

O5 P5

3e Wittenburger-
dwarsstr.
389

Windroes-

Windrooskade
Wilhelminastr.
Plein
Fortuinstr.

straat

Jacob
Midden-
Bontiusplaats

straat
Lindenstr.
straat

Conrad-
2e Leeghwaterstraat
Blanken-

O6 P6

Wittenburgervaart

Oosterburger
Zeemagazijnkade
Oostenburgerdwarsvaa

Oostenburgervaart

kade

1e Leeghwaterstraat

Nwe. Oosten-
burgerstr.

straat

Oosten-
burgerpark

1cm = 66 m

100 m   200 m   300 m

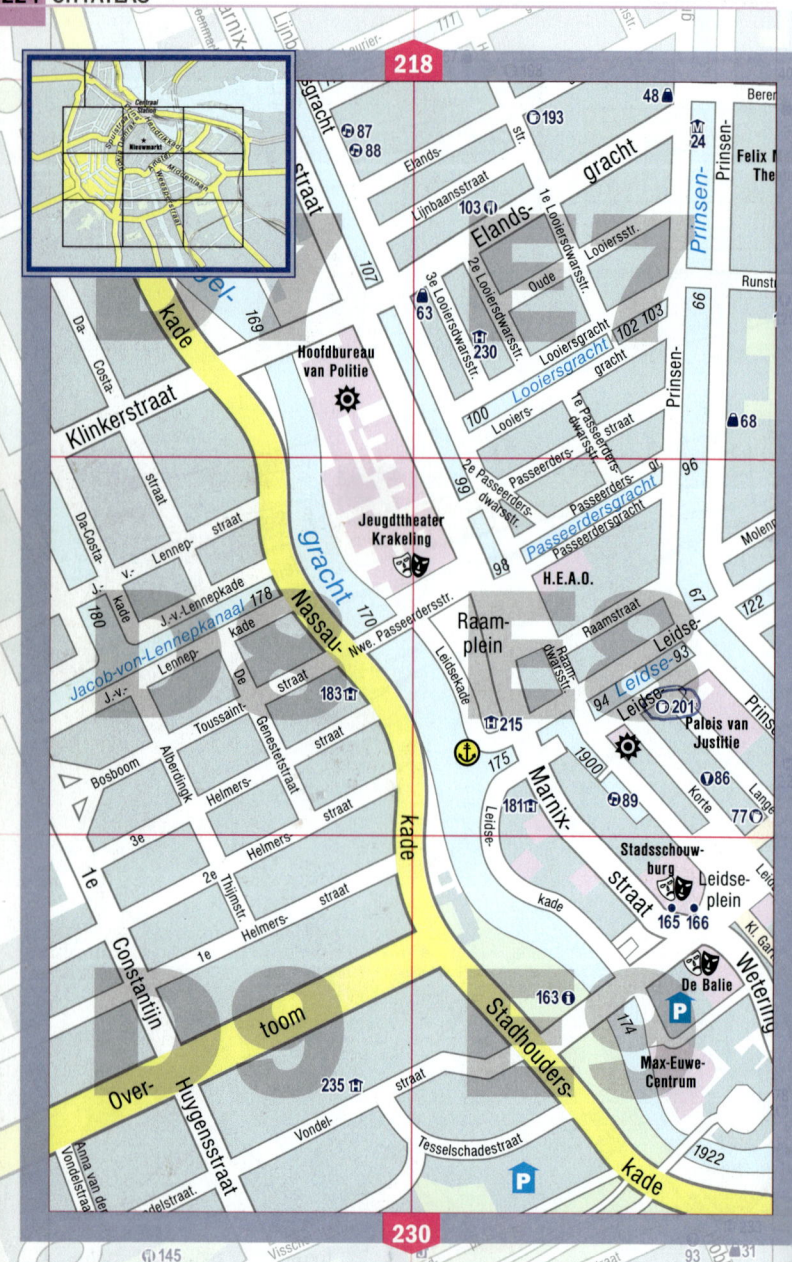

218

48

Bere

24

Felix N
The

87
88

193

Elands-
gracht

103

Elands-

1e Looiersdwarsstr.

Prinsen-

Prinsen-

Runst

Da-
Costa

kade

169

Klinkerstraat

Hoofdbureau
van Politie

3e Looiersdwarsstr.

2e Looiersdwarsstr.

Oude

Looiersstr.

63

230

Looiersgracht

100

Looiers-

102 103

gracht

66

68

straat

Lennep-

straat

J.- v.-

Da-Costa-

V.-

Lennep-

J.- v.- Lennepkade

178

180

Jacob-von-Lennepkanaal

kade

J.-v.-

Lennep-

gracht

Nassau-

Jeugdtheater
Krakeling

H.E.A.O.

1e Passeerders-
dwarsstr.

Passeerders-

2e Passeerders-
dwarsstr.

Passeerders-
straat

99

98

Passeerdersgracht

Passeerders-
gracht

96

97

122

Molen

Toussaint-

straat

Genestetstraat

Alberdingk

Bosboom

Helmers-

straat

183

Raam-
plein

Nwe. Passeerdersstr.

Leidsekade

170

Raamstraat

Raamplein

Raam-
dwarsstr.

215

175

181

Leidse-

93

Leidse-

94

Leidse-

201

Paleis van
Justitie

1900

89

86

Korte

77

Lange

3e

1e

2e

Thijmstr.

Helmers-

straat

1e

Helmers-

straat

kade

Marnix-

straat

Stadsschouw-
burg

Leidse-
plein

165 166

Leidse-

Constantijn

toom

Over-

Huygensstraat

235

straat

Anna van der
Vondelstraat

Vondel-

Tesselschadestraat

163

174

Stadhouders-

De Balie

Max-Euwe-
Centrum

kade

1922

230

145

Filmmuseum

12

Visscher

straat

93

31

Obema

219

213
Meritis-ater

Wolvenstraat

Oude Spiegelstr.

139

151

214

Keizers-

Heren-

47

24

132

Huidenstraat

Wijde Heisteeg

Rosmarijn-steeg

Ram-steeg

5

Vliegende-steeg

Roskam-steeg

Nieuwe-zijds

27

Amsterdam Historisch Museum

Amsterdam Dungeon

steeg

Kaffs-tr.

velst

Enge Kapelst.

Kalver-

49

Waterst.

Begijn-nenst.

Ged. Begijnsteeg

Gebr. Rozen-boomst.

Taxst.

131
202
1
Turdo

Begijn-hof

28

Spui

Grim-

76

70

50
129

39

Bijbels Museum

156

Heisteeg

29

Spui

36

Dubbele-worstst.

3

Beulings-sloot

Beulingstr.

Handboogstraat

74

Voetboogstraat

Rokin

Oude Turf.

14

Heiligeweg

38

Torture Museum

30

29

Mu
pl

226

123

91

240

Singel

Heren-

28

29

45 gracht

gracht

46

44

42

Koningsplein

2

Singel

Klooster

Reguliers-

Singel

64

St. Louis-kk.

St. Louis

195

Bloemen-

markt

32

Munt-toren

31

1

208

126

135

196

Katten-kabinet

67

10

42

43

Kerk-

179
32

186

178

138

Keizers-

straat

Leidse-

68

224

Heren-

gracht

38

Heren-gracht

30

straat

straat

Heren-gracht

straat

Pijpen-kabinet

Leidsedwars-

Leidsekruisstraat

straat

gracht

133

Nieuwe

Spiegel-

42

gracht

Keizers-

Kerk-

gracht

Prinsen-

43

Foam
Museum

6

41

192

Vijzel-

198

78

92

73

Paradiso Theater

Lijnbaans-

Ziesenkade

Spiegel-

gracht

69

87

88

schans

1e Wetering-

straat

2e Wetering-

dwarsstraat

70

Noorder-

127

231

1cm = 66 m

100 m　　200 m　　300 m

220

St. Barbe-
renstr.
Kulpers-
St. End
201
13
Ouderzijds
105
Ouderzijds
Achterburgwal
Ouderzijds
burgwal
15
2 Oudeman-
huispoort
Rusland
Slikstr.
Raam-
str.
225
Raam-
gracht
18
19
142
287
Houtkopers-
Burgwal
291
Uilen-
burger-
gracht
Joden-
brees-
Penta-gon
230
60
ragsterpad
Binnengasthuisstr.
Vendelstr.
247
Kloveniers-
wal
Kloveniersburg
223
Groenburgwal
Ververs-
straat
Zwanenburgwal
Zwanenburgwal
Rembrandt-
huis
Waterlooplein
Houtkopers-
dwarsstr.

Nieuwe Doelenstr.
222
Kloveniersburg
16
Staal-
59
Staal-
straat
Groenburg
227
229
Stadhuis
"Stopera"
35
Muziek
Theater
Waterlooplein

113
218
's Gravelandse
Staalkade
markt
220
229
221
Halvemaansbrug
Amstel
Amstel
57
P
Waterlooplein
M
int-
ein
225
123
Amstel
199
203
207
Havenstr.
De Kleine
Komedie
204
Reguliers breestr.
33
Bakkerstr.
Paardenstr.
Amstel
236
221
84
194
Paardenstr.
120
95
Amstel-
straat
56
Nieuwe
Nieuwe
237
Nieuwe
Amstel-
hof

206
Schae er str.
143
Reguliersdwarsstr.
Rembrandt-
plein
34
Museum Willem
Holthuysen
25
14
Blauwbrug
gracht
35
Amstel

108
202
Thorbecke-
plein
18
Heren-
34
32
gracht
Heren-
60
gracht
37
Reguliers-
Utrechtse-
gracht
gracht
36
Amstel
Magere
Brug
36
241
242

Keizers-
gracht
38
39
Reguliers-
Keizers-
straat
37
gracht
140
straat
Amstel-
sluizen

13
Van Loon
Museum
straat
40
gracht
Kerk-
Utrechtse-
182
straat
gracht
76

226
74
73
Reguliers-
Amstelkerk
Prinsen-
75
Utrechtse-
104
45
46
197
straat
dwarsstr.
77
Achter-
gracht
gracht
Prinsen-
72
Utrechtse-
121

1cm = 66 m
100 m   200 m   300 m

232

221

Oude-
Nieuwe
Sarphati
Uilenburger- str.
61
Valkenburger-
Anne Frankstr.
125
Schippe
278
Kadijksplein
155
Rapenburgerplein
50
Laagte
Ene
Hoog
Koerier
sterspl.
straat
P
Entrepot-
Entrepot-
Februari-
plein
63
Rapenburger-
Plantagekade
Plantage
Marken-
plein
59
Mozes en
Aäronkerk
Herengracht
Herengracht
Nat. Vakbonds-
museum
21
Verzets-
museum
22
Comet
Meester
Visserpl.
161
58
Nieuwe
239
Wertheim-
park
Parklaan
Henri Polaklaan
64
65
69
Meijer-
plein
70
62
Muider-
straat
Plantage
Plantage
Kerklaan
228
Geolog.
Museum
66
68
Heren-
238
Nieuwe
gracht
Dr. D. M Stuyvespad
233
Hortus
Botanicus
8
Plantage
Herengracht
7
232
Hortus-
plantoen
234
Plantage
Weesper-
Keizersgracht
Nieuwe Keizersgracht
Wittenberg
259
Plantage
Westermanl.
Plantage Muider-
Nieuwe Keizersgracht
240
Nieuwe
Kerkstraat
67
Kerkstraat
Dr. Sarphati-
huis
Nieuwe
Roeters-
258
gracht
Manegestr.
Kerkstraat
Nieuwe
Prinsengracht
Prinsen-
straat
Nieuwe Prinsengracht
Nieuwe
251
Nieuwe
Krt.
Lepelstr.
gracht
260
250
253
Lepelkruisstr.
Lepelstr.
Achter-
Achtergracht
Roet
Theater
Carré
257
Nieuwe
Amstel
252 Nieuwe
Achtergracht
Valcke
Spine
Voormalige
Stadstimmertuin
263

233

Hogesluis   Weesperplein   Huddest

Centraal Station
Nieuwmarkt

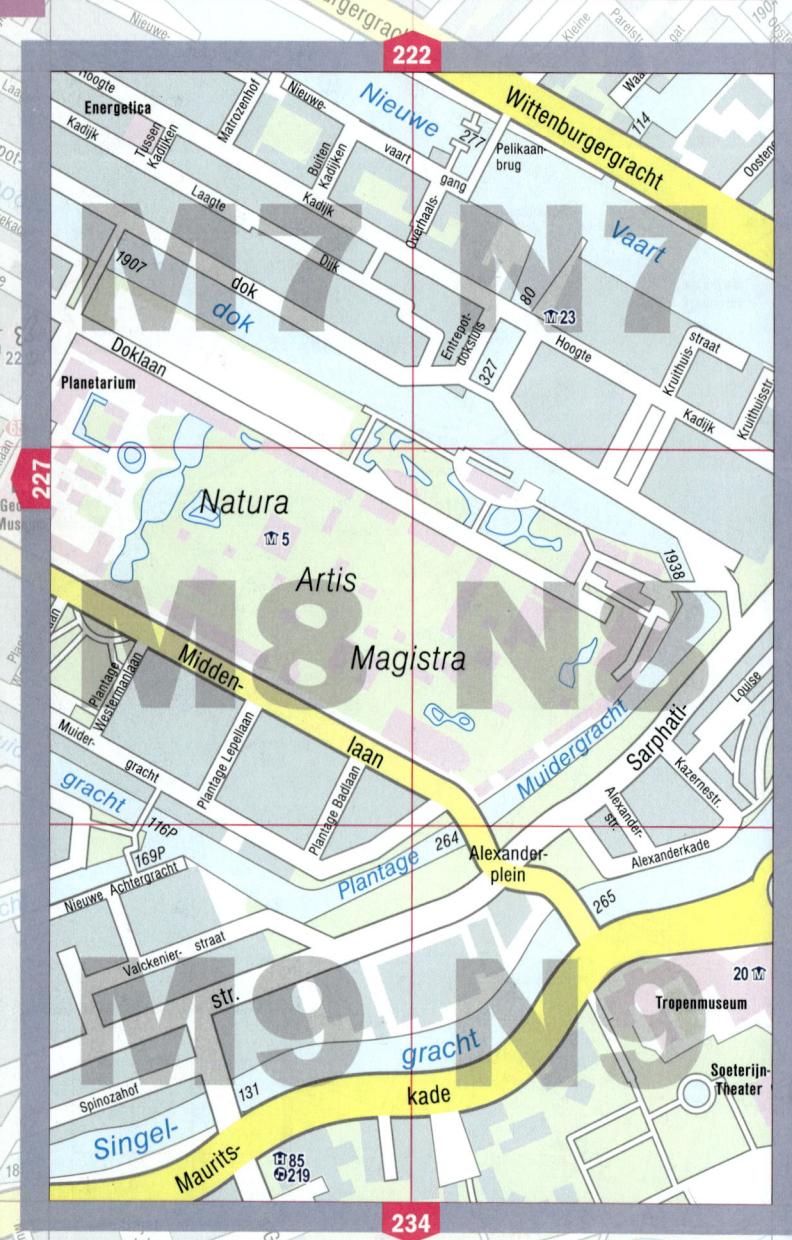

Energetica

Hoogte
Kadijk
Tissel
Kadijken
Laagte
Kadijk
Marrozenhof
Nieuwe-
Buiten Kadijken
Nieuwe-
vaart
Dijk
Overhaals-
gang
27
Pelikaan-
brug
Wittenburgergracht
114
Waa
Oosterp

Nieuwe

Vaart

1907
dok
dok

Doklaan
Entrepot-
dorsluis
327
80
23
Hoogte
Kruithuis-
straat
Kadijk
Kruithuisstr

Planetarium

Natura
5
Artis
Magistra
1938

Plantage Westermanlaan
Midden-
laan
Plantage Lepellaan
Plantage Badlaan
Muidergracht
Sarphati-
Louise
Kazernestr.

Muider-
gracht
gracht

116P
169P
Nieuwe Achtergracht
Plantage
264
Alexander-
plein
Alexander-
str.
Alexanderkade
265

Valckenier- straat
str.
gracht
kade
20
Tropenmuseum
Soeterijn-
Theater

Spinozahof
131
85
219
Singel-
Maurits-

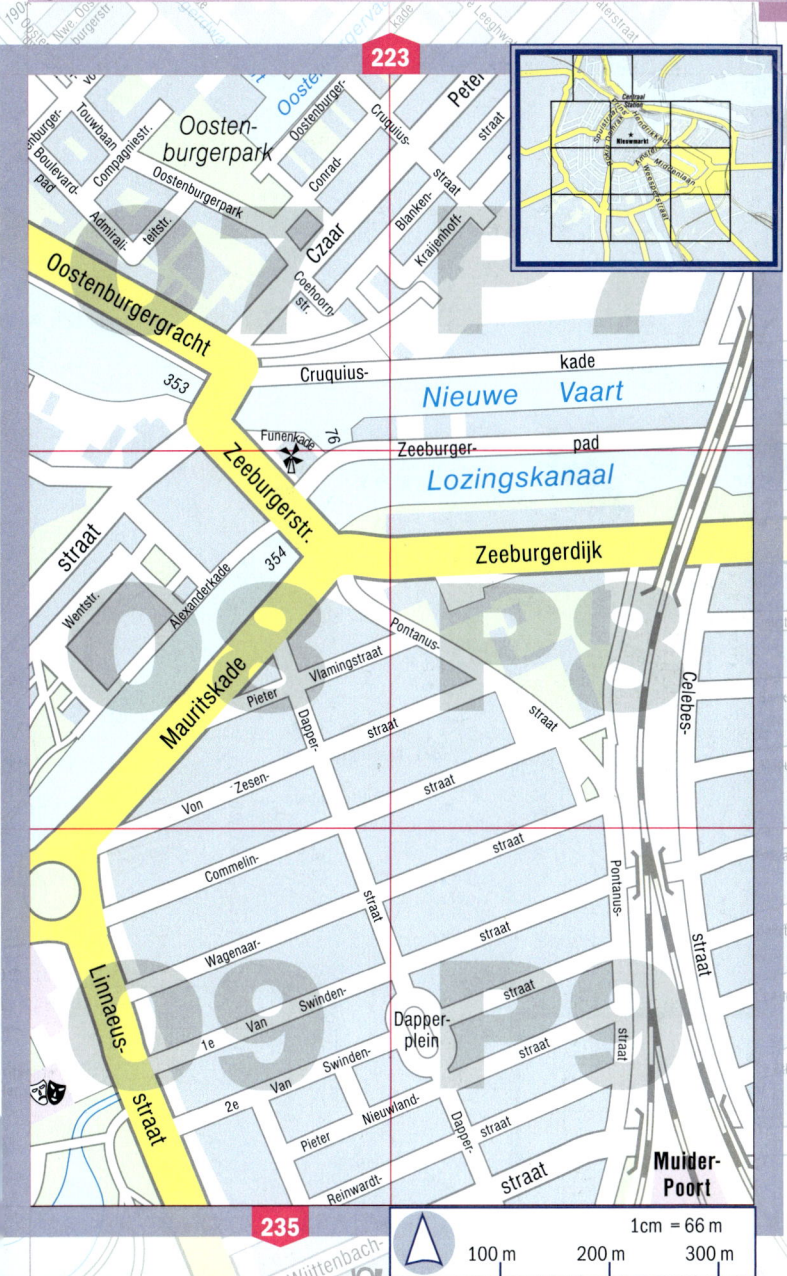

223

Oostenburger

Peter

Oostenburgerpark

Oostenburger-

Cruquius-

straat

Compagniestr.

Conrad-

Blanken-

Boulevard-
pad

Admirali-

Oostenburgerpark

teitstr.

Czaar

Krajienhoff-

Coehoorn-
str.

Oostenburgergracht

Cruquius-

kade

353

Nieuwe Vaart

Funenkade

76

Zeeburger-

pad

Zeeburgerstr.

Lozingskanaal

Straat

354

Zeeburgerdijk

Wenstr.

Alexanderkade

Celebes-

Pontanus-

Mauritskade

Pieter

Vlamingstraat

Dapper-

straat

straat

Von   Zesen-

straat

Commelin-

straat

Pontanus-

Wagenaar-

straat

straat

straat

straat

1e   Van   Swinden-

Dapper-

**Dapper-
plein**

straat

straat

straat

Linnaeus-

2e   Van   Swinden-

Van

Nieuwland-

Dapper-

straat

Pieter

straat

Reinwardt-

straat

**Muider-
Poort**

Wijttenbach-

1cm = 66 m

100 m   200 m   300 m

224

Tesselschadestraat

1922

Paria
The

kad

Visscherstraat

248
Zand-
pad

straat

233
31
Hobbemastraat

145
Filmmuseum
12

93

Roemer

Vossius-
245

Schapenburgerpad

straat

Hooft-

Honthorst-
straat

straat
Diamant
Museum
27

P.C.

Van

Baerle-

Jan-

v.d. Veldestraat

Luijken-
straat

straat

39
Potter-

Van Gogh
48 Museum

Eeghenlaan

A. Boerstr.

41

Paulus

Stedelijk-
museum

plein

46

Van
Krt.v.
Eeghen-
str.

straat

Museum-

Honthorst.

Eeghen-

straat

Van
Jacob

Obrecht-

Bree-

straat

straat

Wanningstr.

straat

Museum-

V. Mierevieldstr.

Van

straat

Palestrinastr.

Jan Willem Brouwersstr.

100
Concertgebouw

Gabriel

Metsu-
str.

Concertgebouw-
plein

Van

Baerle-

straat

straat

Moreelsestr.

Johannes

Verhulst-

Wouwermanstr.

Nicolaas

Maes-

Bari-
str.

Lairesse-

straat

Jacob

Obrecht-

Maes-

straat

Frans van Mieris-

straat

De

Mieris-

straat

Frans

van

Ruysdael-

straat

147

R. Hart-
plein

J. Obrecht-
plein

Bronckhorststraat

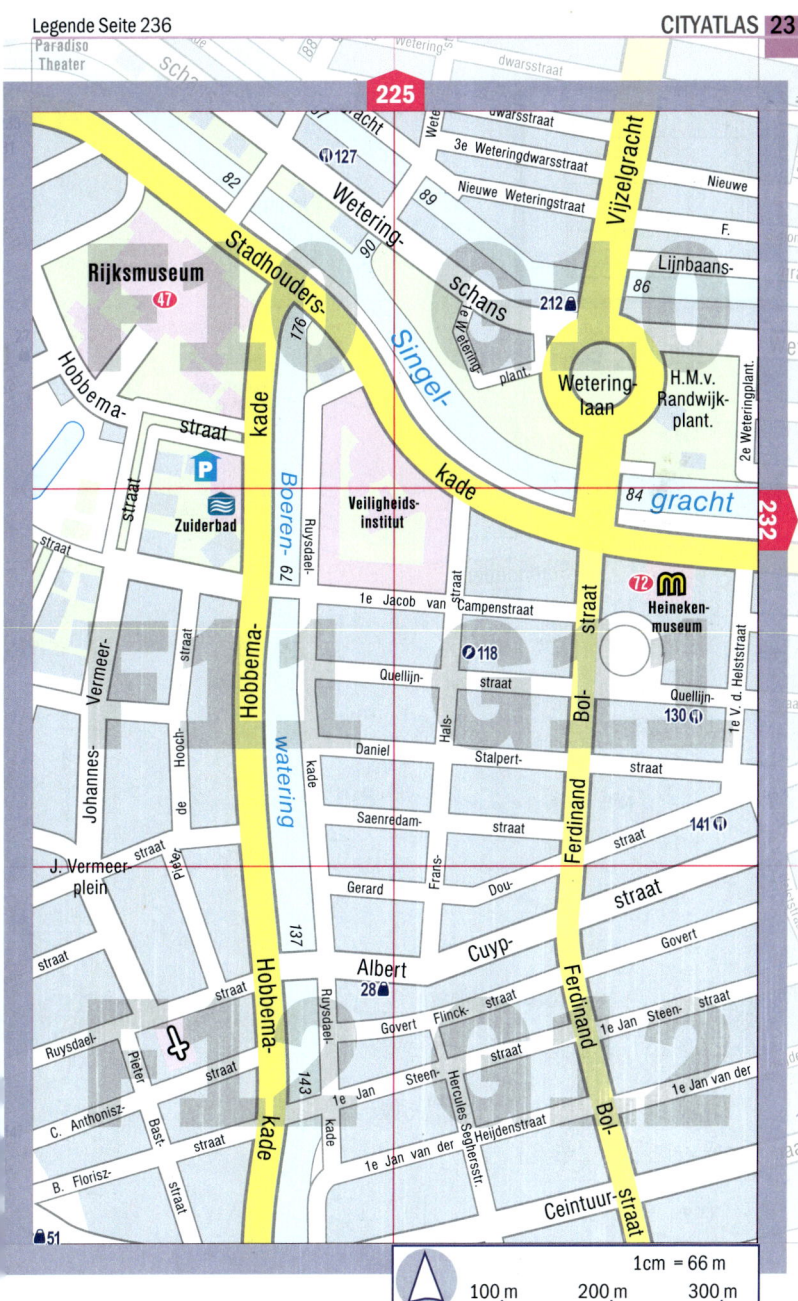

226

Centraal
Station
Nieuwmarkt

J10 J10

Falck-
straat

Frederiks-
plein

M.J. Kostersstr.

Sarphati-

Achter Oost-

Oosteinde

Wetering-   schans

Huidekoper-

Westeinde

Nederlandse
Bank

Sarph

J.
ijk-

Den   Tex-   straat
220

N. Witsenstr.

P. Pauwstraat

strat

247

231

N.   Witsen-   kade

248

kade

Stadhouders-

Berchem-str.

Van

Hemonylaan

straat

Hemony-

2e Jacob van Campenstraat

straat

Flinck-

straat   Dou-   80

1e Sweelinckstraat

straat

101   Govert

Steen-

Gerard

Cuyp-

144

Jan   2e

Jan   van   der Heijden-

1e V. d. Helststraat

Albert   73

straat

136

Wou-

2e   Jan   van

Flinck-

Sarphatipark

Sarphatipark

Ceintuur-

brordu

Sarphatipark

Sarphatipark

2e

St.   Willi-

straat   Van

Heijdenstraat

Sarphati-   park

Sweelinck str.

134

Ostade
Theater

straat

baan

1e V. d. Helststr.

Ostade-

H.d. Keijserstr.

Verbinding str.

Kuipers-

str.

straat

232

Van

Rustenburger-

Pieter   Aertsz-

J11 J11

J12 J12

gracht   gracht   197   46   dwarsstr.
Prinsen

227

M Weesperplein

Spinozastraat

263

Sarp

Voormalige
timmertuin

Amstel

Hogesluis

246

kade

Amstel

kade

Prof.
Tulp-
plein

217

Prof. Tulpstr.

Huddekade

Huddestraat

str.

255

kade

Maurits-

Torontobrug

350

Mauritsstr.

Swammer-

Weesperzijde

1e Boerhave-

laan

Boerhave-

straat

Wibaut-

Wibaut-
huis

Andreas Bonnstraat

broek-

Mussch-

enbr.

2e Boerhaavestr.

Tilanus-

Ruysch-

Rijksbel.-
kantoor

Deymanstraat

straat

straat

Ruysch-

Nieuwe
Amstelbrug

101

Amsteldijk

straat

straat

straat

Blasius-

straat

1e Ooster-

Blasius-

straat

park-

straat

Oetgensdwstr.

straat

baan

Sendhes
Nourssstr.

str.

Tabitha

Oetgensstraat

Burmanstraat

Burman-
dwarsstr.

Grens-

straat

Wibaut

M Wibaut

Ostade-

Kuipers-

Jacob de
Haenstr.

straat

str.

Amsteldijk

str.
D.
Tamana-
plein

Amstel

Weesperzijde

Rustenburger-

Rustenburger-
dwarsstr.

str.

straat

G. v. Aemstelstraat

Tol-

Diamant-
str.

Graaf Flor

234

Muntendamstr.

Wibaut

straat

1cm = 66 m

100 m   200 m   300 m

228
233

Singer

187

85

Sajet-
plein

Mary Zeldenrust- str.

's-Gravesandestr.

Boerhaave-
plein

2e Boerhaavestr.

Andreas Bonnstraat

's-Gravesande-
plein

Camper-

straat

straat

M10

N10

Oosterpark

Oosterpark

Ooster- park

Eiken-

park-

Eiken-
plein

straat

✚ ✚ 172

O.L.V. Gasthuis

straat

straat

park-

straat

park-

straat

Beuken-

2e Ooster-

Ooster-

3e Ooster-

Vrolik- weg

1e Ooster-

Iepen-

park-

Sparrenweg

straat

Beuken-
plein

weg

Populieren-

park-

straat

Populieren-

weg

2e Ooster-

Iepen-
plein

park-

straat

Magere-

3e Oosterweg

Vrolik-

weg

Tugela-

fonteinstr.

Vrolikstraat

Populieren-

weg

Maritzstraat

Smit-

autstraat

Olmenweg

weg

straat

Spliskop-

straat

Retief-

Pretorius-

Platanenweg

Tugela-

President Brand-

Reitzstraat

straat

Christiaan de Wetstraat

Reitz-

Kruger-
plein

straat

Maubastraat

Transvaal-

straat

Jouberstraat

straat

Luthulis-

Albert

Cronjes-

Schalkburgerstraat

Colenso-

straat

oenstraat

Kruger-

De la Reijstr.

Kraaipanstraat

Theronstr.

Afrikaner-
plein

Vaalrivierstr.

Pieter

Muider-

229

Wijttenbach-

straat

Oranjestraat

Ooster-
spoorplein

Domselaer-

Kastanje-
straat

Kastanje-
plein

weg

park-

str

Linnaeus-

Oetewaler- straat

Oetewaler-

Linnaeus-

Ter Gouwstr.

plantsoen

J.C. Breenstr.

v.d. Vijverstr.

weg

weg

Polder-

weg

Ciliër-
straat

Fronemann-

Beijers-

Wesselsstr.

Herzog-
str.

Tugela-

straat

straat

straat

Sportbad

kade

Retief-

straat

straat

Laing's

Oranje- Vrijstraat-

Linnaeus-
parkweg

straat

Pretorius-

Hoogopstr.

straat

kade

Linnaeus-

Steve Biko-
plein

Paardekraal-

straat

kade

Bredeweg

Nek-

straat

Transvaal-

kade

Midden-

straat

straat

dijk

Ring-

weg

Hogeweg

Transvaal-
plein

Transvaal-

dijk

Willem

Simon

Stevin-

Cornelis

straat

straat

Drebbel-

Jansestraat

Kamerlingh

Onneslaan

Beuke-

Wakker-

Zacharias

straat

Ring-

Senefelder-

straat

straat

Istraat

straat

114

Bessemerstr.

Watt-

straat

LEGENDE DER EINTRÄGE IM CITYATLAS

🏛1 [G7] Allard Pierson Museum
🏛2 Ajax Museum
🏛3 [F5] Amsterdam Tulip Museum
🏛4 [L6] ARCAM
🏛5 [M8] Artis
🏛6 [G9] FOAM
🏛7 [K8] Hermitage Amsterdam
🏛8 [K8] Hortus Botanicus Plantage
🏛9 [J6] Informatiecentrum Ruimtelijke Ordening (Informationszentrum für Stadtplanung)
🏛10 [G8] Kattenkabinet
🏛11 [G6] Madame Tussaud's Scenerama
🏛12 [D10] Nederlands Filmmuseum
🏛13 [H9] Museum Van Loon
🏛14 [J8] Museum Willet-Holthuysen
🏛15 [L5] Nemo
🏛16 [M6] Scheepvaartmuseum
🏛17 [L5] Stedelijk Museum
🏛18 [H8] Tassenmuseum Hendrikje
🏛19 [F5] Theater Instituut Nederland
🏛20 [N9] Tropenmuseum
🏛21 [L7] Vakbondsmuseum
🏛22 [L7] Verzetsmuseum
🏛23 [N7] Werfmuseum 't Kromhout
🏛24 [E7] Houseboat Museum
🛍25 [J8] Amstel Diamonds
🛍26 [G6] Amsterdam Diamond Center
🛍27 [E10] Coster Diamonds
🛍28 [F12] Van Moppes Diamonds
🛍29 [G7] De Kalvertoren
🛍30 [G5] Magna Plaza
🛍31 [E10] Claudio Ferrici Store
🛍32 [F8] Cora Kemperman
🛍33 [F6] Das Wella Warenhaus
🛍34 [F6] De Brillenwinkel
🛍35 [F3] Donald Jongejans Brillen
🛍36 [G7] Individuals Statement Store
🛍37 [F6] Hester van Eeghen
🛍38 [G7] Maison de Bonneterie
🛍39 [E10] Mart Visser Couture
🛍40 [F6] Parisienne
🛍41 [D11] The People of the Labyrinths
🛍42 [F6] Antonia by Yvette
🛍43 [F5] Big Shoe
🛍44 [G6] Jan Jansen
🛍45 [J9] Zwartjes van 1883
🛍46 [J9] Ariane Inden
🛍47 [H5] Condomerie Het Gulden Vlies
🛍48 [E7] La Savonnerie
🛍49 [G7] P.G.C. Hajenius
🛍50 [F7] Skins Cosmetic Lounge
🛍51 [F12] De Waterwinkel
🛍52 [H5] Geels & Co
🛍53 [J5] Hofje van Wijs
🛍54 [G3] Hollandaluz
🛍55 [J6] Jacob Hooy & Co.
🛍56 [G3] Meeuwig & Zn.
🛍57 [E6] Olivaria
🛍58 [G3] Unlimited Delicious
🛍59 [H7] Droog@Home
🛍60 [H8] Golden Bend Tableware
🛍61 [F2] Het Paard
🛍62 [F4] Keck & Lisa
🛍63 [E7] Kunst & Antiekcentrum De Looier
🛍64 [G8] Maranon Hangmatten
🛍65 [F6] MEK
🛍66 [F6] Nic Nic
🛍67 [G8] Studio Bazar
🛍68 [E7] The Frozen Fountain
🛍69 [F6] What's cooking
🛍70 [G7] American Book Center
🛍71 [F6] Cortina Papier
🛍72 [H5] Himalaya
🛍73 [F9] Record Palace
🛍74 [G7] Waterstone's
🛍75 [G6] Galerie K.I.S. artful facilities
🛍76 [G7] Herman Brood Galerie
77 [E8] Boom Chicago
78 [F9] Comedy Café
79 [D13] Toomler
80 [H11] Badcuyp
81 [L4] Bimhuis

@168 [H4] Internetcafé Amsterdam
@169 [H4] Internet City
✚170 Academisch Medisch Centrum
✚171 Boven IJ Ziekenhuis
✚172 [M10] Onze Lieve Vrouwe Gasthuis
✚173 Slotervaart Ziekenhuis
✚174 St. Lucas Ziekenhuis
✚175 VU Ziekenhuis
✉176 [F6] Hauptpostamt
●177 [H4] Rederij Lovers
🏨178 [F8] Aero
🏨179 [F8] Amistad Hotel & Apartments
🏨180 [G3] Barangây Bed and Breakfast
🏨181 [E8] Hotel Freeland
🏨182 [J9] ITC
🏨183 [D8] NL Hotel Amsterdam
🏨184 [J5] Anco Hotel
🏨185 [J5] Black Tulip
🏨186 [F8] The Golden Bear
●187 [H5] Argos
●188 [H5] Eagle
●189 [H5] The Cockring
●190 [H4] The Cuckoo's Nest
●191 [H4] The Web
☺192 [G9] Café Sappho
☺193 [E7] Saarein
☺194 [H8] Vive la Vie
☺195 [G8] April
☺196 [G8] ARC
☺197 [J9] Backstage
☺198 [E6] Custom Café Sugar
☺199 [H8] De Amstel Taveerne
☺200 [H5] Getto
☺201 [E8] Habibi Ana
☺202 [H8] Lellebel
☺203 [H8] Mixcafé
☺204 [H8] Montmartre
☺205 [G5] Prik
☺206 [H8] Reality
☺207 [H8] Rouge
☺208 [G8] Soho
🛍209 [G6] Boekhandel Vrolijk
🛍210 [G5] Female & Partners
🛍211 [G4] Gays and Gadgets
🛍212 [G10] Mail&Female
🛍213 [F7] Stout
🏨214 [F7] Ambassade Hotel
🏨215 [E8] American Hotel
🏨216 [K5] Amstel Botel
🏨217 [K10] Amstel Intercontinental
🏨218 [H7] Amsterdam House
🏨219 [M9] Arena Hotel
🏨220 [H10] Asterisk Hotel
🏨221 [J8] Best Western Eden Hotel
🏨222 [F7] Canal House Hotel
🏨223 [C10] De Filosoof
🏨224 [F8] Dikker & Thijs Fenice Hotel
🏨225 [H4] EMB Hotels Bellevue Hotel
🏨226 [H9] Hampshire Inn Prinsengracht
🏨227 [E4] Hotel Acacia
🏨228 Hotel Beethoven
🏨229 [H7] Hotel de l'Europe
🏨230 [E7] Hotel De Looier
🏨231 [H6] NH Grand Hotel Krasnapolsky
🏨232 [H12]Van Ostade Bicycle Hotel
🏨233 [E10] Park Hotel Amsterdam
🏨234 [E6] Pulitzer
🏨235 [D9] Prinsen Hotel
🏨236 [H6] RHO Hotel
🏨237 [G4] Singel Hotel
🏨238 [G5] Swissôtel
🏨239 [F5] The Toren Amsterdam
🏨240 [G7] Waterfront
🏨241 [G4] Westcord Hotels Ramada Amsterdam City Centre
🛏242 [G5] Bob's Youthhostel
🛏243 [H6] The Bulldog Hotel
🛏244 [H4] Flying Pig Downtown Hostel
🛏245 [E10] Flying Pig Uptown Hostel
🛏246 [J5] Meeting Point
🛏247 [H7] Stayokay Amsterdam Stadsdoelen
🛏248 [E10] Stayokay Amsterdam Vondelpark
🛏249 [J6] The Shelter City
🛏250 [D6] The Shelter Jordaan
△251 Camping Vliegenbos
△252 Camping Zeeburg

△**253** De Badhoeve
△**254** Gaasper Camping Amsterdam
△**255** Het Amsterdamse Bos

❶ Hauptbahnhof [J4]
❷ St. Olofskapel [J5]
❸ Oudezijds Kolk [J5]
❹ Schreierstoren [J4]
❺ Museum Amstelkring [J5]
❻ Oude Kerk [H5]
❼ Waaggebouw [J6]
❽ Nieuwmarkt [J6]
❾ Koestraat [J6]
❿ Trippenhaus und Kleines Trippenhaus [J6]
⓫ Oostindisch Huis [H6]
⓬ Spinhuis [H6]
⓭ Haus an den drei Grachten [H7]
⓮ Oude Turfmarkt [G7]
⓯ Oudemanhuispoort [H7]
⓰ Saaihal [H7]
⓱ Zuiderkerk [J6]
⓲ Pintohaus [J7]
⓳ Leprapforte [J7]
⓴ Montaelbaanstoren [K6]
㉑ Scheepvaarthuis [K5]
㉒ Damrak und alter Binnenhafen [H5]
㉓ Börse [H5]
㉔ Nieuwe Kerk [G5]
㉕ Koninklijk Paleis [G6]
㉖ Sint Luciënsteeg [G6]
㉗ Amsterdams Historisch Museum [G7]
㉘ Begijnhof [G7]
㉙ Spui [G7]
㉚ Rasphuis [G7]
㉛ Munttoren [G8]
㉜ Blumenmarkt [G8]
㉝ Tuschinskitheater [H8]
㉞ Rembrandtplein [H8]
㉟ Muziektheater/Stadhuis [J7]
㊱ Magere Brug [J9]
㊲ Bartolottihaus [F5]
㊳ Gouden Bocht [G8]
㊴ Bijbels Museum [F7]

㊵ Haus mit den Köpfen [F4]
㊶ Haus mit der Goldkette [F6]
㊷ Einrichtungshaus Metz & Co. [F8]
㊸ Bürogebäude der Nederlandsche Handel-Maatschappij [G9]
㊹ Westerkerk [F5]
㊺ Homomonument [F5]
㊻ Museumplein [E11]
㊼ Rijksmuseum [F10]
㊽ Van Gogh Museum [E11]
㊾ Westindisch Huis [G3]
㊿ Palmgracht [E3]
⑤① Karthuizerstraat [E4]
⑤② Westerstraat [E4]
⑤③ Egelantiersstraat [F4]
⑤④ Bloemgracht [E5]
⑤⑤ Anne Frank Huis [F5]
⑤⑥ Blauwbrug [J8]
⑤⑦ Ehemaliges Jungenwaisenhaus [J8]
⑤⑧ Oudezijds Huiszittenhuis [K7]
⑤⑨ Moses-und-Aaron-Kirche [K7]
⑥⓪ Rembrandthaus [J7]
⑥① Diamantschleiferei Gassan Diamonds BV. [K7]
⑥② Portugiesische Synagoge [K7]
⑥③ Rapenburgerstraat [K7]
⑥④ Henri Polaklaan [L7]
⑥⑤ Plantage Kerklaan [L7]
⑥⑥ Hollandsche Schouwburg [L8]
⑥⑦ Nieuwe Kerkstraat [L8]
⑥⑧ Nieuwe Herengracht [K8]
⑥⑨ Joods Historisch Museum [K8]
⑦⓪ Denkmal des Dockarbeiters [K8]
⑦① Vondelpark [B11]
⑦② Bierbrauerei Heineken [G11]
⑦③ Albert-Cuyp-Markt [H11]
⑦④ Java- und KNSM-Insel [P4]
⑦⑤ IJburg-Inseln

LEGENDE DER KARTEN- UND TEXTSYMBOLE

㉒	Hauptsehenswürdigkeit, fortlaufend nummeriert
㉒	Verweis im Inhaltsverzeichnis und Text auf Hauptsehenswürdigkeit
[L6]	Verweis auf Planquadrat im Cityatlas
⊕	Anlegestelle
⊕	Arzt, Apotheke
⑦	Bar, Bistro, Treffpunkt
☎	Bed and Breakfast
🅑	Bibliothek
⚲	Botanischer Garten
⊙	Café, Eiscafé
⚠	Camping
Ⅱ	Denkmal
🛒	Geschäft, Kaufhaus, Markt
🏨	Hotel, Unterkunft
⑨	Imbiss
ⓘ	Informationsstelle
@	Internetcafé
🏠	Jugendherberge, Hostel
🅚	Kino
⚭ ⛪	Kirche
⊙	Kneipe
✚	Krankenhaus
Ⓜ	Metro
☪	Moschee
🏛	Museum
⊙	Musikszene, Disco
🅿 🅿	Parkplatz, -haus
⚙	Polizei
✆	Postamt
⑪	Restaurant
★	Sehenswürdigkeit
✡	Synagoge
⊙	Theater, Zirkus
⊘	vegetarisches Restaurant
⑨	Weinbistro

BEWERTUNG DER SEHENSWÜRDIGKEITEN

★★★	auf keinen Fall verpassen
★★	besonders sehenswert
★	wichtige Sehenswürdigkeit für speziell interessierte Besucher

RESTAURANT-PREISKATEGORIEN

Preis für ein durchschnittliches Dreigänge-menü (Getränke nicht inbegriffen)

€	unter 25 €
€€	26–35 €
€€€	36–45 €
€€€€	45–70 €
€€€€€	über 70 €

HOTEL-PREISKATEGORIEN

Doppelzimmer mit Dusche und WC pro Nacht

€	unter 100 €
€€	100–150 €
€€€	150–230 €
€€€€	über 230 €